Dieter Wandschneider
Technik

Grundthemen Philosophie

Herausgegeben von
Dieter Birnbacher
Pirmin Stekeler-Weithofer
Holm Tetens

Dieter Wandscheider

Technik

2. Auflage

DE GRUYTER

ISBN 978-3-11-062142-6
e-ISBN (PDF) 978-3-11-062369-7
e-ISBN (EPUB) 978-3-11-062148-8

Bibliografische Information der Deutschen Nationalbibliothek
Die Deutsche Nationalbibliothek verzeichnet diese Publikation in der Deutschen Nationalbibliografie; detaillierte bibliografische Daten sind im Internet über http://dnb.dnb.de abrufbar.

Erstveröffentlichung: Dieter Wandschneider, Technikphilosophie, in: Faszination Philosophie, hrsg. von Vittorio Hösle, C.C. Buchner Verlag, Bamberg 2004.

© 2020 Walter de Gruyter GmbH, Berlin/Boston
Coverabbildung: Martin Zech
Druck und Bindung: CPI books GmbH, Leck

www.degruyter.com

Vorwort

Unser Leben ist heute von Grund auf durch Technik bestimmt; ja, wir sind in kaum noch überschaubarer Weise von der Technik abhängig geworden – und werden es auch zukünftig sein. Das ist ein Tatbestand, der historisch, soziologisch, politologisch, philosophisch zweifellos von größtem Interesse ist.

Insbesondere für die *Philosophie* stellt diese Entwicklung eine Herausforderung dar. Wenn Hegels Wort zutrifft, Philosophie sei *„ihre Zeit in Gedanken erfasst"* (Hegel WW, 7.26), dann muss der *Technikphilosophie* heute eine Schlüsselrolle zufallen. Sie ist keine der klassischen philosophischen Disziplinen wie die Erkenntnistheorie, Ethik, Ästhetik etc., sondern erst unter dem Eindruck und im Gefolge der epochal neuartigen Technik des 20. Jahrhunderts entstanden: als Projekt der philosophischen Bewältigung einer sich beschleunigenden Technikentwicklung, die uns *ganz neue Klärungs- und Orientierungsleistungen* abverlangt.

Das Problem, um das es hier geht, ist außerordentlich facettenreich. Die Forschungsliteratur zur Technikphilosophie füllt Regale. Eine auf Vollständigkeit angelegte Untersuchung ist im Rahmen dieser Schriftenreihe nicht intendiert. Die im Folgenden entwickelten technikphilosophischen Untersuchungen sind im Sinn einer – primär systematisch orientierten – *Konzentration auf Essentials* zu verstehen. Das bedeutet auch, dass eine Themenselektion präsentiert wird, die unvermeidlich subjektiv bestimmt ist: Worum es mir vor allem geht, ist, das Phänomen Technik in seiner *grundsätzlichen Bedeutung* zu erfassen und auf den Begriff zu bringen – wozu etwa auch gehört, die von der Technik im Positiven wie im Negativen ausgehende *Faszination* philosophisch zu begreifen und zu hinterfragen.

Eine frühere Version dieser technikphilosophischen Studie ist in der von Vittorio Hösle herausgegebenen Reihe *Faszination Philosophie* erschienen (C.C. Buchner Verlag, Bamberg 2004). Der vorliegende Text ist völlig neu bearbeitet, erweitert und in wesentlichen Teilen verändert worden.

Außerordentlich gefördert worden sind die hier entwickelten Überlegungen durch den langjährigen, intensiven Austausch mit den Studierenden in meinen Vorlesungen und Seminaren zur Technikphilosophie – denen ich rückblickend hier noch einmal für ihr Interesse, Mitdenken und auch kritisches Nachfragen danken möchte. Herzlich danken für die engagierte, hilfreiche Unterstützung bei der Texterstellung möchte ich auch meinen ehemaligen Mitarbeitern am Lehrstuhl für Philosophie und Wissenschaftstheorie der Universität RWTH Aachen. Mein Dank gilt ferner Dr. Serena Pirrotta, Editorial Director beim De Gruyter Verlag, und meinen Kollegen, Dieter Birnbacher, Pirmin Stekeler-Weithofer und

Holm Tetens, für die Aufnahme der ‚Technik' in die von ihnen herausgegebene Reihe *Grundthemen Philosophie*.

Aachen, im Sommer 2018
Dieter Wandschneider

Inhalt

Einleitung — 1

    Unsere technik-geprägte Welt — 1

1 Analytik des Technischen — 5

1.1 Mensch und Technik — 5
1.1.1 Technik als zur ‚Natur' des Menschen gehörend — 5
1.1.2 Der Erfolgscharakter technischer Rationalität — 8
1.1.3 Technik als ‚Entbergen' (Heidegger) — 10

1.2 Bedingungen technischen Konstruierens — 13
1.2.1 Der Möglichkeitscharakter von Naturgesetzlichkeit — 14
1.2.2 Die Verknüpfung von Realität und Idealität in Naturseiendem — 16
1.2.3 Das Mittel als Übersetzung des Zwecks in Realität — 19
1.2.4 Emergenz neuer Gesetzlichkeiten durch Systembildung — 20
1.2.5 Systemische Realisierung von Normativität — 21
1.2.6 Information als Repräsentanz — 25

1.3 Gödels Unvollständigkeitstheoreme als ‚Achillesferse' des Projekts künstlicher Intelligenz? — 27
1.3.1 Der springende Punkt: systemische Selbstreferenz — 28
1.3.2 Aufhebung der Selbstreferenz durch Übergang auf die Metaebene — 32
1.3.3 Konsequenzen für das Projekt künstlicher Intelligenz — 33
1.3.4 Prinzipielles zu Möglichkeiten und Grenzen maschineller Systeme — 34

1.4 Historische Perspektiven — 36
1.4.1 Mittelalter: Die aristotelische Substanzontologie — 36
1.4.2 Der Umbruch: ‚Das Bacon-Projekt' — 38
1.4.3 Übergang vom Substanzbegriff zum Funktionsbegriff – Galilei — 41
1.4.4 Descartes' philosophische Fundierung des neuzeitlichen Wissenschaftsbegriffs unter den Bedingungen endlicher Subjektivität — 44

1.4.5 Die systemtheoretische Wende —— 47

2 Dialektik des Technischen —— 51

2.1 Technische Effizienz —— 53
2.1.1 Vernachlässigung der Anwendungsdimension —— 53
2.1.2 Dialektik der Nukleartechnik —— 54

2.2 Technischer Fortschritt —— 57
2.2.1 Technischer Fortschritt produziert Obsoleszenz —— 57
2.2.2 Das Normierungsparadox —— 59
2.2.3 Die Situation des Nicht-mehr-Siegen-Könnens —— 60

2.3 Technische Wunscherfüllung – ein arbeitspolitischer Exkurs —— 62

2.4 Technische Befreiung —— 64
2.4.1 Umschlag technischer Befreiung in strukturellen Zwang —— 65
2.4.2 ‚Die Antiquiertheit des Menschen' (Günther Anders) —— 68
2.4.3 Technische Gigantomanie und das ‚geköpfte Machen' —— 70

2.5 Technisches Konstruieren —— 72
2.5.1 Die Konstrukteursperspektive: Inversion von Mittel und Zweck —— 72
2.5.2 Die autogerechte Stadt und das Desiderat humaner Technikgestaltung —— 74

2.6 Technische Künstlichkeit —— 75
2.6.1 Totalisierungstendenz technischer Künstlichkeit —— 76
2.6.2 Künstlichkeit und Verletzlichkeit —— 78
2.6.3 Resilienz durch Reflexivität —— 81

2.7 Technische Funktionalität —— 83
2.7.1 Reduktion auf reine Funktionalität – ‚im höchsten Sinne Gefahr' (Heidegger) —— 83
2.7.2 Die Kunst als ‚das Rettende'? —— 84

2.8 Strukturelle Aspekte —— 86

2.9	Technische ‚Big-Projekte' —— 94
2.9.1	Big Data —— 94
2.9.2	Industrie 4.0 —— 98
2.9.3	Temperierte ‚Big'-Dialektik —— 100

3 Ethik des Technischen —— 104

3.1	Die Notwendigkeit einer Technikethik —— 104
3.1.1	Das Missverständnis technischer ‚Neutralität' —— 104
3.1.2	Fünf Gründe für eine Technikethik (Hans Jonas) —— 107
3.2	Technokratie und Massentechnik —— 109
3.2.1	Habermas' Technokratiekritik —— 109
3.2.2	Der anti-demokratische Charakter der Massentechnik —— 113
3.3	Technische Machbarkeit in der Perspektive klassischer Ethik —— 115
3.4	‚Post-klassische' Aspekte einer Technikethik —— 117
3.4.1	Das Globalisierungsprinzip —— 118
3.4.2	Begründungsfragen —— 121
3.4.3	Jenseits des Anthropozentrismus —— 124
3.5	Aspekte einer neuen Pflichtenlehre —— 126
3.6	Das Problem der Technikbewertung —— 129

Literatur —— 135

Namensregister —— 142

Einleitung

Unsere technik-geprägte Welt

Technik im weitesten Sinn wird seit je als zur *Wesensdefinition* des Menschen gehörig betrachtet. Prähistorische Werkzeugfunde etwa gelten als sicheres Kriterium zur Unterscheidung menschlicher und animalischer Existenz. So gesehen ist der Mensch nie ohne Technik gewesen. Aber mit dem Menschen hat sich auch die Technik fortentwickelt, und insoweit ist es zunächst in einem trivialen Sinn richtig zu sagen, die moderne Technik sei in dieser Form noch nie dagewesen. Zugleich verbindet sich mit dieser Aussage ein durchaus nicht-trivialer Sinn: Die moderne Technik greift in einer Weise, die ohne Beispiel ist, in die menschliche Existenz ein – durchaus bis zur Infragestellung dieser Existenz selbst.

Wie sieht das konkret aus? Für eine Antwort auf diese Frage muss die *moderne Technik* näher ins Auge gefasst werden. Wodurch ist diese charakterisiert? Zentrale Punkte sind sicher die folgenden:

(a) Wechselseitige Verstärkung von Naturwissenschaft und Technik: Der technische Fortschritt beruht entscheidend darauf, dass die Technik naturwissenschaftliche Forschungsresultate aufgreift – z. B. aus der Laserphysik – und in den unterschiedlichsten Anwendungsbereichen technisch umzusetzen unternimmt: Technischer Fortschritt profitiert vom wissenschaftlichen Fortschritt. Nun hat die Naturwissenschaft – als *experimentelle* Wissenschaft – selbst auch eine wesentlich *technische* Seite. Man denke etwa an deren nie zu befriedigenden ‚Computerbedarf' oder an die gigantischen und gleichwohl mit unvorstellbarer Präzision gefertigten Ringbeschleuniger in der Elementarpartikelphysik. Ohne Spitzentechnik ist naturwissenschaftliche Spitzenforschung heute undenkbar, und das heißt auch: Wissenschaftlicher Fortschritt profitiert vom technischen Fortschritt. Jeder naturwissenschaftliche Fortschritt ermöglicht technischen Fortschritt, und jeder technische Fortschritt ermöglicht umgekehrt naturwissenschaftlichen Fortschritt.[1] *Beide* also, Wissenschaft und Technik, profitieren wechselseitig voneinander und treiben ihre Entwicklung voran. Mehr noch: Die wissenschaftlichen und technischen Möglichkeiten einer Zeit sind abhängig vom jeweiligen Entwicklungsstand; je höher dieser ist, desto größer das Enwicklungspotential und damit auch die *Beschleunigung* des Fortschritts. Mathematisch gilt, dass ein solches *vom jeweiligen Bestand* bestimmtes Fortschreiten *exponentiellen* Charakter besitzt und sich damit zunehmend immer mehr und schließlich ‚rasend' beschleunigt. Ein häufig verwendetes Gleichnis veranschaulicht dies sehr schön:

---

[1] Vgl. hierzu die facettenreichen Beiträge in Hansson (ed. 2015).

Nimmt man etwa an, dass schnell wachsende Seerosen auf einem See ihre Fläche täglich verdoppeln, so wird ein großer See – vielleicht der Bodensee – nach sehr langer Zeit irgendwann zur Hälfte zugewachsen sein, d. h. eine riesige Fläche ist dann immer noch frei. Doch am nächsten Tag schon wird die Seefläche gänzlich bedeckt sein: eben aufgrund der rasant zunehmenden Beschleunigung bei exponentiellem Wachstum.

(b) Wechselseitige Verstärkung von Technik und Wirtschaft: Technische Entwicklungen haben heute unmittelbar wirtschaftliche Konsequenzen im größten Maßstab. Alle wollen am technischen Fortschritt partizipieren, und die Technik selbst macht dies möglich in der Form technisierter Massenfertigung, die zugleich den Preis der Produkte drückt. Diese Form der *Massentechnisierung* ist der Grund für die heutige Allgegenwart der Technik, die als solche das gesamte Wirtschaftsleben durchdringt. Und dieses *enorme Wirtschaftspotential* ist es, das umgekehrt die technische Produktion antreibt und immer mehr beschleunigt. „Der endgültig entfesselte Prometheus, dem die Wissenschaft nie gekannte Kräfte und die Wirtschaft den rastlosen Antrieb gibt, ...": Mit dieser Charakterisierung eröffnet Hans Jonas seine eindringliche Technikkritik (1982, 7).

(c) Politische ‚Finalisierung' von Wissenschaft und Technik: Gernot Böhme, Wolfgang van den Daele und Wolfgang Krohn haben schon früh die zunehmende Bedeutung *wissenschafts-externer* (etwa politischer) Zwecksetzungen für die Wissenschaftsentwicklung pointiert (Böhme/ Daele/ Krohn 1974). Diese ‚Finalisierung' der Wissenschaft wirkt sich – im Sinn des unter *(a)* Gesagten – unmittelbar auch für die Technikentwicklung aus und führt so auch zu deren Finalisierung durch externe Zwecksetzungen. Eine wesentliche Rolle spielt dabei die – wiederum durch Technik ermöglichte – *Globalisierung*, die neue Formen intra- und inter-nationaler globaler Konkurrenz, aber auch Kooperation im Gefolge hat. Beispiele dafür sind etwa Entwicklungen der Militärtechnik, nationale Forschungsinstitutionen wie die Max-Planck-Institute in Deutschland oder das deutsche Krebsforschungszentrum, ferner multinationale Projekte wie die Grundlagenforschung zur Elementarpartikelphysik oder Fusionstechnologie. Die Politik initiiert nationale und supranationale Großprojekte wissenschaftlich-technischer Forschung und Produktion, die umgekehrt auch der Politik neue Möglichkeiten eröffnen. Am Exempel der Militärtechnik wird das – leider – in besonderem Maß augenfällig.

(d) Irreversibilität der technischen Entwicklung: Dass die moderne Technik allgegenwärtig ist, dass sie unsere Gesellschaft von Grund auf durchdringt und bestimmt, bedeutet auch, dass sie ein *Massenphänomen* geworden ist, dass ihre Entwicklung ungeheure Ausmaße angenommen hat. Das hat zur Folge, dass ihre Bewegung, wie die einer großen Masse eben, von enormer Wucht ist. Jede Richtungsänderung würde entsprechend große Kräfte erfordern. Eine Bewegungs-

umkehr ist unvorstellbar geworden. Und auf diese immer schneller werdende Fahrt sind wir alle – nolens volens – mitgenommen. Diese Unumkehrbarkeit wird unter dem Aspekt ‚Technik und Angst' (Kerner ed. 1997) von Wolfgang Kuhlmann so charakterisiert: „Technik kommt damit nicht mehr ins Spiel als das, was geplant ist – geplant ist immer nur das einzelne Projekt – sondern als das, was sich ungeplant bloß ergibt" und zudem „eine kaum noch zu steuernde Dynamik besitzt" (1997, 330 f.): Technik ist auch etwas, das *Angst* machen kann.

(e) Technische Selbstreproduktion des Menschen: Erfasst wird von der technischen Entwicklung nicht nur die Welt der Objekte, sondern auch das *Subjekt Mensch selbst:* seine biologisch-medizinische Seite ebenso wie dasjenige, was sein Ureigenstes zu sein schien – die menschliche Intelligenz. *Gentechnische* Möglichkeiten lassen Frankenstein-Visionen am Horizont erscheinen, und mit dem *Projekt künstlicher Intelligenz* gar kulminiert technisches Denken in der Idee technischer Erklärung und gar Reproduktion des Denkens selbst. Das technische Denken ist hier gleichsam bei sich selbst angekommen.

Kurzum: Die moderne Technik durchwaltet und bestimmt das menschliche Leben in nie dagewesenem Ausmaß, und dementsprechend muss sie als ein *kulturelles Schlüsselphänomen unseres Zeitalters* begriffen werden. Diese Situation stellt, wie gesagt, auch und gerade für die Philosophie eine Herausforderung dar. Das Ausmaß des technisch Möglichen trifft uns gleichsam unvorbereitet und verlangt daher umso dringlicher philosophische Aufarbeitung, Klärung und Orientierung. Die folgenden Überlegungen sollen dazu einen Beitrag leisten.

Die erörterten Themen sind hier unter drei Haupttitel gestellt:

1. Analytik des Technischen, 2. Dialektik des Technischen, 3. Ethik des Technischen:

(1) Im *analytischen* ersten Teil sollen das Verhältnis des Menschen zur Technik (1.1), Bedingungen technischen Konstruierens (1.2), das Projekt ‚künstlicher Intelligenz' (in Gödelscher Perspektive) (1.3) und die entscheidenden historischen Weichenstellungen am Beginn der Neuzeit in den Blick genommen werden (1.4).

(2) *Dialektische Strukturen* des Technischen werden in ‚Nebenwirkungen', Ambivalenzen und Umschlagsprozessen der Technikentwicklung sichtbar. Solche Phänomene und ihre Bedingungen sollen im zweiten Teil thematisiert werden: als eine Dialektik technischer Effizienz (2.1), technischen Fortschritts (2.2), technischer Wunscherfüllung (2.3), technischer Befreiung (2.4), technischen Konstruierens (2.5), technischer Künstlichkeit (2.6), technischer Funktionalität (2.7) und allgemein unter strukturellen Aspekten der in diesen Fallbeispielen wirksamen Dialektik (2.8) sowie kontrastiv hinsichtlich zweier moderner digitaler Großprojekte – ‚Big Data' und ‚Industrie 4.0' (2.9).

(3) Insofern die Technik alle Lebensbereiche durchdringt, hat sie wesentlich auch eine *ethische* Dimension. Dies ist ein zentrales Thema der aktuellen philo-

sophischen Diskussion. Noch weniger als in den vorhergehenden beiden Teilen ist hier Vollständigkeit möglich, aber auch nicht angestrebt. Ich werde mich im dritten Teil auf sechs Hauptpunkte beschränken: die Notwendigkeit einer Technikethik (3.1), Technokratie und Massentechnik (3.2), technische Machbarkeit in der Perspektive klassischer Ethik (3.3), ‚post-klassische' Aspekte einer Technik-Ethik im Zeitalter der Massentechnisierung (3.4), Aspekte einer neuen Pflichtenlehre (3.5) und das Problem der Technikbewertung (3.6).

1 Analytik des Technischen

In diesem ersten Teil sollen Bedingungen, Prinzipien, Strukturen, Deutungsmöglichkeiten etc. des Phänomens Technik analysiert werden:

(1.1) Zum *Verhältnis von Mensch und Technik:* Technik als zur ‚Natur' des Menschen gehörend, der Erfolgscharakter technisch-instrumenteller Rationalität, Heideggers Deutung der Technik als ‚Entbergen'.

(1.2) Die *Bedingungen technischen Konstruierens* sind vielfältig. Als Essentials werden namhaft gemacht der Möglichkeitscharakter von Naturgesetzlichkeit, die Verknüpfung von Realität und Idealität in Naturseiendem, das Mittel als Übersetzung des Zwecks in Realität, die Emergenz neuer Gesetzlichkeiten durch Systembildung, die systemische Realisierung von Normativität, Information als Repräsentanz.

(1.3) Ein mit dem *Projekt ‚künstlicher Intelligenz'* verbundenes grundsätzliches Problem ist die Frage, ob ‚künstliche Intelligenz' aufgrund der so genannten ‚Gödelschen Unvollständigkeitstheoreme' als prinzipiell unmöglich gelten muss. An die ausführliche Erörterung dieser Frage schließen sich hier Überlegungen zu Möglichkeiten und Grenzen maschineller Systeme an.

(1.4) Komplettiert wird der erste Teil durch einen historischen Rückblick auf *historische Weichenstellungen* am Beginn der Neuzeit, die für die neuzeitliche Wissenschafts- und Technikentwicklung bestimmend gewesen sind: Die mittelalterlich-aristotelische Substanzontologie wird verdrängt durch das neue, von Bacon verkündete Projekt der Naturbeherrschung. Dies führt zur Konzeption mathematisch-experimenteller Naturwissenschaft durch Galilei und zu deren philosophischer Kanonisierung durch Descartes. Überlegungen zu Konsequenzen für die Technikentwicklung und die durch die moderne Systemtheorie eingeleitete Wende beschließen diesen ersten Teil.

1.1 Mensch und Technik

1.1.1 Technik als zur ‚Natur' des Menschen gehörend

Die Auffassung, dass Technik – im weitesten Sinn – zur *Wesensbestimmung* des Menschen gehört, ergibt sich aus dessen biologischer Verfasstheit als ‚*Mängelwesen*' im Vergleich mit dem Tier (vgl. Gehlen 1962, 33f.): Die für das Tier zur Lebensbewältigung notwendigen Instinkte sind bei dem Tier ‚Mensch' nur noch rudimentär vorhanden. Auf der anderen Seite hat beim Menschen eine Koevolution der Greifhand (Opposition des Daumens), des Kehlkopfs (Möglichkeit der

Artikulation) und des Gehirns stattgefunden, was eine Fortentwicklung der Feinmotorik, die Entwicklung von Sprache und, damit verknüpft, von Denken ermöglichte.

Ob diese evolutionär neuen Fähigkeiten möglicherweise ursächlich waren für die Instinktreduktion des Menschen oder ob es sich dabei um eine Parallelentwicklung handelte, ist hier nicht von Belang. Wesentlich ist, dass hierdurch Mängel der Instinktausstattung kompensiert werden konnten, mehr noch: dass dem Menschen dadurch Fähigkeiten zuwuchsen, die weit über alle Instinktleistungen hinausreichen. In diesem Sinn muss Technik in der Tat als dem Menschen essentiell zugehörig verstanden werden. Helmut Plessner nennt es „das Gesetz der natürlichen Künstlichkeit" des Menschen, der „als exzentrisch organisiertes Wesen" sich „*erst machen*" müsse zu *dem*, was er ist (Plessner 1975, 309); ‚exzentrisch' im Sinn des nicht mehr Eingepasstseins in die Natur: Der Mensch ist „von Natur, aus Gründen seiner Existenzform *künstlich*" (310). ‚Kunst' im Sinn der griechischen ‚techne', also Technik im weitesten Sinn, gehört zur *Natur* des Menschen. Seine Natürlichkeit ist die Befähigung zu einer *künstlichen* Daseinsweise. Die Nicht-Angepasstheit des Menschen an die Natur erfordert umgekehrt Anpassung der Natur an den Menschen: als intelligente Herstellung einer künstlichen Natur, eben durch Technik.

Man muss sich vergegenwärtigen, dass der Mensch damit nicht lediglich seine Defizite als ‚Mängelwesen' so weit kompensieren konnte, dass er dem Tier bestenfalls *ebenbürtig* war, sondern dass er es qua Technik vielmehr *exorbitant übertrifft* – das wird in der Bewunderung für die staunenswerten Leistungen des Organismus häufig übersehen. Wenn etwa das enorme Geruchsvermögen des Hundes angeführt wird, das – wie man hört – das des Menschen etwa um das Zweihundertfache übertreffen soll, so ist dem entgegenzuhalten, dass eine solche Fähigkeit durch technische Sensoren nochmals bei weitem überboten wird – bis zur physikalisch möglichen Grenze der Registrierung eines einzigen Moleküls. Setzt das Beispiel noch Vergleichbarkeit mit Leistungen animalischer Organisation voraus, so gilt dies für technische Leistungen grundsätzlich nicht. Man denke nur an Entwicklungen der Laser- oder Computertechnik, die dem Menschen völlig neue Dimensionen technischer Möglichkeiten und damit auch der Daseinsbewältigung erschließen.[2]

Die von der Technik immer auch ausgehende *Faszination* ist von daher begreiflich: als das Erstaunen und die Bewunderung über den immer erneuten

---

[2] Selbst die technische Reproduktion körpereigener Organe ist keine Utopie mehr, etwa mittels 3D-Druckern, die körpereigenes Zellmaterial verwenden (vgl. Foster 2017), oder auch durch den Einsatz sogenannter ‚Stammzellen'.

Triumph des *Geistes*. Man könnte vom *Wunder der Verwirklichung* sprechen, dass etwas so Ätherisch-Ungreifbares, wie es Gedanken sind, in der Form technischer Schöpfungen ‚harte' Realität gewinnt. Darin ist schon eine Vorausdeutung auf *ontologische* Tatbestände enthalten, die im Folgenden näher betrachtet werden sollen (Kap. 1.2). Es muss für den Ingenieur ein überwältigendes Gefühl sein, wenn der Denkentwurf eines Motors in seiner realisierten Form tatsächlich *funktioniert*.

Zugleich ist der zugrunde liegende gedankliche Zusammenhang damit in *Wissen* überführt worden. Was funktioniert, ist richtig. Wenn Giambattista Vico geltend gemacht hat, dass wir von der Natur nicht in dem Maß Wissen haben können wie von der Kulturwelt, weil wir nur diese *selbst geschaffen* haben (Vico 1990, Nr. 331; vgl. auch Hösle 1990, Kap. 2.3), so gilt dieses als *Verum-Factum-Prinzip* geläufige Diktum eigentlich erst recht für die technische Welt (die ja, wie einleitend erwähnt, in der Tat als Teil der *Kulturwelt* zu verstehen ist). In einem gewissen Sinn hat das Verum-Factum-Prinzip paradigmatischen Charakter für die gesamte neuzeitliche Wissenschaft, insofern sie *experimentelle* Wissenschaft ist: Im Labor wird die Natur erkannt, indem sie – partiell – technisch nachgeschaffen wird, „und zwar, gerade durch die Abstraktion von Störfaktoren, in einer Reinheit, die an den göttlichen Schöpfungsakt erinnert" (Hösle 1991, 58).

Das ‚Wunder der Verwirklichung' ist aber nur ein – wenn auch zentrales – Motiv der Faszination von Technik. Ein anderes Faszinosum ist zweifellos der sich in der Technik eröffnende Horizont unabsehbar *neuer Daseinsmöglichkeiten und Wunscherfüllungen*. Jeder kennt das aus dem Alltag: Kühlschrank, Auto, Fernsehen, Computer, Digitalkamera, Laserchirurgie, Tomographie und so fort. Die Palette technischer Produkte ist überwältigend – und ihr Verlockungspotential ebenso. Dass wir dagegen nicht immun sind, macht das unstillbare Bedürfnis nach immer neuer Technik und, daraus resultierend, ihre ökonomische Bedeutung verständlich. Aber was an der Technik ist es, was uns so unwiderstehlich anzieht? Arbeitserleichterungen und Annehmlichkeiten im Alltag (etwa ‚Zentralheizung', ‚Fernsehgerät' etc.)? Organverstärkung und Organüberbietung (Gehlen 1961, 93 f.)[3] (etwa ‚Motorsäge', ‚Elektronenmikroskop' etc.) oder auch Befreiung von Naturbeschränkungen (etwa ‚Flugzeug', ‚Zahnprothetik' etc.)?

Sicher von all dem etwas, aber, so will scheinen, doch auch mehr: Vielleicht eine Art *Begeisterung* des Geistes für seine Geschöpfe, in denen er seine eigene Intelligenz gespiegelt sieht. Natürlich habe ich den Computer, den ich verwende,

---

[3] Eine erste in diese Richtung weisende Deutung der Technik, nämlich als ‚Organprojektion' (die Faust etwa als Vorbild für die Funktion des Hammers), findet sich in Ernst Kapps ‚Grundlinien einer Philosophie der Technik' (1877); siehe hierzu die ausführliche Präsentation des Werks in Kirkwood/ Weatherby (ed. 2018).

nicht selbst erdacht und hergestellt, aber er imponiert mir als Zeugnis der Ingeniosität, die ich auch mir selbst, als Angehörigem der Menschengattung, die solches hervorzubringen vermag, grundsätzlich zurechnen darf.

Diese – sehr ‚anthropologische' – Form der Technikbegeisterung scheint mir im Übrigen eine gewisse Erklärung für das Phänomen zu bieten, dass technische Produkte, die ja als Mittel zur Erreichung eines Zwecks gedacht zu sein scheinen, immer auf dem Sprung sind, zum *Selbstzweck* zu werden. Man kann es auch so ausdrücken: Sie regen zum ‚Spielen' an, und das heißt, die Phantasie gerät in Bewegung – als technische Phantasie, die damit spielt, technische Möglichkeiten auszudenken. Auf den Computer trifft dies sicher in besonderem Maße zu. Computerprogramme sind perfektionierte logische Gebilde, aber aus begreiflichen Gründen nie so perfekt, dass sie nicht weiterer Perfektionierung fähig und bedürftig wären. Jeder, auch der Nicht-Programmierer weiß, was zu verbessern wäre, und in diesem Sinn imaginiert er sein Wunschprogramm. Jeder kann zudem im Umgang mit dem Computer seine eigenen Vorstellungen von Ordnungen und Strukturen konfigurieren und variieren. Der Computer bietet der technischen Phantasie gleichsam unerschöpflich ‚Futter', was seine Attraktivität zweifellos ganz wesentlich mit ausmacht.

1.1.2 Der Erfolgscharakter technischer Rationalität

Charakteristisch für Technik ist jene Denkform, die als *Mittel-Zweck-Rationalität* bezeichnet wird. Das richtige Mittel garantiert die Realisierung eines bestimmten Zwecks (dazu später mehr, Kap. 1.2.3). Das Mittel ‚Heizung' ermöglicht die Realisierung des Zwecks ‚Wärme'. Diese der Mittel-Zweck-Relation *inhärente Erfolgsgarantie* macht ein weiteres Essential technischen Denkens deutlich: die Möglichkeit, den Erfolg herbeizuzwingen – ein Menschheitstraum! Das riesige, der Technik innewohnende *Verlockungspotential* wird von daher begreiflich.

Die mit technisch-instrumentellem Denken verknüpfte Erfolgserwartung motiviert zur *Generalisierung:* Warum sollten sich so nur technische Effekte erzielen lassen, warum nicht auch strategische, politische oder psychologische Siege? ‚Nichts ist so erfolgreich wie der Erfolg': Erfolgsgeleitetes technisches Denken empfiehlt sich als die Methode des Erfolgs schlechthin. In der Tat findet sich dafür im militärischen, im politisch-sozialen Bereich, in der Werbung etc. reiches Anschauungsmaterial. Der in diesem Kontext geprägte Begriff der ‚Sozialtechnik' ist bezeichnend. Der Gedanke, dass Menschen in dieser Weise konditioniert, instrumentalisiert, manipuliert werden können, ist einfach naheliegend. Hier ist an Kants mahnende Unterscheidung von Sache und Person zu erinnern, wonach die Sache „nur einen relativen Wert" (Kant GM, 428), die Person aber

"Würde, d. i. unbedingten, unvergleichbaren Wert" habe (GM, 436). Dem entspricht Kants zweite Formel des kategorischen Imperativs, dass der Mensch „niemals bloß als Mittel", sondern immer auch als „Zweck an sich selbst" zu achten sei (GM, 429, i. Orig. hvgh.).

‚Niemals *bloß*' – damit ist auch eine Einschränkung formuliert: In der unvermeidlich arbeitsteiligen Welt ist der Mensch unvermeidlich *auch* Mittel: als Taxifahrer, Professor, Bankangestellter etc. Dies gilt für alle Lebensbereiche: Ohne den Einsatz von Mitteln ist Daseinsbewältigung unmöglich. Selbst in psychisch-emotionaler Perspektive müssen strategische Aspekte im Blick behalten werden – Geburtstag nicht vergessen, Öffnungszeiten des Blumenladens beachten, an Zahlungsmittel denken und so fort. Erfolgsbedingung ist hier konsequentes Mittel-Zweck-Denken, also eine im weitesten Sinn technische Rationalität: als eine notwendige, wenn auch nicht hinreichende Bedingung zwischenmenschlichen Handelns. Werte wie Zufriedenheit, Freundschaft etc., die im Horizont der Technik selbst keinen Ort haben, müssen gleichwohl immer auch technisch-strategisch realisiert und gesichert werden. Kurzum: Handlungserfolg ist an die Mittel-Zweck-Rationalität geknüpft derart, dass – bei gegebenem Zweck – die Wahl des richtigen Mittels die Realisierung des Zwecks garantiert. Das ist von Anbeginn an eine Grundfigur menschlichen Denkens.

Arnold Gehlen hat deren Affinität zur *Magie* bemerkt (Gehlen 1957, 13 ff.; 1961, 96 f.). Wer die magische Formel kennt, kann den Dingen befehlen und sie für sich arbeiten lassen: Genau das intendiert Technik in der Tat. Die Magie freilich bedient sich nicht realer Mittel, sondern sucht eine *spirituelle* Macht über die Dinge zu gewinnen. Gehlen nennt sie daher eine „über-natürliche Technik" (1957, 14). Wetterzauber, Fruchtbarkeitszauber, ‚Besprechen' von Krankheiten, Astrologie etc. sind gewissermaßen als ‚*Geisteswissenschaften der Natur*' zu verstehen. Gehlen sieht darin ein „Resonanzphänomen" in dem Sinn, dass der Geist dazu neigt, die Natur als durchgängig begeistet zu deuten (1957, 16). Nun, so ganz falsch liegt er damit *letztlich* vielleicht nicht, wenn man bedenkt, dass auch die reale Technik nur gelingen kann, wenn sie *die den Dingen zugrunde liegende ‚Logik'* – die Naturgesetze – richtig erfasst und technisch in reale Funktionalität umsetzt (hierzu Kap. 1.2.1, 1.2.2). Beides erspart sich die Magie allerdings und ist dadurch zum Misserfolg verurteilt, und doch, so will scheinen, liegt ihr eine Intuition zugrunde, die prinzipiell etwas Richtiges trifft. Inwiefern, das wird gleich im Zusammenhang mit ontologischen Aspekten der Technik diskutiert (Kap. 1.2.2).

Der Erfolgscharakter technischen Denkens hat in der Moderne einen Wesenszug des Technischen mit anthropologisch höchst bedenklichen Konsequenzen sichtbar gemacht, der früheren Menschheitsepochen verborgen geblieben war: Im Zusammenwirken von Technik, Naturwissenschaft und Wirtschaft ist, wie eingangs schon erwähnt, ein sich selbst potenzierendes Wachstum freigesetzt worden, das uns heute lawinenartig zu überrollen droht. Diese entfesselte Entwicklung bringt ans Licht, dass die Technik *ohne immanentes Maß* ist (Hösle 1991, 60). Ihr einziger Imperativ ist die unbeschränkte Steigerung des Machenkönnens, Entfesselung des Machens.

Die Frage nicht nur nach ‚Grenzen des Wachstums' – so der Titel der berühmten Studie des Club of Rome, die hinsichtlich des Selbstverständnisses der technischen Zivilisation eine Wende einleitete (Meadows et al. 1973) – drängt sich auf, sondern erst recht die nach der Möglichkeit der *Begrenzung* des Wachstums (vgl. hierzu auch die engagierte Studie von Illich 1975): Sich selbst überlassen, respektiert die Technik keine Norm und kann so schließlich zu einer Infragestellung der menschlichen Sinnfundamente selbst werden. Technik, die seit je zur Wesensdefinition des Menschen gehört, schließt heute eine *Wesensbedrohung* desselben mit ein. Die geradezu phantastischen Entwicklungen der Gentechnik in der Gegenwart legen davon beredtes Zeugnis ab.

Betroffen von der Entfesselung des Machens ist wesentlich auch das Verhältnis von Mensch und Natur. In seiner herkömmlichen Form war dieses eine durchaus wechselseitige Beziehung: Der Mensch bearbeitete und kultivierte die Natur und wusste sich darin zugleich auf sie angewiesen. Mehr noch: In der Erfahrung ihrer unerschütterlichen, selbsttragenden Verlässlichkeit wurde die Natur für ihn zum Gleichnis jenes Unbedingten, Absoluten, das seinem Leben Sinn und Wert verlieh. Durch die Entfesselung der Technik ist diese Eintracht von Mensch und Natur nachhaltig gestört. Der Mensch entfremdet sich der Natur, und die Natur selbst verliert gleichsam ihre Standfestigkeit und beginnt zu ‚kippen'. Die Folge ist, dass die menschliche Welt immer technischer, also unnatürlicher, künstlicher, somit auch *beliebiger* wird. Der Naturverlust geht so zuletzt auch mit *Sinnverlust* einher, der das Gefühl einer unklar empfundenen Technophobie zur Folge hat.

1.1.3 Technik als ‚Entbergen' (Heidegger)

Martin Heidegger hat etwas Derartiges schon sehr früh gesehen (Heidegger 1962). Sein Vorwurf an die Gegenwart ist der der *Seinsvergessenheit*. Diese sei zwar grundsätzlich schon für die gesamte abendländische Philosophie konstatierbar, aber erst durch „das Rasende des Bestellens", das der modernen Technik eigentümlich sei, in aller Schärfe bewusst geworden (1962, 33). Eine Aufgabe der Philosophie sieht Heidegger dementsprechend darin, das *Wesen* der Technik zu enthüllen. Nur so könne der Mensch sich dafür öffnen und auf die von der Technik ausgehende Gefahr angemessen reagieren.

Was aber ist das ‚Wesen' der Technik? Auf jeden Fall, so Heidegger, ist es selbst „ganz und gar nichts Technisches" (Heidegger 1962, 5). Das Wesen der Technik ist dasjenige, was die Technik *eigentlich* ist, ihr *wahres Sein*. Naheliegende, populäre Technikdeutungen werden von Heidegger zwar nicht verworfen, aber als oberflächlich charakterisiert: Die *anthropologische* Deutung sieht in der Technik vor allem ein Tun des Menschen. Die *instrumentale* Deutung sieht in ihr ein Mittel für Zwecke. Beide Deutungen seien zwar richtig, doch sei „das bloß Richtige noch nicht das Wahre" (7, vgl. auch 20 f.). In Wahrheit sei das technische Hervorbringen vielmehr als ein Zum-Vorschein-Bringen von Sein zu verstehen, das zunächst verborgen existiert. „Das Entscheidende der techne liegt somit keineswegs im Machen und Hantieren, nicht im Verwenden von Mitteln, sondern in dem ... *Entbergen*. Als dieses, nicht aber als Verfertigen, ist die techne ein Her-vor-bringen" (13, Hvh. D.W.).

Wesentlich ist also, dass durch Technik im Sein liegende Möglichkeiten ans Licht gebracht werden, und dabei insbesondere der Charakter des ‚Entbergens', d. h. des Enthüllens von Wahrheit: Technik ist danach als ein Geschehen zu fassen, in dem „Wahrheit geschieht", als ein *Wahrheitsgeschehen* (Heidegger 1962, 13).

Nun ist Entbergung, wie Heidegger näher im Kontext seiner Kunstdeutung erläutert, „in sich zugleich *Verbergung*" (Heidegger 1966, 57). Durch Öffnung des Blicks in *eine* Richtung ist eben dadurch eine *andere* Blickrichtung ausgeblendet. Die moderne Technik ist dafür in Heideggers Deutung ein sinnfälliges Exempel:

Die klassische Form der Technik sei die *poiesis* im Sinn handwerklichen Herstellens. Völlig anders geartet sei die *moderne Technik:* „Auch sie ist ein Entbergen", aber nicht mehr in der Weise der *poiesis*, sondern als ein „*Herausfordern*", das gleichsam ein provozierendes Ansinnen an die Natur stellt, das die Natur zu ‚stellen' sucht (Heidegger 1962, 14). Heidegger erläutert dies am Beispiel eines in den Rhein ‚verbauten' Kraftwerks, dessen einziger, platter Sinn darin bestehe, die Strömung zur Energiegewinnung in Dienst zu nehmen, während es Hölderlin – so ist dieses Exempel wohl zu deuten –, indem er dem Rheinstrom eine Hymne widmet, um etwas unvergleichlich Anderes, nämlich den Sinn von ‚Sein' gehe. Das Kraftwerk hingegen ‚stellt' den Strom, so wie ein gejagtes Tier gestellt wird. In diesem Sinn wird das Wesen der modernen Technik von Heidegger als ‚*Ge-stell*' charakterisiert – ‚Ge-stell' also nicht in der Bedeutung von ‚Büchergestell' oder Knochengerippe, sondern als herausforderndes ‚Stellen' der Natur (19 f.).[4]

---

4 Ausführlich hierzu Seubold 1986, Kap. III ff.

Hier bestätigt sich für Heidegger in besonderem Maß, dass jedes Entbergen immer auch ein *Verbergen* ist: „Das Ge-stell ... vertreibt ... jede andere Möglichkeit der Entbergung." Es lässt sogar seinen „eigenen Grundzug, nämlich dieses Entbergen als ein solches[,] nicht mehr zum Vorschein kommen"; „es verbirgt das Entbergen als solches und mit ihm Jenes, worin sich Unverborgenheit, d.h. Wahrheit ereignet" (Heidegger 1962, 27). Geblendet von den überwältigend neuen Möglichkeiten der modernen Technik entstehe „die Gefahr, dass der Mensch sich am Unverborgenen versieht und missdeutet". Dies, so Heidegger, sei im Zeichen des Ge-stells „die höchste Gefahr" (26): dass der Mensch alles und damit auch sich selber nur noch technisch verstehen könne und deshalb „heute in Wahrheit gerade nirgends mehr sich selber, d. h. seinem Wesen" „begegnet" (27, i. Orig. hvgh.). „Die Bedrohung des Menschen", so Heideggers überraschende Sicht der Dinge, „kommt nicht erst von den möglicherweise tödlich wirkenden Maschinen und Apparaturen der Technik. Die eigentliche Bedrohung hat den Menschen schon in seinem Wesen angegangen" (28).

Heidegger sieht den Menschen also nicht, wie es die aktuelle Technikkritik darstellt, primär durch gefährliche Technik oder Technikfolgen gefährdet. Die eigentliche Gefährdung erkennt er darin, dass der Mensch vielmehr Schaden nehme an seinem *Wesen*. Gefordert ist, Heidegger zufolge, ein neues Selbstverständnis des Menschen: „Demgemäß muss das Wesen des Menschen erst dem Wesen der Technik sich öffnen." Allerdings dürfe dies nicht dahin missverstanden werden, „dass die Menschen die Technik und ihre Mittel bejahen und fördern" (Heidegger 1962, 39). Entscheidend sei vielmehr, dass der Mensch, „als der Hirt des Seins" (41), das der Technikentwicklung zugrunde liegende ‚*Seinsgeschick*' zu vernehmen und anzunehmen lerne, um es dann auch zu ‚verwinden' und eine ‚Kehre' – heraus aus der ‚Seinsvergessenheit' – einzuleiten (23 ff., 37 ff.).

Ein *wesentlich anthropologischer Kern* ist in Heideggers Technikphilosophie insofern unverkennbar – auch wenn Heidegger selbst sich dagegen verwahrt hätte: „Anthropologie", wie Heidegger sie versteht, sei „jene Deutung des Menschen, die im Grunde schon weiß, was der Mensch ist und daher nie fragen kann, wer er sei" (Heidegger 1977, 111). Die anthropologische Deutung der Technik (‚Technik als ein Tun des Menschen') hatte er dementsprechend als vordergründig disqualifiziert (s.o.). Die *instrumentale* Deutung (‚Technik als Mittelgebrauch') wird ganz ausgeblendet. Als wesentlich wird hingegen eine *ontologische Dimension* geltend gemacht: ‚Technik als Entbergen von Sein'. Entsprechend dem Sinn von ‚Entbergen' wird sie als ein ‚Wahrheitsgeschehen' verstanden, in das der Mensch aber wesenhaft eingebunden ist (Heidegger 1962, 32 f.), gleichsam als das Medium des Entbergens von Sein.

Vielleicht lässt sich das Besondere der Technikdeutung Heideggers so charakterisieren, dass diese im technischen Tun nicht nur ein ‚Werkeln' sieht, auch nicht nur ein Herstellen zuweilen gefährlicher Dinge, sondern einen Grundzug des Menschen in seinem Verhältnis zum Sein ebenso wie zu sich selbst: Was die Technik deutlich macht, ist beispielsweise dies, dass der Mensch etwas über die Natur Hinausgehendes erschaffen kann – und sei es auch so groß, dass die Natur dies nicht mehr zu tragen vermag oder dass er sich selbst daran verhebt oder sich darin verliert. Lange vor der ‚ökologischen Wende' hat Heidegger gewissermaßen schon deren *Grundmotiv* vorweggenommen – sicher eine bedeutende philosophische Leistung. Ich werde später nochmals auf Heideggers Schrift zurückkommen (Kap. 2.7.1 f.).[5]

Zumindest erwähnt werden sollen auch einige Vorbehalte gegenüber Heideggers Untersuchung: Auch wenn man die oft höchst artifiziellen sprachlichen Ausdeutungen einmal beiseite lässt, bleiben Fragen zum Methodischen. Heidegger, so muss man wohl sagen, beweist nicht durch Argumentation, sondern schöpft aus der Intuition, die zweifellos ein mächtiges Organon der Philosophie ist – als Schüler Husserls würde er von ‚phänomenologischer Analyse' sprechen. (Im Übrigen fragt sich, was in Bezug auf die Technikphilosophie die Alternative wäre...) Zwar erscheint Heideggers ‚Seinsdenken' oft monströs und abenteuerlich unbekümmert um Begründungsfragen, aber auch keineswegs abwegig, sodass sich immer wieder die Frage aufdrängt, ob man dem nun folgen soll und kann. In Bezug auf seine Technikdeutung, scheint mir, fällt die Antwort – ebenfalls intuitiv – positiv aus: Hier, scheint mir, ist etwas von der ‚Tiefengrammatik' technischen Denkens erfasst und ans Licht geholt worden.

1.2 Bedingungen technischen Konstruierens

Das ‚Wunder der Verwirklichung', wie ich es oben genannt habe (Kap. 1.1.1), ist darin zu sehen, dass Gedanken, die als solche *ideeller* Natur sind, durch Technik in *Realität* überführt werden. Das ist generell charakteristisch für das Verhältnis der Technik zur Realität: Sie ist nicht nur auf eine schon vorhandene Realität bezogen, sondern sie *erschafft* selbst auch Realität. Wie ist so etwas möglich? Wäre das nicht eine quasi gottgleiche Fähigkeit? Müssen wir uns nicht an die vorgegebenen Realitäten halten? Die Antwort darauf ist in technischer Perspektive ‚nein': Das ‚Wunder der Verwirklichung' verweist auf das nicht geringere ‚Wunder der *Möglichkeit* technischer Verwirklichung' (dazu gleich mehr). Es handelt sich

---

[5] Vgl. hierzu auch den kürzlich erschienenen Sammelband ‚Heidegger on Technology', der, so die Herausgeber, „offers the first comprehensive and definitive account of Martin Heidegger's philosophy of technology" (Wendland/ Merwin/ Hadjioannou (ed. 2019), 2).

hier um Fragen des *Wirklichkeitsbegriffs*, d. h. *ontologische* Fragen, das Verhältnis der Technik zur Wirklichkeit betreffend. Was unmittelbar ins Auge fällt, ist die *wirklichkeits-verändernde* Tätigkeit der Technik. Die Naturrealität wird technisch transformiert. Aus dem Sandkorn wird – in komplexen Umwandlungsprozessen – ein Transistor.

Die Überzeugung von der technischen Transformierbarkeit des vorgefundenen Naturseins ist eine neuzeitliche Idee, die im 17. Jahrhundert aufkommt. Für die griechische Antike war die Welt – im Gegensatz zum Chaos – ein ‚Kosmos' (grch. ‚Schmuck') von in sich vollendetem Seienden, das als solches nicht der Veränderung bedurfte (abgesehen natürlich von der immer schon praktizierten handwerklichen Herstellung (*poiesis*)). Dementsprechend versteht sich die griechische Wissenschaft wesentlich als ‚theoria', als reine ‚Betrachtung' dessen, was ist. In der Neuzeit rückt das *endliche Subjekt* ins Zentrum des Interesses und die aus der Endlichkeit resultierende Notwendigkeit der Selbstbehauptung in einer feindlichen Welt. Der christliche Gedanke der *Naturbeherrschung* gewinnt jetzt programmatischen Charakter, der die radikal wirklichkeits-verändernde Einstellung der neuzeitlichen Technik bestimmt hat. Diese geistesgeschichtlichen Zusammenhänge werden später ausführlicher dargelegt (Kap. 1.4). Im vorliegenden Zusammenhang ist zunächst der Wirklichkeitsbegriff der Technik selbst und deren wirklichkeitsverändernde Tätigkeit Thema.

1.2.1 Der Möglichkeitscharakter von Naturgesetzlichkeit

Die Technik nimmt ihren Ausgang von der Realität und zielt in ihrem Tun auf Realität ab. Was aber ist Realität – ‚alles, was der Fall ist' (Wittgenstein)[6], ‚harte Fakten'? Wieso kann Technik dann darüber hinausgehen, wenn etwas in so harter Weise der Fall ist? Wie ist die Realität beschaffen, wenn sie offenbar doch technisch veränderbar ist?

Veränderbarkeit der Dinge bedeutet jedenfalls, dass sie *nicht in ihrer Faktizität aufgehen*, sondern so etwas wie *Möglichkeit* enthalten: Der Marmorblock enthält die Möglichkeit der Statue, das Sandkorn die Möglichkeit des Transistors. Was technisch realisiert wird, muss jedenfalls *möglich* sein. Betrachten wir ein konkretes Beispiel: Eine Spiralfeder verändert ihre Länge, wenn sie mit einem Gewicht belastet wird, und zwar in Abhängigkeit von der Größe des Gewichts; sie ist

---

6 „Die Welt ist alles, was der Fall ist. Die Welt ist die Gesamtheit der Tatsachen ... Die Welt ist durch die Tatsachen bestimmt und dadurch, dass es alle Tatsachen sind." (Wittgenstein 1921, 1–1.11).

‚elastisch'. Ihr Sein erschöpft sich nicht in ihrem je faktischen Spannungszustand und ihrer je faktischen Länge, sondern schließt andere, mögliche Spannungszustände ein, denen andere, mögliche Längen de Spiralfeder entsprechen. Sie geht nicht in ihrer Faktizität auf, sondern enthält *Möglichkeit.* Alles Wirkliche, so hat es E. Bloch formuliert, besitzt einen Möglichkeitshorizont: „Das allein ist Realismus ... Die Wirklichkeit ohne reale Möglichkeit ist nicht vollständig" (Bloch 1973, 257).

Doch woher *stammt* die den Dingen inhärierende Möglichkeit? Im Beispiel der Spiralfeder ist deren jeweilige Länge L abhängig von der jeweiligen Belastung B, d. h. sie ist eine *Funktion* der Belastung, mathematisch also beschreibbar durch einen Funktionszusammenhang $L(B)$. Das ist die Formulierung eines *Funktionsgesetzes*, das die Längenänderung in Abhängigkeit von der Belastung angibt. Diese mit der Feder verknüpfte Funktionalität beschreibt ihr spezifisches Verhalten, sie ist das diesem zugrunde liegende *Naturgesetz.*

Alle Dinge enthalten solche Funktionalitäten, also Abhängigkeiten von Zustandsgrößen wie Druck, Temperatur, Beleuchtung etc., und ebendies äußert sich in ihrem *spezifischen Verhalten.* Karl Popper hat das treffend am Beispiel der simplen Beobachtungsaussage ‚Hier steht ein Glas Wasser' erläutert (Popper 1973, 61, 378): ‚Glas' und ‚Wasser' bezeichnen Materien, die ein bestimmtes *gesetzmäßiges* Verhalten zeigen[7] – Glas zerbricht, wenn es auf Steinfußboden fällt, Plexiglas nicht; Wasser ist ebenso wie Benzin eine klare, farblose Flüssigkeit, aber nicht entzündlich und gefriert bei einer Temperatur von 0° Celsius. Glas und Wasser sind somit nicht nur das, was sie jeweils faktisch sind, sondern zu ihrem Sein gehört eine *Gesetzlichkeit*, eine Disposition, d. h. die Möglichkeit zu etwas, so wie zur Spiralfeder die Elastizität als intrinsische Möglichkeit gehört.

Die den Dingen innewohnende Möglichkeit stammt also aus dem Naturgesetz. Im Beispiel der Spiralfeder ist dieses durch den Funktionszusammenhang $L(B)$ der Länge L als Funktion der Belastung B gegeben. Die darin mit enthaltene Möglichkeitsdimension ist unmittelbar deutlich: Zu einer Länge L_1 gehört eine Belastung B_1, zu L_2 gehört B_2, ..., zu L_n gehört B_n. Die Feder kann also verschiedene Längenzustände L_n in Abhängigkeit von möglichen Belastungszuständen B_n einnehmen. Das ‚Sein' der Feder ist demnach nicht durch *einen* dieser Werte allein charakterisierbar, sondern nur durch deren *Gesamtheit*, die in dem ihr zugrunde liegenden Funktionsgesetz $L(B)$ gleichsam in kompakter Form gegeben ist: als Inbegriff aller Längenzustände, die von der Feder – in Abhängigkeit von der

---

[7] Popper ist daher „der Ansicht, dass der Gedanke der Existenz notwendiger Naturgesetze ... metaphysisch oder ontologisch wichtig ist ... Und obwohl man diese metaphysische Idee weder empirisch beweisen kann – sie ist nicht falsifizierbar – noch auf andere Weise, halte ich sie dennoch für wahr" (Popper 1973. 392 f.).

Belastung – potentiell eingenommen werden können. Das Naturgesetz ist so gleichsam die Verklammerung *möglicher* Zustände der Feder. Naturgesetzlichkeit impliziert, dass im Naturseienden Möglichkeit enthalten ist.[8]

Von daher wird verständlich, inwiefern die Technik über das je faktische Natursein *hinausgehen* kann: Wer das Gesetz eines Naturseienden kennt, also dessen Verhalten als Funktion bestimmter Zustandsgrößen, der kann durch Realisierung bestimmter Zustandsgrößen ein bestimmtes Verhalten realisieren – völlig unabhängig davon, was ‚von Natur aus' *faktisch* schon realisiert ist. Durch Kenntnis des Naturgesetzes wird die *Möglichkeitsdimension* der Dinge *verfügbar* und *technisch nutzbar* – im Beispiel der Spiralfeder z. B. als Federwaage.

Kurz, Technik lebt von der im Natursein enthaltenen Möglichkeit oder, in Umkehrung der Perspektive: Die Möglichkeit von Technik verweist auf die dem Natursein selbst wesenhaft zugehörige Möglichkeitsdimension; ohne diese wäre Technik undenkbar. Das ist eine *ontologische* Einsicht, die technikphilosophisch von fundamentaler Bedeutung ist. Das Naturgesetz ist als ein Inbegriff von Möglichkeiten zu verstehen, die als ‚Möglichkeiten' keineswegs Phantasmen sind, sondern das reale Verhalten der Dinge bestimmen und technisch in Dienst genommen werden können.

1.2.2 Die Verknüpfung von Realität und Idealität in Naturseiendem

Möglichkeit gehört also als Wesenseigenschaft zu den Dingen selbst. Trotzdem ist Möglichkeit nicht wahrnehmbar, sondern nur *gedanklich* fassbar als der Inbegriff der im Naturgesetz verklammerten möglichen Zustände der Dinge. Dasjenige also, was die *realen* Dinge in ihrem Verhalten bestimmt, ihre Gesetzlichkeit, hat selbst *keine reale* Existenz, sondern nur diese gedanklich fassbare Seinsweise. Die Naturgesetzlichkeit des Realen ist selbst nichts Reales, sondern hat *ideellen* Charakter. Das Gesetz des Steins ist selbst kein Stein, das Gesetz des Elektromagnetismus ist selbst nicht elektromagnetisch. Als Gesetzlichkeiten sind sie vielmehr mathematisch-logische Zusammenhänge.

Die Naturgesetze sind so gleichsam als eine der Natur zugrunde liegende *Logik* verstehbar, die als solche *ideelle Seinsweise* besitzt. In unserer Alltagsrealität findet sich nichts Ideelles, sondern in ihr ‚stoßen sich hart die Dinge'. Aber ihrer Erscheinung liegt wesensmäßig Ideelles zugrunde. Die Natur existiert ge-

---

[8] Im Begriff des ‚Zustands' ist dessen Möglichkeitscharakter übrigens schon implizit enthalten, denn mit dem ‚Zustand' eines Gegenstands ist ein transitorisches Sein desselben gemeint, das realisiert sein kann oder auch nicht, d. h. ein mögliches Sein im Spektrum möglichen Seins.

wissermaßen in dieser Duplizität von realer Erscheinung und dem ihr zugrunde liegenden ideellen Wesen. Das widerspricht aller Anschauung, doch der ‚Vernunftinstinkt' der Wissenschaft erahnt diesen Zusammenhang: Er interessiert sich nicht für die faktisch-reale Naturerscheinung, sondern allein für die ihr zugrunde liegenden Gesetzlichkeiten, die als solche nur logisch fassbar sind. Recht verstanden läuft das – abweichend vom gängigen Selbstverständnis der Wissenschaft – auf einen *idealistischen Naturbegriff* hinaus (vgl. hierzu Wandschneider 1982; 1985; 1990; 2001). Bemerkenswerterweise sieht auch Carl Friedrich v. Weizsäcker, also ein Wissenschaftler, der sich als Philosoph zugleich über die Grundlagen seiner Wissenschaft klarzuwerden versuchte, dies als Konsequenz.[9]

Um auf die Technik zurückzukommen: Was im Vorigen das ‚Wunder der Verwirklichung' genannt worden war (Kap. 1.1.1, 1.2) – dass etwas so Ungreifbares, wie Gedanken sind, sich technisch in harte Realität umsetzen lässt –, wird von einem *idealistischen Naturbegriff* her verstehbar. Danach ist die Realität ihrem Wesen nach gesetzmäßig verfasst, also *ideeller* Natur, und das heißt, sie ist dem Denken zugänglich, sie ist *erkennbar* (also kein unerkennbares Ding-an-sich). Erkenntnis der Naturgesetze vermag die Realität ideell aufzuschließen. Von daher kann sie zunächst *gedanklich verändert* und dieser ideelle Entwurf dann *technisch realisiert* werden. Auch darin zeigt sich der Erklärungswert eines idealistischen Naturbegriffs; so – und wohl nur so – ist die Möglichkeit von Technik *ontologisch* begründbar.

Ein technisches Produkt ist gleichsam als Inkorporierung von Möglichkeiten zu verstehen, die in der ‚Logik der Natur' (den Naturgesetzen) enthalten ist. Das erklärt, dass die Fehlersuche, etwa bei einem defekten Motor, *logisch* angegangen werden muss; nur so wird man erfolgreich sein. Denn – das ist der entscheidende Punkt – auch die Wirklichkeit untersteht den Gesetzen der Logik. Aber ist die Logik nicht ein menschgemachtes, gedankliches Konstrukt? Sicher auch. Aber hier ist von Naturgesetzen die Rede. Auch wenn deren wissenschaftliche Erforschung unbestreitbar erhebliche Denkleistungen abverlangt und sich von ihren

---

9 Er sei zu der Überzeugung gekommen, so Weizsäcker, dass „der Gegenstand der Naturwissenschaft nichts dem Geist Fremdes ist, sondern nur gerade der Geist selbst, insofern er sich der Verstandesoperation des Unterscheidens und Objektivierens fügt. Wir können kausal erklären und naturwissenschaftlich heilen, genau soweit die geistige Wirklichkeit sich objektivieren lässt: in dieser objektivierten Gestalt heißt sie Körper, heißt sie Materie" (Weizsäcker 1971, 290). Der „Ansatz, der vom Geist beginnt," sei demnach „der tiefere und der eigentliche und der wahre Ansatz", auch wenn die faktische Entwicklung der Naturwissenschaft „wesentlich vorangetrieben worden [sei] in einem Gegensatz, einer Gegenwehr gegen diesen Ansatz" (304). „Die klassische Formel, die Natur sei Geist, drängt sich als Stenographie dieser Probleme auf, ohne darum im Geringsten verstanden zu sein" (470). – Weizsäcker selbst hält eine Re-Interpretation dieser Auffassung übrigens in der Weise für möglich, dass Materie auf Information zurückgeführt wird.

Formeln herausstellt, dass sie letztlich nur von begrenzter Geltung sind, sind die das Natursein bestimmenden Gesetzlichkeiten per se als etwas anzusprechen, das menschlichem Denken vorausliegt. Für die Technik heißt das, dass sie diese Gesetzlichkeiten zu akzeptieren hat als unabweisliche ideelle Voraussetzungen realen technischen Handelns.

Entscheidend ist nun aber, dass sich jene *ideellen Gesetzmäßigkeiten* der Natur wiederum nur an einem *realen Substrat* zeigen – das Gravitationsgesetz ‚braucht' dafür reale Massen, die Quantentheorie extrem kleine, aber eben doch reale Entitäten wie z. B. Elektronen. Diese Verknüpfung von ideellem Gesetz und realem Substrat entspricht der schon erwähnten Duplizität von *ideellem Wesen* und *realer Erscheinung* der Natur. Erst dadurch wird die Möglichkeit von Technik letztlich verständlich: Die Naturgesetze, also das der Natur zugrunde liegende Ideelle, sind wie sie sind, unveränderbar; veränderbar ist aber deren reales Substrat: Zwar zieht das Gravitationsgesetz einen Körper aufgrund seiner Masse ‚nach unten', aber mit einem Raketenantrieb ausgestattet kann der Körper ‚abheben'. Die Gravitation wird dadurch nicht zum Verschwinden gebracht, aber sie lässt sich auf diese Weise überwinden. Das Gravitationsgesetz bleibt unverändert in Kraft, aber veränderbar ist der reale Körper. Sein je *faktischer* Zustand realisiert nur einen unter vielen *möglichen* Zuständen. Er kann also auch in einen anderen Zustand versetzt, d. h. er kann umgebildet werden, beispielsweise so, dass eine Rakete daraus wird.

Diese Veränderbarkeit des *realen* Naturseienden ist die Chance der Technik, die ja angetreten ist, die Realität zu verändern, ohne allerdings die dieser zugrunde liegenden Naturgesetzlichkeiten verändern zu können. Sie braucht diese aber auch nicht zu verändern, weil sie ja *Reales* umgestalten will und Reales in der Tat veränderbar ist. Genau das ist der Punkt, an dem die Technik ansetzen kann: Sie kann den jeweils realen Zustand austauschen gegen einen anderen aus dem Spektrum der möglichen Zustände – um ein besonders anschauliches Beispiel zu haben: Der reale Marmorblock kann so bearbeitet werden, dass die in ihm enthaltene ‚mögliche Statue' hervortritt, d. h. reale Gestalt gewinnt; oder der reale Tonklumpen, der auch die Möglichkeit enthält, zu einer Vase geformt zu werden.

Idealtypisch vereinfacht formuliert: Dem realen Naturseienden liegt Ideelles, d. h. die Logik der fundamentalen Naturgesetze zugrunde, die *unveränderbar* ist und das Spektrum alles dessen enthält, was naturgesetzlich *überhaupt möglich* ist. Veränderbar ist dagegen das reale Natursein, weil es als faktischer Zustand eben nur eine Facette im Gesamtspektrum des naturgesetzlich Möglichen ist. Das von der Technik beständig vollbrachte ‚Wunder der Verwirklichung' setzt also zum einen die Erkenntnis des ideellen Wesens der Natur, d. h. der Naturgesetze, voraus, zum anderen reale Arbeit am realen Objekt, die dieses in neue Gesetzlichkeiten einbindet. Zugleich ist deutlich, dass die *magische* Technik, die die

Natur geistig beherrschen will, deshalb scheitert, weil sie sich sowohl die Erkenntnis der Naturgesetze wie auch die Arbeit am realen Objekt erspart. Die Natur ‚geistig beherrschen' vermag nur, wer zuvor ihr ideelles Wesen erforscht hat – und darüber hinaus auch bereit ist, real Hand anzulegen.

1.2.3 Das Mittel als Übersetzung des Zwecks in Realität

In dieser Perspektive erscheint die für technisches Handeln charakteristische Mittel-Zweck-Relation oder *Finalstruktur* in einem neuen Licht – betrachten wir ein Alltagsbeispiel: Ich möchte Feuer machen; das ist der von mir verfolgte *Zweck*. Ich benötige dafür ein Feuerzeug, Brennmaterial, das zudem trocken sein muss, ferner ist Sauerstoff notwendig und so fort. Benötigt wird also eine Reihe von Mitteln, die alle realisiert sein und zusammenwirken müssen, um Feuermachen zu bewerkstelligen. Die Gesamtheit aller beteiligten ‚Einzelmittel' möchte ich kurz als *Mittelarrangement* bezeichnen. Voraussetzung für das Mittelarrangement ist aber, dass ich über das *Wissen* bezüglich geeigneter Mittel verfüge und von daher den intendierten Zweck *gedanklich* vorwegnehme, mit anderen Worten: Mittel und Zweck müssen zuvor *ideell* antizipiert sein, bevor der Zweck realisiert werden kann.

An der Finalstruktur technischen Herstellens lassen sich so drei Hauptmomente unterscheiden: der ideelle Gehalt der Zweckantizipation (einschließlich des Mittel-Wissens), das reale Mittelarrangement und der realisierte Zweck. Hier wird deutlich, dass im Finalprozess ein Übergang von der *gedanklich-ideellen* Sphäre zur *Realität* stattfindet. Der ‚Ort' dieses Übergangs ist das Mittel: Das Mittelarrangement leistet gleichsam die ‚*Übersetzung*' der gedanklich-ideellen Zweckantizipation in den realisierten Zweck. Konkret bedeutet dies, dass das Mittelarrangement, sobald es geeignet realisiert ist, die Zweckrealisierung *selbsttätig*, ohne alles weitere Zutun des Denkens, hervorbringt. Wären die realen Mittel selbst nicht imstande, den Zweck zu realisieren, wäre alles Wünschen vergeblich. Sind die Mittel aber geeignet zusammengebracht, kann das Denken zur Realisierung nichts beitragen; es muss die Mittel selbsttätig arbeiten lassen, da die Zweckrealisierung eben nur auf der realen Ebene geschehen kann, oder anders gewendet: Der ideelle Gehalt der Zweckantizipation wird durch das Mittelarrangement vollständig in Realität umgesetzt, die schließlich als realisierter Zweck erscheint – eine Deutung, die an Hegels Konzeption der Mittel-Zweck-Relation anknüpft (Hegel WW, 6.436–461). Die gedankliche Zwecksetzung legt das Mittelarrangement fest. In diesem gewinnt der Gedanke gleichsam reale Gestalt, und nur in dieser realen Form kann er real wirksam und realisiert werden.

Man hat gesagt (z. B. Hegel WW, 6.454), die Mittel-Zweck-Relation sei eine Art *Umkehrung* des Ursache-Wirkungs-Verhältnisses, insofern der Zweck, der am Ende, sozusagen als ‚Wirkung', realisiert werden soll, in diesem Prozess schon von Anbeginn an bestimmend ist. Ist die ‚Wirkung' hier also eigentlicher als die ‚Ursache' zu verstehen? Nun ist der am Anfang stehende Zweck, wie dargelegt, die ideelle Antizipation der späteren Realisierung des Zwecks. Am Anfang steht also ein *Ideelles*, das als solches keine ‚Ursache' im üblichen Sinn ist. Ursächlichen Charakter besitzt erst das reale Mittelarrangement, das allerdings, wie gesagt, die ideelle Zweckantizipation in sich aufgenommen hat und diese daher zu realisieren vermag. Das Mittelarrangement hat hier Ursachecharakter und die Zweckrealisierung Wirkungscharakter. Das Ursache-Wirkungs-Verhältnis ist also keineswegs invertiert. Das Besondere der Mittel-Zweck-Relation ist vielmehr in dem genannten Umstand zu sehen, dass die reale Wirkung in *ideeller* Form schon am Anfang – als Zwecksetzung – bestimmend ist, dann in Gestalt des Mittelarrangements eine *reale ‚Inkorporation'* erfährt und so real wirksam wird. Auch hier erscheint, in der Umsetzung eines Ideellen in Realität, jenes schon angesprochene ontologische ‚Wunder der Verwirklichung' – ein Charakteristikum aller Technik, das auf einen *idealistischen* Naturbegriff verweist.

1.2.4 Emergenz neuer Gesetzlichkeiten durch Systembildung

Im Mittelarrangement wird konkreter sichtbar, wie das faktische Natursein *veränderbar* ist: Zum einen ist schon dieses planvolle Zusammenbringen realer Mittel eine Veränderung des Naturseins, zum anderen ermöglicht diese Veränderung der Naturkonstellation, etwas *Neues hervorzubringen*. Ein einfaches Beispiel, das leicht nachgestellt werden kann, mag das illustrieren: Zwei Zylinder von unterschiedlichem Radius führen, wenn sie angestoßen werden, auf einer glatten Fläche eine *gleichmäßige* Rollbewegung aus. Werden sie aber ineinander gesteckt, so führt das so gebildete *System* zweier Zylinder eine *Zitterbewegung* aus: An die Stelle des Bewegungsgesetzes der Zylinder je für sich ist ein neues Gesetz des aus beiden Zylindern gebildeten komplexeren *Systems* getreten: ein *Systemgesetz*.

Ein Systemgesetz ist also zum einen eine *neue* Gesetzlichkeit in dem Sinn, dass es erst mit der Existenz des Systems ‚in Kraft tritt'. Dennoch handelt es sich dabei natürlich nicht um ein neues Naturgesetz, das die bisher geltenden Naturgesetze durchbrechen würde, denn es selbst beruht ja auf diesen. Zum anderen ist das Systemgesetz eine *neue* Gesetzlichkeit im Vergleich mit denen der Teilsysteme, denn unabhängig vom Gesamtsystem gibt es das Systemgesetz nicht. Auf der Systemebene ‚emergieren' gleichsam *Ganzheitseigenschaften*, die gegenüber den Eigenschaften der Subsysteme ein *Novum* darstellen. ‚Emergenz' bezeichnet dementsprechend das ‚Auftauchen' eines Novums auf der Systemebene. Dies ist als ein Komplexitätsphänomen zu verstehen im Sinn des Topos, dass das Ganze mehr ist als die Summe seiner Teile. Ein bekanntes Beispiel ist NaCl, dessen Komponenten – Natrium und Chlor – sich extrem anders verhalten als die daraus gebildete Verbindung Kochsalz.

Nicht nur die vielfältigen Gestaltungen der anorganischen und der belebten Natur beruhen auf der Emergenz neuer Gesetzlichkeiten auf der Systemebene im Vergleich mit denen der elementaren Materie, sondern eben auch die gesamte Technik: Indem sie aus den vorfindlichen Materien neuartige Systeme gestaltet, schafft sie zugleich neuartige Funktionsgesetzlichkeiten – man denke etwa an ein Fernsehgerät. Doch ist dies, nochmals gesagt, nicht als eine Aufhebung der Naturgesetze zu verstehen, auf denen ja auch die Technik beruht. Das Funktionsgesetz eines Fernsehgeräts ergibt sich gleichsam aus einer ‚Zusammenschaltung' von Gesetzlichkeiten, die seine diversen Komponenten in diesen Verbund einbringen. Aus dieser spezifischen Verknüpfung von Naturgesetzen zu einem *Systemganzen* resultiert eine neue Gesetzlichkeit, jedoch vollkommen im Einklang mit den fundamentalen Naturgesetzen. Auch dies ist Ausdruck dessen, dass die Naturgesetze *Möglichkeit* enthalten, die in den Systemen der Natur wie auch in denen der Technik zur Realisierung kommt.

Naturevolution und technische Entwicklung schöpfen insoweit aus derselben Quelle. Die entscheidende Differenz ist im Moment der *Planung* zu sehen. Systembildungen im Zuge der natürlichen Evolution sind das Ergebnis vieler Zufälle, während technische Systeme grundsätzlich bewusst geplante Konstruktionen sind: eben als absichtlich arrangierte *Mittel* zur Realisierung eines *Zwecks* (vgl. Kap. 1.2.3).

1.2.5 Systemische Realisierung von Normativität

Die Planung eines technischen Systems zielt darauf ab, dass dieses eine ganz bestimmte Leistung erbringen *soll*. Sein bestimmungsgemäßes Funktionieren enthält also ein *Sollen*, eine *implizite Norm*. Eine Heizung soll heizen, eine Waschmaschine waschen, ein Fernsehgerät Bilder übermitteln. Betrachten wir die hier wesentlichen Zusammenhänge am Beispiel einer Heizung:

Die beheizte Wohnung gibt stets Wärme nach außen ab, bei warmer Witterung weniger, bei kalter mehr. Um trotzdem eine gleichbleibende Wohnungstemperatur zu haben, muss die Einstellung der Heizung entsprechend verändert werden. ‚Entsprechend': Das bedeutet, dass eine *Beziehung* hergestellt wird zwischen der Wohnungstemperatur und der Heizleistung, denn diese muss in Abhängigkeit von der Wohnungstemperatur gesteuert werden. Hohe Wärmeabgabe nach außen muss durch erhöhte Heizleistung kompensiert werden, um den Temperatur-Sollwert der Wohnung einzuhalten. Diese Normsicherung kann ein Mensch ‚von Hand' vornehmen; sie kann aber auch von einem ‚Thermostaten' übernommen werden, und das heißt: von einem wiederum *technischen* Gerät.

Wesentlich für die technische Realisierung des Thermostaten ist die Funktion des ‚*Regelkreises*': Der faktische ‚Istwert' der Wohnungstemperatur wird technisch mit deren ‚Sollwert' verglichen, und die sich ergebende Abweichung des Istwerts vom Sollwert steuert die Heizleistung. Technisch vorausgesetzt ist dafür also nicht nur ein Thermometer zur Messung des Temperatur-Istwerts, sondern auch eine Realisierung des Temperatur-Sollwerts, also die physische Realisierung einer *normativen* Systeminstanz.

Hier können sich Zweifel einstellen, ob etwas Derartiges überhaupt möglich ist. Denn wie sollte ein physisches Sein den Charakter eines Sollens annehmen können? Würde das nicht auf eine Verwechslung von Sein und Sollen und damit auf einen ‚*naturalistischen Fehlschluss*' hinauslaufen?

Zur Klärung möchte ich hier auf einige Details näher eingehen: Ein Thermometer ist eine Vorrichtung, die Temperaturzuständen bestimmte *Repräsentanten*, beispielsweise Längenwerte auf der Temperaturskala, zuordnet. Was das Thermometer misst, ist *der eine*, jeweils *faktisch realisierte* Ist-Zustand der Temperatur. Aber Repräsentanten gibt es auf der Thermometerskala für *alle* Temperaturzustände, unabhängig davon, ob diese gerade realisiert sind oder nicht.

Von daher wird nun die Möglichkeit einer *Sollensbestimmung* verständlich: Der Sollwert der Temperatur, das liegt schon in der Bezeichnung, ist ja im Allgemeinen nicht realisiert. Realisiert ist aber der *Repräsentant* der Solltemperatur in Form eines Skalenwerts. Das ‚Ziel', die *Norm* des Regelprozesses – etwa der Temperaturwert 20° C –, ist somit *auf der Repräsentantenebene beständig präsent* und kann daher (im Regelkreis konkret über die Differenz der Temperaturrepräsentanten von Soll- und Ist-Wert) den Heizprozess steuern, mit anderen Worten: Derjenige Temperaturzustand, der noch nicht realisiert ist, sondern erst realisiert werden *soll*, ist hier in Gestalt seines Repräsentanten *real existent*, und als solcher kann er *real wirken*.

Damit ist deutlich, dass die Möglichkeit normativer Instanzen hier wesentlich auf der *Vertreterfunktion* der Temperaturrepräsentanten beruht, die *für* Temperaturzustände stehen, unabhängig davon, ob diese selbst faktisch realisiert sind oder nicht. Was sie *repräsentieren*, sind also *mögliche* Zustände, während sie selbst, als Repräsentanten, *real existent* sind und somit auch *wirken* können. *Soll*bestimmungen sind hier also ebenfalls *Seins*bestimmungen, aber eben auf der *Repräsentantenebene*. Systemtheoretisch tritt die Differenz von Sein und Sollen hier gewissermaßen als der Unterschied von Zustandsebene und Repräsentantenebene in Erscheinung. Beide Ebenen sind Seinsebenen, aber so, dass von der

Repräsentantenebene Steuerfunktionen ausgehen (Steuerung der Heizleistung), die verändernd auf die Zustandsebene (Wohnungstemperatur) einwirken.

Das Verhältnis von *Sein* und *Sollen* im Regelkreis ist *systemtheoretisch* also durchaus verstehbar. Die Rede vom ‚naturalistischen Fehlschluss', wonach eine Seinsbestimmung keine Sollensbestimmung sein könne, verkennt, dass ein physisch Seiendes im Rahmen eines Systems einen sehr unterschiedlichen Stellenwert und damit etwa auch ‚normativen Seinsrang' haben kann, der sich aus seiner Position in der Systemhierarchie ergibt. Die Möglichkeit normativer Systeminstanzen ist in dieser Weise *systemtheoretisch* erklärbar – ein Umstand, der auch im Blick auf Gehirnstrukturen und das Leib-Seele-Problem zu bedenken wäre (hierzu Wandschneider 1999; 2018).

Für die Möglichkeit normativer Systeminstanzen ist im Thermostatbeispiel dreierlei wesentlich:

(1) *Repräsentanz:* Auf der Temperaturskala des Thermometers, und das heißt auf der Ebene der Temperatur-‚Repräsentanten', ist auch der Sollwert der Temperatur real repräsentiert. Indem der Sollwert-Repräsentant somit reales, physisches Sein besitzt, kann er auch *real wirken*, z. B. die Heizleistung steuern.

(2) *Allgemeinheit:* Der Sollwert-Repräsentant bleibt in der Verschiedenheit der faktischen Temperatur-Istwerte identisch. Er repräsentiert in diesem Sinn ein in der Variabilität der Temperaturwerte sich identisch durchhaltendes *Allgemeines* und damit die Möglichkeit einer *Norm*.

(3) *Bestimmtheit:* Der *bestimmte Inhalt* dieser Norm ist durch den je bestimmten Systemzusammenhang gegeben, nämlich (a) durch die Thermometerfunktion (der Sollwert-Repräsentant repräsentiert dadurch einen bestimmten Temperaturwert) und (b) durch die Steuerfunktion des Sollwert-Repräsentanten im System (er steuert die nachgeschaltete Heizung).

Die Möglichkeit normativer Systeminstanzen beruht hier also erstens auf der *Vertreterfunktion* der Temperatur-Repräsentanten. Dadurch ist im System sozusagen ein Raum ‚realer Möglichkeiten' eröffnet, d. h. ein Raum, in dem mögliche Temperaturwerte *real repräsentiert* sind und damit auch Steuerfunktionen im System realisieren können. In diesem Raum kann zweitens ein bestimmter Temperaturwert als Sollwert ausgewählt werden und, eben in Form seines realen Repräsentanten, identisch erhalten und steuernd wirksam sein: sozusagen als eine in der Verschiedenheit möglicher Werte der Ist-Temperatur identisch erhaltene allgemeine Norm-Temperatur. Und drittens erhält diese Norm ihre Bestimmtheit durch den Systemzusammenhang, in dem die Thermometer-Skalenmarken eben *Temperaturwerte* und keine Wasserstände repräsentieren.

Grundsätzlich: Durch die Zustandsrepräsentanten ist, wie gesagt, ein *Möglichkeitsraum* aufgespannt: In dem Thermometerbeispiel wird die Längenausdehnung eines Quecksilberfadens bei Erwärmung dazu benutzt, um Temperaturänderungen auf einer Skala sichtbar zu machen. Hier wird also die aus dem Naturgesetz für die Wärmeausdehnung von Quecksilber stammende, *implizite* Möglichkeitsdimension (vgl. Kap. 1.2.1) gewissermaßen auf die Thermometerskala mit ihren realen Markierungen abgebildet und damit *explizit* gemacht. Die im Quecksilber verborgen liegende Disposition, sich bei Erwärmung auszudehnen, wird sozusagen auf die Thermometerskala projiziert und dort als Raum real-möglicher Längenausdehnungen des Quecksilberfadens sichtbar, und das heißt eben auch, als Raum der real-möglichen Temperaturwerte, die den realen Markierungen auf der Skala korrespondieren. Im Systemzusammenhang wird so die reichere Welt des Möglichen *real verfügbar:* beispielsweise durch die Implementierung normativer Systeminstanzen, die, wie am Thermostat-Exempel demonstriert, die Möglichkeit *aktiver Zielverfolgung*, d. h. selbststeuernden, *autonomen* Verhaltens eröffnen, also grundsätzlich die Möglichkeit von *Automaten.*

Der hier als Beispiel betrachtete Thermostat zeigt im Übrigen nicht einfach nur *selbsttätiges* Verhalten, sondern ein Verhalten, das ‚sinnvoll' auf Temperaturschwankungen reagiert, d. h. die Heizleistung flexibel steuert, so wie es – mit entsprechender Zielvorgabe – ein einsichtsfähiges, intelligentes Wesen tun würde. Diese Art ‚Intelligenz' ist dem Thermostaten vom Konstrukteur mitgegeben worden; er ist damit ein einfaches Exempel einer *‚intelligenten' Maschine.* In früheren Zeiten hat man sich daran ergötzt, wie ein Automat, nachdem er gestartet wurde, eine Klappe öffnet, in der eine Hand erscheint, die ihn wieder abstellt: Was daran faszinierte, war offenbar die Selbsttätigkeit rein als solche; ein darüberhinausgehender Sinnbezug fehlte. Was die ‚intelligente' Maschine demgegenüber auszeichnet, ist eine gewisse Wahrnehmungsfähigkeit hinsichtlich unterschiedlicher Bedingungen im Hinblick auf die Verfolgung eines Ziels. Erst der ‚intelligente' Automat ist zu flexiblem, situationsangemessenem Verhalten befähigt, und das heißt zu *aktiver Zielverfolgung auch gegen Störungen.*

‚Intelligent' habe ich hier in Anführungszeichen gesetzt, weil die im beschriebenen Sinn ‚intelligente' Maschine natürlich nicht über menschliche Intelligenz, d. h. Einsichtsfähigkeit, verfügt, – aber eben doch schon über eine rudimentäre Fähigkeit, wechselnde Randbedingungen des Verhaltens – also auch ‚Störungen' – zu registrieren und geeignet darauf zu reagieren. Sie nimmt *Informationen* auf, um sie zu verarbeiten und in Aktion umzusetzen: ‚Intelligent' in diesem weiten Sinn ist die Maschine also durch die Fähigkeit zur *Informationsverarbeitung.*

Der Trend zur Entwicklung immer intelligenterer Technikprodukte ist unübersehbar. Diese *‚Intelligisierungstendenz'*, wie ich kurz sagen möchte, geht dahin, dass technische Konstrukte zunehmend Aufgaben übernehmen können, die bislang intelligentem Handeln vorbehalten waren. Zentral für diese Möglichkeit ist, wie dargelegt, die Entwicklung der Informationstechnik. Der Begriff der *Information* soll deshalb näher beleuchtet werden.

1.2.6 Information als Repräsentanz

Die Möglichkeit normativer Instanzen beruht, wie sich gezeigt hat, wesentlich auf der Vertreterfunktion von Zustandsrepräsentanten. Die *Vertretungsbeziehung* selbst ist offenbar analog zum *Verhältnis von Zeichen und Bedeutung* zu sehen: Die Zustandsrepräsentanten auf der Thermometerskala sind Zeichen, deren ‚Bedeutung' die von ihnen repräsentierten Temperaturzustände sind. Den Zustandsrepräsentanten sind ‚Bedeutungen' zugeordnet, d. h. sie enthalten *inhaltliche Information* – ‚Bedeutung' hier wiederum in Anführungszeichen analog der in Kap. 1.2.5 erwähnten Kautele.

Nach dem Vorhergehenden kann an der überragenden Relevanz des Informationsbegriffs für die Systemtheorie kein Zweifel sein. Schon einfache Regelkreise und a fortiori organismische Systeme sind wesentlich *informationsgesteuerte* Systeme. Als solche sind sie gleichsam über ‚Bedeutungen' gesteuert, und das heißt, die Ebene ausschließlich kausal-energetischer Prozesse ist hier verlassen.

Indes: Auch ein Computer braucht Strom. Handelt es sich also nicht doch um kausale Vorgänge, die letztlich nichts mit Bedeutungsgehalten zu tun haben? Ist die Verwendung des Bedeutungsbegriffs hier überhaupt legitim?

Um diesbezüglich zu einer Klärung zu kommen, käme es darauf an, den *Status von Information* näher zu bestimmen, der, soweit ich sehe, trotz zahlreicher Arbeiten über „Die Bedeutung von ‚Bedeutung'" (so z. B. ein Buchtitel von Hilary Putnam, 1979) noch wesentlich ungeklärt ist. So sehr viel mehr als Norbert Wieners berühmtes Negativ-Diktum: „Information ist Information, weder Materie noch Energie" wissen wir im Grunde auch heute nicht zu sagen (Wiener 1968, 166). Der auf Claude E. Shannon zurückgehende moderne Informationsbegriff gibt ein *quantitatives Maß* der Information, keine Bestimmung dessen, was Information selbst *ist*. In den folgenden Überlegungen möchte ich dazu nur einige Anmerkungen machen.

Bezüglich des *Status von Information* kann an die frühere Feststellung erinnert werden, dass Zustandsrepräsentanten ‚mögliche' Zustände repräsentieren, wobei die Repräsentanten den von ihnen repräsentierten Zuständen durch die Systemfunktion *zugeordnet* sind – Skalenwerte auf dem Thermometer sind per Thermometerfunktion Temperaturzuständen zugeordnet. Nur vermittels solcher fixierten kausalen Verknüpfungen innerhalb eines Systems gibt es eine *wohlbestimmte Zuordnung* zwischen Zustandsrepräsentant und Zustand und damit die Möglichkeit von Information. Diese hat ihr Bestehen *allein* im Systemgesetz. Eben deshalb ist sie aber auch unabhängig davon, ob der einem einzelnen Zustandsrepräsentanten zugeordnete Einzelzustand faktisch realisiert ist oder nicht. In diesem Sinn kommt ihr *Allgemeinheitscharakter* zu. Die Temperaturmarkierung ‚20 C' auf einer Thermometerskala repräsentiert *allgemein* 20 °C, unabhängig von der jeweils faktisch realisierten Temperatur. Ein Beispiel ist etwa auch das Münztelefon, das auf bestimmte Münzgrößen in bestimmter Weise reagiert. Diese Zuordnung ist durch den Mechanismus des Apparats garantiert, also unabhängig davon, ob Münzen eingeworfen werden oder nicht. Die so charakterisierte *Zuordnung* enthält also die drei im vorigen Kapitel als Bestimmungsstücke einer normativen Systeminstanz namhaft gemachten Momente (Repräsentanz, Allgemeinheit, Bestimmtheit).

Die Zustandsrepräsentanten repräsentieren *mögliche* Zustände. Dieser Möglichkeitsaspekt von Information wird in der schon erwähnten Shannonschen Definition der Informationsmenge im Auftreten von *Wahrscheinlichkeiten* sichtbar, die mathematisch ja Aussagen über Möglichkeitsräume sind. *Mögliche* Zustände sind nichts Reales, sondern haben *ideellen* Charakter. *Real* sind aber, wie dargelegt, die ihnen zugeordneten Zustandsrepräsentanten, also etwa die Skalenstriche der Thermometerskala, die Information über die durch sie repräsentierten Temperaturzustände vermitteln – einen dafür geeigneten ‚Empfänger' vorausgesetzt (etwa auch ein Thermostat, s. o.). Information erweist sich damit als etwas, das nicht nur im Denken anzutreffen, sondern in der Tat schon auf *physischer* Ebene realisierbar ist (was umgekehrt auch Rückschlüsse auf die Natur des Denkens zulässt). Ich halte dies für eine wichtige, systemtheoretisch begründete *ontologische* Einsicht.

Man könnte versucht sein einzuwenden, dass die in physischen Strukturen realisierte Information in Wahrheit aus dem Denken des Ingenieurs stamme. Der Herkunft nach trifft das für technische Konstrukte natürlich zu, aber unter ontologischem Aspekt ist wesentlich, dass der Ingenieur das fertige Produkt sich selbst überlassen muss, das damit – bis in seine Informationsstrukturen hinein – *nur noch physisches System* ist. Im Übrigen könnte ein solches System ja auch durch Zufall oder durch natürliche Evolution, und das heißt: ohne die Denkleistung des Ingenieurs entstanden sein.

Dass sich Information und damit, wie dargelegt, *Ideelles* in dieser Weise physisch realisieren lässt, bestätigt erneut die im Vorhergehenden formulierte ontologische Aussage, *dass das physisch Reale implizit ideellen Charakter besitzt*. Die *Gesetzmäßigkeit* des Naturseins im Sinn einer der Natur zugrunde liegenden Logik war als ein erster, fundamentaler Beleg dafür angeführt worden. Ein weiterer Beleg wurde in der *Finalstruktur*, d. h. in der *Übersetzbarkeit* ideeller Zweckgehalte in ein reales Mittelarrangement (das die Realisierung des Zwecks herbeiführt) sichtbar (Kap. 1.2.3). In systemtheoretischer Perspektive hat sich jetzt gezeigt, dass Ideelles auch in Form von *Informationsstrukturen* realisierbar ist, die als solche systembasiert und damit letztlich physisch fundiert sind.

1.3 Gödels Unvollständigkeitstheoreme als ‚Achillesferse' des Projekts künstlicher Intelligenz?

Auf der Basis physisch realisierbarer Information sind, wie gesagt, völlig neuartige technische Konstrukte möglich geworden: Maschinen, die nicht mehr nur *kausal-energetisch* gesteuert werden, also populär gesprochen durch Krafteinwirkung (z. B. von Hebeln, Wellen, Antrieben etc.), sondern durch *Information*. Der *Computer* ist paradigmatisch für diese neue Form *informationsgesteuerter Maschinen*. Deren Vorteil gegenüber der Maschine klassischen Typs ist die unbegrenzte *Flexibilität* der Aufgabengestaltung. Im Vorhergehenden ist dies als Charakteristikum *intelligenter Technik* apostrophiert worden. Das Vordringen der Informationstechnik hat eine nachhaltige *Intelligisierungstendenz* moderner Technik zur Folge gehabt (Kap. 1.2.5) und musste zuletzt auf die *Idee technisch reproduzierbarer Intelligenz* führen. Seit den 50er Jahren des 20. Jahrhunderts ist diese Thematik Gegenstand ambitionierter Forschung und kontroverser Diskussionen. Damit ist ein neues, gleichsam ultimatives Technik-Paradigma aufgetaucht, das perspektivisch als technische Selbstreproduktion des intelligenten Wesens selbst gedeutet werden kann und im Projekt ‚*künstlicher Intelligenz*' prägnanten Ausdruck findet.

Es liegt auf der Hand, dass von dieser ‚Intelligisierungstendenz' auch das *Selbstverständnis* des Menschen entscheidend mitbetroffen ist, falls seine eigene Intelligenz sich als grundsätzlich technisch reproduzierbar erweisen sollte und ihm solche künstlich-intelligenten Wesen gar gegenübertreten. Wenn so etwas wie ‚künstliche Intelligenz' im Wortsinn realisierbar wäre, wäre dies von einschneidender, über das rein Akademische weit hinausreichender existentieller Bedeutung für den Menschen.

Dass etwas Derartiges überhaupt möglich sei, ist schon sehr früh von John R. Lucas (1964) *prinzipiell bestritten* worden. Lucas glaubt, unwiderlegliche Argumente dafür in den so genannten *Unvollständigkeitstheoremen* des Mathematikers Kurt Gödel (1931) zu haben. Seine – paradigmatische – Kritik lässt sich kurz so zusammenfassen: Gödels Theoreme besagen etwas über prinzipielle Grenzen formaler Systeme. Maschinen lassen sich als Realisierungen formaler Systeme auffassen. Also besagen Gödels Theoreme auch etwas über prinzipielle Grenzen von Maschinen – was im Übrigen nicht nur für die Philosophie des Geistes von zentraler Bedeutung wäre, sondern natürlich auch für die Technikphilosophie. Im Folgenden möchte ich nicht den weitläufigen Entwicklungen des Projekts künstlicher Intelligenz nachgehen – das würde den hier gesteckten Rahmen sprengen –, sondern mich auf jene von Lucas apostrophierte *prinzipielle* Frage konzentrieren: ob die Möglichkeit künstlicher Intelligenz aufgrund der Gödelschen Theoreme schlechterdings auszuschließen ist. Zu diesem Zweck werde ich zunächst Gödels Unvollständigkeitstheoreme und Lucas' darauf gegründete Argumentation darlegen (Kap. 1.3.1), sodann einige grundsätzliche Überlegungen zum Status des Logikers anschließen (Kap. 1.3.2) und untersuchen, welche Konsequenzen sich daraus für das Projekt künstlicher Intelligenz ergeben (Kap. 1.3.3). Abschließend sollen einige Fragen bezüglich prinzipieller Möglichkeiten und Grenzen maschineller Systeme diskutiert werden (Kap. 1.3.4).

1.3.1 Der springende Punkt: systemische Selbstreferenz

Gödel hat *erstens* gezeigt, dass in einem Logiksystem S (wie dem der ‚Principia Mathematica' von Bertrand Russell), in dem auch die Arithmetik formalisiert werden kann, ein Ausdruck konstruierbar ist – nennen wir ihn G –, der, in arithmetischer Verschlüsselung, seine eigene Unbeweisbarkeit ausdrückt. Gödel zeigt nun, dass G im Rahmen des Systems S prinzipiell unbeweisbar ist (sofern das System widerspruchsfrei ist). Dass G unbeweisbar ist, ist aber auch die inhaltliche Aussage von G selbst, sodass G zugleich als *wahr* erweisbar ist. Es gibt im System S mit anderen Worten einen *wahren* Satz – eben G –, der gleichwohl *prinzipiell unbeweisbar* ist. Die wahren Sätze des Systems sind somit nicht stets auch formal beweisbare Sätze. In diesem Sinn wird das System S ‚unvollständig' genannt. Wie Gödel ferner zeigt, ist G zudem ‚unentscheidbar' in dem Sinn, dass weder G noch *non-G* im System S beweisbar ist (sofern dieses widerspruchsfrei ist).

Gödels 2. *Theorem* hängt mit dem ersten zusammen; es besagt: Die *Widerspruchsfreiheit* des Systems S, in dem G konstruiert ist, ist prinzipiell *nicht innerhalb* des Systems selbst beweisbar, sondern gewissermaßen nur ‚von außen', von einem Metasystem her. Im Folgenden werde ich mich auf das grundlegende *1. Theorem* beschränken.

Gödels Resultate konstatieren also prinzipielle Grenzen formaler Systeme. Wenn nun Computer technische Realisierungen formaler Systeme sind, so das Argument von John R. Lucas, dann muss es auch prinzipiell unüberschreitbare Grenzen computertechnischer Systeme geben.

Auf der anderen Seite, und darin besteht hier die eigentliche Pointe, kann sich der *Logiker* über diese Grenzen formaler Systeme hinwegsetzen; denn er kann G ja als wahr *erweisen*. Der Logiker übertrifft die Maschine also offenbar in einem wesentlichen Sinn. Wird hier also „die Achillesferse der kybernetischen Maschine" sichtbar, wie Lucas meint (Lucas, 47)? Aufgrund der Gödeltheoreme, so Lucas, sei klar, dass „keine Maschine ein vollständiges und adäquates Modell des Geistes sein kann" (44), d. h. „wir können keine Maschine bauen, die geistartiges Verhalten in *jeder* Hinsicht zu simulieren vermag". „Wir können niemals, nicht einmal im Prinzip, ein technisches Modell des Geistes besitzen" (47). Ähnliche Äußerungen finden sich bei vielen anderen Autoren bis hin zu Popularisierungen im Stile Douglas R. Hofstadters (1985) oder gar ‚postmoderner' Inanspruchnahme bei J.-F. Lyotard (1979, 70) – die Gödeltheoreme sind inzwischen auch so etwas wie ein Mythos.

Zu Lucas' Argumentation – ‚Maschinen sind technische Realisierungen formaler Systeme; Gödel zufolge gibt es grundsätzliche Grenzen formaler Systeme; also gibt es grundsätzliche Grenzen maschineller Systeme' – ist zunächst festzustellen, dass die erstgenannte Prämisse (‚Maschinen sind technische Realisierungen formaler Systeme') jedenfalls *nicht* aus Gödels Theoremen folgt. Über den Charakter von Maschinen sagen diese nichts aus, sodass *von daher* auch nichts über prinzipielle Grenzen von Maschinen zu erschließen ist. Akzeptieren wir diese Prämisse aber einmal, dann bleibt als Lucas' zentrales Argument, dass der *Logiker* den unbeweisbaren Satz *G* als *wahr erweisen* kann und damit der Maschine in einem prinzipiellen Sinn *überlegen* sei. Um hier zu einer Klärung zu kommen, muss der eigentliche *Grund* für die systeminterne Unbeweisbarkeit von *G* und jene Überlegenheit des Logikers ausfindig gemacht werden.

Entscheidend, das ist hier die *These*, ist die *Selbstreferentialität* des Ausdrucks *G*. Dieser sagt von sich selbst Unbeweisbarkeit aus, und daher kann es nur die beiden folgenden Möglichkeiten geben: *G* kann *entweder* die Eigenschaft der Unbeweisbarkeit besitzen und damit wahr sein, *oder G* ist beweisbar und dann, *G's* Bedeutung entsprechend, falsch. Eine dritte Möglichkeit kann es (wie man sich leicht vergegenwärtigt) aufgrund der Selbstreferentialität von G nicht geben.

Ist das betrachtete System *S* nun insbesondere ein *semantisch korrektes* System, d. h. ein solches, in dem alle beweisbaren Sätze stets wahre Sätze sind, so scheidet die letztgenannte der beiden Alternativen aus; denn *G* kann dann nicht beweisbar und zugleich falsch sein, und es bleibt nur die andere Möglichkeit, dass *G* unbeweisbar und wahr ist.

Diese einfache Überlegung zeigt, dass ein Ausdruck wie *G*, der seine eigene Unbeweisbarkeit ausdrückt, *allein aufgrund seiner Selbstreferenz* unbeweisbar und zugleich wahr sein *muss*, sofern das System korrekt ist, d. h. keine falschen Sätze zu beweisen gestattet. Der Ausdruck G ist *gerade so konstruiert*, dass er nicht beweisbar sein *kann*. Damit ist sozusagen ein erster Blick hinter die Kulissen des Unvollständigkeitstheorems getan.[10, 11]

---

10 Allerdings macht diese Argumentation mit der Annahme semantisch korrekter Systeme eine stärkere Voraussetzung als Gödels eigener Beweis; dieser benötigt nur die schwächere Bedingung formaler Widerspruchsfreiheit bzw. so genannter Omega-Widerspruchsfreiheit. Unter dieser Voraussetzung ist beweisbar, und das zeigt Gödel, dass G im System S formal unentscheidbar, d. h. weder G noch *non-G* beweisbar ist. Doch auch Gödels Beweisgang beruht entscheidend auf der *selbstreferentiellen* Struktur des Satzes G. Das sei hier nur angedeutet: Korrektheit impliziert formale Widerspruchsfreiheit; diese stellt eine schwächere Bedingung als Korrektheit dar. Gödel hat gezeigt, dass die zweite der genannten Möglichkeiten (‚beweisbar und falsch') auch bei dieser schwächeren Voraussetzung entfällt:

  Annahme: ‚G' ist beweisbar.
  Dann ist auch   ‚(‚G' ist beweisbar)' ist beweisbar.
  Hierbei ist der Klammerausdruck (‚G' ist beweisbar)
  wegen der *Selbstreferentialität* von G (= ‚G' ist unbeweisbar) aber gerade der Ausdruck *non-G*, also   ‚*non-G*' ist beweisbar,

also reductio ad absurdum der Annahme (sofern das System widerspruchsfrei ist), wobei die Selbstreferentialität also entscheidend eingeht! [Zum Vergleich: Bei einem *nicht*-selbstreferentiellen Ausdruck, etwa ›G = ‚H' ist unbeweisbar‹, würde die Annahme: ›‚H' ist beweisbar‹ und damit ›‚(‚H' ist beweisbar)' ist beweisbar‹ zu ›‚*non-G*' ist beweisbar‹ und somit nicht zu einem Widerspruch mit der Annahme ›‚H' ist beweisbar‹ führen.] – Unter der Voraussetzung von ‚Omega-Widerspruchsfreiheit' folgt aus der Unbeweisbarkeit von G, wie Gödel zeigt, auch die Unbeweisbarkeit von *non-G*, d. h. G ist ein im System *unentscheidbarer* Satz.

11 Die folgenden Detailüberlegungen zum Grundsätzlichen der Gödelschen Konstruktion möchte ich an dieser Stelle einfügen, um den Haupttext nicht zu überfrachten: ‚Referenz' und damit auch ‚Selbstreferenz' ist ein semantischer Begriff. In diesem Sinn spielen hier semantische Strukturen eine entscheidende Rolle. Wesentlich dafür ist das von Gödel verwendete Verfahren der arithmetischen Kodierung der Ausdrücke des betrachteten Systems. Dieses Verfahren, heute auch als ‚Gödelisierung' bezeichnet, besteht bekanntlich darin, dass den Grundzeichen des Systems, den aus diesen gebildeten Formeln sowie den Folgen von Formeln eineindeutig natürliche Zahlen – ‚Gödelzahlen' genannt – zugeordnet werden. Wie dies geschieht ist hier nicht wichtig. Wesentlich ist, dass es Gödel vermittels dieses Kunstgriffs gelang, einen Teil der Metatheorie des Systems in das System selbst zu integrieren, oder konkreter: Durch Gödelisierung können bestimmte Klassen von Ausdrücken, z. B. die Klasse der beweisbaren Formeln, durch rein arithmetische Beziehungen charakterisiert werden. Die Gödelzahlen, die den im System beweisbaren Theoremen zugeordnet sind, gehören etwa einer wohlbestimmten Zahlklasse, sagen wir T, an. Der metatheoretischen Aussage, dass eine bestimmte Formel ein Theorem ist, korrespondiert so eine arithmetische Aussage: nämlich dass die Gödelzahl dieser Formel zur Zahlklasse T gehört.

  Mit der Gödelisierung der Ausdrücke des Systems S ist also eine *semantische* Ebene im System etabliert. Denn jede Gödelzahl *referiert* ja auf einen ihr zugeordneten Ausdruck: ein Grundzeichen, eine Formel, insbesondere etwa auch eine beweisbare Formel, mit anderen Worten: Diejenigen Zahlen, die aufgrund der Zuordnungsvorschrift Gödelzahlen sind, sind damit nicht mehr nur Zahlen, sondern besitzen außerdem eine ‚Interpretation' und stehen so nicht mehr nur in formalen, sondern auch in semantischen Relationen. Die ganze Konstruktion ist dadurch schon im Ansatz semantisch orientiert. Soweit ich sehe, bleibt dieser Begleitumstand der Gödelisierung bei Gödel selbst und in der Gödelliteratur völlig im Dunkeln.

Tatsächlich aber hat dieser semantische Aspekt der Gödelisierung für Gödels Konstruktion zentrale Bedeutung: Entscheidend ist ja, wie dargelegt, die Selbstreferenz von G. Diese ist aber überhaupt erst durch die Gödelisierung ermöglicht. [Es sind auch andere Verfahren zur Herstellung von Selbstreferenz möglich. R.M. Smullyan z. B. verwendet die ‚Anführung' zur Bezeichnung von Ausdrücken (Smullyan 1969. 66, R1, R2).] Gödels Konstruktion kann in dieser Perspektive etwa so nachvollzogen werden: Die Zahlklasse T der Gödelzahlen der Theoreme im System S kann über die Gödelisierung arithmetisch definiert werden, indem der Beweisbegriff arithmetisch gefasst wird (nämlich mit Hilfe der Gödelzahlen der Axiome und der Deduktionsregeln). Gödels Verfahren besteht nun in der Konstruktion eines Ausdrucks G, dessen Gödelzahl garantiert nicht zu T gehört. Garantierbar ist das aber, wie dargelegt, nur in der Weise, dass dieser Ausdruck einerseits auf T rekurriert – hier durch den Beweisbarkeitsbegriff –, um sich, bildlich gesprochen, von T ‚abzustoßen', und dabei anderseits – das ist, wie sich gezeigt hat, entscheidend – selbstreferentiell ist (vgl. Fußn. 10). In formallogischer Schreibweise ist dies etwa durch $G \leftrightarrow \neg(Ey)$ bew(g,y) darstellbar (in Worten: ‚Es existiert keine Gödelzahl y für eine Formelfolge, die ein Beweis für die Formel mit der Gödelzahl g wäre – wobei g die Gödelzahl von G *selbst* ist'). Hierbei ist durch ‚bew' auf T bezuggenommen und durch die Gödelzahl g auf den gesamten Ausdruck G selbst, der dadurch auf sich selbst referiert. (Die konstruktive Entsprechung mit dem so genannten Cantorschen Diagonalverfahren ist hier unübersehbar.) Auf diese Weise ist der Ausdruck G gerade so konstruiert, dass er zwangsläufig ‚außer Reichweite' formaler Beweisbarkeit ist, weil er *aufgrund seiner selbstreferentiellen Struktur* nicht beweisbar sein *kann*. Von den beweistechnischen Mitteln des Systems hängt die Unbeweisbarkeit von G also nicht ab.

Diese Möglichkeit beruht essentiell auf der durch Gödelisierung ermöglichten Referenz- bzw. Selbstreferenzbeziehung und damit auf einer semantischen Relation. Gödelzahlen sind also nicht einfach Zahlen, sondern referieren darüber hinaus – qua Gödelisierung – auf ihnen zugeordnete Zeichen, Formeln oder Formelfolgen. Die rein formale Ebene ist in Gödels Konstruktion somit bereits verlassen. Dieser folgenreiche Begleitumstand der Gödelisierung ist, wie schon erwähnt, in den Analysen und Diskussionen der Gödelschen Resultate offenbar unbemerkt geblieben. (Eine Ausnahme bildet in gewisser Hinsicht Kutschera 1964, vgl. Kap. 3.3).

Irreführend ist auch die Aussage bei Nagel/Newman, derzufolge Gödels Theoreme „eine grundlegende Begrenzung für die Reichweite der axiomatischen Methode" bedeuten sollen (Nagel/Newman 1964, 93), denn, so folgern die Autoren: Die Existenz eines Satzes, der, wie G, wahr und gleichwohl unbeweisbar ist, zeige, dass es „arithmetische Wahrheiten gibt, die nicht formal beweisbar sind" (99, ähnlich 85, 96) – was sehr eigenartig wäre, nämlich dass sich gewisse Zahlenverhältnisse logischer Ausweisbarkeit entziehen. Hier kommt es darauf an, zwischen dem Beweis des ‚Gödelschen Sachverhalts' und des ihm in S korrespondierenden formalen Ausdrucks G klar zu unterscheiden; denn der *Sachverhalt* der Unbeweisbarkeit von G und damit die ihm entsprechende ‚arithmetische Wahrheit' wird ja tatsächlich streng bewiesen, nur eben nicht der *Ausdruck G*, der diesen Sachverhalt mit den formalen Mitteln von S selbst formuliert. Dass ein derartiger Ausdruck nicht beweisbar ist, beruht nach dem Vorigen eben nicht auf einem Mangel

1.3.2 Aufhebung der Selbstreferenz durch Übergang auf die Metaebene

Instruktiv ist die Einbeziehung des *Logikers* in die Betrachtung, denn die Frage ist doch: Wieso kann dieser den Ausdruck *G* als *wahr* erweisen? Und hat der Logiker damit nicht doch *G* bewiesen und sich dergestalt in einen Widerspruch mit Gödels Theorem verstrickt?

Entscheidend ist, dass der Logiker selbst auf einer *anderen*, vom System *S* *verschiedenen Ebene* operiert: Dass *G* unbeweisbar ist – und das ist genau die Aussage, die *G* selbst macht –, wird ja vom Logiker nicht auf der *G*-Ebene selbst (also auf der Sprachebene des Ausdrucks *G*) formuliert, sondern gewissermaßen von einem Standpunkt *außerhalb* des Systems *S*, auf einer davon verschiedenen *Metaebene*. Man muss also genau unterscheiden zwischen der Formulierung auf der *G*-Ebene, dass *G* unbeweisbar ist – das ist der Ausdruck *G* selbst –, und der in die Metasprache *übersetzten* Formulierung – nennen wir sie *Ü* – desselben Sachverhalts. *G* und *Ü* besagen also dasselbe, nämlich dass *G* unbeweisbar ist. Aber *G* ist ein Satz der *G*-Ebene, während die Aussage *Ü*, die denselben Sachverhalt ausdrückt, zur Metaebene, auf der der Logiker operiert, gehört. Damit ist zugleich ein entscheidender *struktureller* Unterschied von *G* und *Ü* involviert: *G*, so hatten wir gesehen, ist *selbstreferentiell* und *deshalb* hier unbeweisbar. Die übersetzte Formulierung *Ü* hingegen macht zwar dieselbe Aussage, aber – als Übersetzung – über den von *Ü* *verschiedenen* Satz *G*. *Ü* ist also *nicht selbstreferentiell* und kann daher, im Unterschied zu *G*, grundsätzlich *beweisbar* sein, mit anderen Worten: Der Logiker kann *beweisen*, was *innerhalb* des Systems *S* unbeweisbar ist, *indem er den Übergang zur Metaebene* vollzieht. Das ist m. E. der springende Punkt. Dass der menschliche Logiker etwas kann, was *innerhalb* des formalen Systems nicht möglich ist, beruht also darauf, dass er zu einer *Reflexionsleistung* befähigt ist, also aus dem formalen System sozusagen aussteigen, auf die *Metaebene* übergehen und sozusagen ‚von außen' in das System hineinschauen kann – so wie es beispielsweise auch beim Skatspiel für die Mitspieler selber zwar Grenzen möglichen Wissens gibt, aber nicht für den, der allen über die Schulter schaut.

---

des in *S* installierten formalen Beweisverfahrens, sondern, wie gesagt, auf der Selbstreferenz von *G*.

1.3.3 Konsequenzen für das Projekt künstlicher Intelligenz

Die hier interessierende Frage ist also, ob möglicherweise auch eine *Maschine* an die Stelle des Logikers treten und *G* als wahr erweisen könnte oder ob gerade die Gödeltheoreme etwas Derartiges verunmöglichen, wie Lucas meint (vgl. Kap. 1.3.1). Soll die Maschine dazu befähigt sein, so muss sie, wie sich gezeigt hat, analog zum Logiker den Übergang zur Metaebene vollziehen können. Ob das grundsätzlich möglich ist, wäre also das, was in diesem Zusammenhang zu klären ist – zweifellos ein weites Feld, dessen Bearbeitung, soweit ich sehe, im Grund noch gar nicht in Angriff genommen und auch in dem hier vorgegebenen Rahmen nicht zu leisten ist.

Was aber sicher gesagt werden kann, denke ich, ist dies, dass *Gödels Theoreme* den Reflexionsübergang auf die Metaebene jedenfalls in keiner Weise *behindern*. Ob eine Maschine in dieser Hinsicht dem Logiker ebenbürtig sein kann oder nicht, ist durch Gödels Theoreme in keiner Weise präjudiziert oder auch nur tangiert. Die bisherige Inanspruchnahme der Gödeltheoreme für das Mensch-Maschine-Problem und damit auch für das Projekt künstlicher Intelligenz hat offenbar einen falschen Problemfocus: Dass es für logische Systeme und auch für Computerprogramme gewisse ‚Gödelsche Blockaden' gibt, ist zutreffend, aber für das Mensch-Maschine-Problem im Grund irrelevant. Die sich darauf versteifende Argumentation verfehlt den zentralen Punkt des Mensch-Maschine-Problems. Dieses besteht nicht darin, dass es eine Beweisblockade (auf der *G*-Ebene) gibt, sondern ob man sich von dieser durch Übergang auf die Metaebene *befreien* kann.

Diese Kritik gilt analog für die originelle Wendung, die *Roger Penrose* dem Problem gegeben hat. Meine diesbezügliche Kritik in dem von mir verfassten Vorwort zur deutschen Ausgabe gebe ich hier kurz wieder:

Penrose ist, ähnlich wie Lucas, der Meinung, dass die Gödeltheoreme die Überlegenheit des Logikers über jede mögliche Maschine belegen. Wesentlich dafür sei die Möglichkeit des Logikers, die Existenz Gödelscher Beweisbarkeitsgrenzen *einzusehen*. Diese Möglichkeit der ‚Einsicht' wird von Penrose näher als eine Art platonischer ‚Ideenschau' gedeutet. Der Logiker *sieht* gleichsam die logischen Zusammenhänge, und genau das, meint Penrose, sei aufgrund der Gödeltheoreme von einer – notwendig *algorithmisch* konstruierten – Maschine prinzipiell nicht zu erwarten. Auch für Penrose haben die Gödeltheoreme also einschneidende Konsequenzen für das Projekt künstlicher Intelligenz, hier insbesondere mit einer platonistischen Pointe. Indem das *Bewusstsein*, so wird argumentiert, eine Art Kontakt mit der platonischen Welt ideeller Entitäten herstellt, können wir logische *Ein-Sichten* haben, die den algorithmischen Routinen der Maschine unzugänglich bleiben. Genau in diesem Sinn soll menschliches Denken jeder möglichen Maschine prinzipiell überlegen sein.

Nun ist Penrose sicher darin zuzustimmen, dass die Möglichkeit logischer *Einsicht* für menschliches Erkennen essentiell ist. Doch was hat das mit ‚Gödel' zu tun? Wesentlich für die Möglichkeit der Gödelschen Argumentation ist, wie gesagt, dass der Logiker den *Übergang zur Metaebene* vollziehen kann. Für den Mensch-Maschine-Vergleich wäre somit zu klären, ob die Möglichkeit eines solchen Übergangs nur für den Menschen oder grundsätzlich auch für die Maschine besteht. Bezogen auf Penroses Argumentation entspricht dem die Frage, ob ‚*algorithmische*' Maschinen solche Übergänge prinzipiell ausschließen und, sollte das der Fall sein, ob auch nicht-algorithmische Maschinen möglich sind oder schließlich, umgekehrt gefragt, ob menschliches Denken wesentlich nicht-algorithmischer Natur ist – alles Fragen, die hier natürlich unbeantwortet bleiben müssen (s. auch Kap. 1.3.4).

Kurzum: Aus Gödels Resultaten per se folgt nicht das Mindeste für oder gegen die Möglichkeit von Maschinen, einen Gödelschen Beweis wie der Logiker zu führen. Lucas' bzw. Penroses Thesen von der prinzipiellen Überlegenheit des Logikers über die Maschine *aufgrund der Gödeltheoreme* sind somit als nicht haltbar zurückzuweisen.

Gewiss – um möglichen Missverständnissen vorzubeugen: An der *faktischen* Superiorität des Denkens im Vergleich mit den heute faktisch realisierten Maschinen ist nicht im Mindesten zu zweifeln. Eine wesentliche Fähigkeit des Denkens ist die Erfassung von Bedeutungen und Sinnzusammenhängen. Aber ist damit eine wirklich *prinzipielle* Differenz markiert? Man könnte einwenden, dass das Denken seinen technischen Produkten, einfach durch seine Urheberschaft, überlegen sei. Ein Blick auf moderne Computer lehrt, dass dies in *quantitativer* Hinsicht heute schon nicht mehr generell zutreffend ist. Man denke nur an die extremen Rechengeschwindigkeiten und Speicherkapazitäten solcher Maschinen – und die ‚Maschinenerfolge' in Duellen mit Schachweltmeistern!

1.3.4 Prinzipielles zu Möglichkeiten und Grenzen maschineller Systeme

Eine – im Gegensatz zu Lucas' tendenziell anti-mechanistischer Position – umgekehrt dezidiert *mechanistische* Inanspruchnahme der Gödeltheoreme wird von Judson C. Webb (Webb 1980) geltend gemacht. Hatte Lucas Gödels Resultate als die „Achillesferse" der Maschine bezeichnet (Lucas 1964, 47), so nennt Webb sie demgegenüber „guardian angels" (Webb 1980, 202, 208), Schutzengel des Mechanismus in dem Sinn, dass die Unvollständigkeit formaler Systeme im Blick auf das Verhalten von Maschinen zu nicht berechenbaren, unvorhersagbaren Prozessen führe (200, 209, 245 f.), wovon, so Webb, „frühere Mechanisten nur hätten träumen können" (235). Gödels Theoreme seien, recht verstanden, „genau das, was der Doktor dem Mechanismus verordnet" habe (200). Warum?

Nun, die Möglichkeit unbestimmten, nicht berechenbaren Maschinenverhaltens aufgrund Gödelscher Unvollständigkeit soll eine Affinität zu *menschlichem Handeln* suggerieren (Webb 1980, 245 f.) – eine sicher nicht weniger dubiose mechanistische Vereinnahmung Gödels als die anti-mechanistische. Denn ist für das Handeln wirklich Unberechenbarkeit spezifisch, um als *menschliches* gelten zu können? Hier werden improvisierte, simplifizierende Geistmodelle in Anschlag gebracht, und Searles Kritik dieser Art von ‚Kognitionswissenschaft' ist nur zu berechtigt (Searle 1986, Kap. II, bes. III). Auch die in der Literatur immer wieder anzutreffenden Andeutungen und Versicherungen unter Verweis auf die Gödeltheoreme, sind, auch wenn sie, wie bei Hofstadter etwa, gehäuft auftreten (Hofstadter 741 ff., 753 ff., 760 ff.), wenig hilfreich.

Die eigentliche Frage bezüglich prinzipieller, ‚Gödelscher' Grenzen technischer Konstrukte, so hat sich ergeben, läuft darauf hinaus, ob die Maschine, wie der Logiker, grundsätzlich den Übergang zur Metaebene vollziehen kann oder nicht. Meines Erachtens ist dies eine heute offene, aber von Gödels Theoremen völlig unabhängige Frage. Wir sind zwar geneigt, die Maschine als ein *fixiertes* Gebilde zu betrachten, wie es dem herkömmlichen – im Grund *mechanistischen* – Begriff des maschinellen oder auch formalen Systems entspricht. Eine solche begriffliche Festlegung wäre freilich eine *petitio principii*, d.h. das Mensch-Maschine-Problem wäre damit schon vorweg entschieden. Natürlich sind Maschinen in *bestimmter* Weise strukturiert, aber sind sie darum auch *fixiert*? Auch Organismen sind in *bestimmter* Weise strukturiert oder auch neuronale Netze und Gehirne.

Aus heutiger Sicht scheint es mir unmöglich zu sein zu sagen, was eine Maschine je können wird und was nicht.[12] Das Modell der so genannten *Turing-Maschine*, das prinzipiell *alles* einschließt, was Maschinen *überhaupt* können, ist keineswegs die Antwort auf diese Frage. Denn es beinhaltet im Grund nur, dass die Maschine ein operationsfähiges, algorithmisch beschreibbares System ist. Man kann aber – zumindest heute – z.B. nicht behaupten, das menschliche Gehirn sei *etwas ganz anderes*. Insofern macht der Hinweis auf die generelle Turing-Modellierbarkeit beliebiger Maschinen gerade nicht die *spezifische Differenz* von Gehirn und Maschine sichtbar. Und die bloße Versicherung, Gehirnprozesse seien, eben als Gehirnprozesse, prinzipiell nicht technisch rekonstruierbar, wofür ich

---

[12] Das gilt auch für das von M.M. Bentzen pointierte Argument, dass aufgrund der Gödeltheoreme auch von Grenzen ethischer Kompetenz für Roboter auszugehen sei (Bentzen 2017, ch. 17.3).

nicht die geringste Legitimation sehe: eine solche Versicherung wäre nur wieder die genannte Petitio.

Sollte indes auch das Gehirn Turing-modellierbar sein, so würde das bedeuten, dass die im Modell der Turing-Maschine enthaltenen Möglichkeiten noch völlig unabsehbar sind. In der Tat zeigt die noch junge *Theorie der neuronalen Netze*, mit welchen prinzipiellen Schwierigkeiten in diesem Feld zu rechnen ist. Ich will damit nicht sagen, dass Unbestimmtheit hier das letzte Wort sei, sondern dass man sich forscher Unmöglichkeitsaussagen zum Thema künstlicher Intelligenz enthalten sollte.

Mehr noch: Der einfache Gedanke, dass auch das *Gehirn* ein durch und durch physisch bestimmtes und insofern eben doch *grundsätzlich* technisch rekonstruierbares System sein muss, scheint mir unabweisbar zu sein, und es ist wichtig zu begreifen – darum war es hier vor allem zu tun, dass *Gödels Theoreme* einer solchen Annahme entschieden nicht entgegenstehen. Gewiss, das ist nur ein negatives Resultat, aber dennoch, wie ich hoffe, immerhin ein Beitrag zur Klärung einer notorischen Unklarheit des Mensch-Maschine-Problems und damit auch des Projekts künstlicher Intelligenz.

1.4 Historische Perspektiven

Die Fähigkeit technischen Herstellens, so war gesagt worden, gehört zur Wesensbestimmung des Menschen, wobei die fortschreitenden Techniken in der Geschichte der Menschheit eine schier unfassliche Entwicklung durchgemacht haben. Moderne, ‚intelligente' Digitaltechniken sind Welten entfernt von archaischen Praktiken, mittelalterlichem Handwerk und selbst neuzeitlichen Maschinenkonstrukten. Dass insbesondere die neuzeitliche Entwicklung kein zufälliger, sondern ein nachvollziehbar motivierter geistes- und kulturgeschichtlicher Prozess ist, der gewissermaßen einer immanenten ‚Logik' folgt, soll im Folgenden kurz skizziert werden.

1.4.1 Mittelalter: Die aristotelische Substanzontologie

Die moderne Technik wurzelt in dem neuen Begriff von Wissenschaft, der zu Beginn der Neuzeit entsteht. Diese neue Wissenschaft ist zum einen *experimentell* ausgerichtet, zum anderen wesentlich mathematische Naturwissenschaft. Das ist eine entscheidende Veränderung gegenüber dem vorhergehenden mittelalterlichen Wissenschaftsverständnis, das grundsätzlich aristotelisch geprägt war. Um das eigentlich Neue der neuen Wissenschaft sichtbar zu machen, muss daher zunächst kurz der aristotelische Denkhintergrund beleuchtet werden, vor dem sich die Neuzeit abhebt:

Der Seinsbegriff des aristotelisch geprägten Mittelalters ist bestimmt durch die aristotelische Ontologie der *ousia*. Ein seiendes Ding ist eine *ousia*, d. h. eine *aus sich bestehende Substanz*. Veränderung des Seienden wird als Verursachung nach dem Modell handwerklichen Herstellens (*poiesis*) gedacht. Die Anfertigung beispielsweise eines Messers ist geleitet durch den damit verbundenen Zweck (*telos, causa finalis*), etwas schneiden zu können. Zur Realisierung dieses Zwecks wird geeignetes, hartes *Material* (*hyle, causa materialis*) benötigt, dem dann die dem Zweck entsprechende *Form* (*eidos, causa formalis*) – Schneide und Schaft – gegeben werden muss. Die im Herstellungsprozess realisierte Verklammerung von Zweck, Material und Form macht insgesamt die *ousia*, hier das Messer, aus, das dadurch eine spezifische *Funktionstüchtigkeit* (*arete*) besitzt: Dadurch ist das Messer zum Schneiden geeignet und erfüllt so den ihm zugedachten Zweck. Zweck, Material, Form sind Momente, die zur Funktionsganzheit eines konkret existierenden Dings zusammengeschlossen sind und so die *Substantialität* der *ousia* ausmachen: eben als Träger und Garant einer spezifischen Funktionstüchtigkeit.

Die charakteristische ‚Verklammerung' von Zweck, Material und Form in der *ousia* kommt aber nur dadurch zustande, dass auf das *Material eingewirkt* wird, um ihm die dem *Zweck* entsprechende *Form* einzubilden. Zusätzlich zu den drei genannten ‚Ursachen' (*aitiai, causae*) – Zweck, Material, Form – sieht Aristoteles hier eine vierte Ursache am Werk: die *Wirkursache* (*arche kineseos, causa efficiens*). Im Beispiel der Herstellung eines Messers wäre das u. a. der Schleifstein und seine Betätigung. Die Wirkursache gehört also nicht selbst zum ousialen Funktionszusammenhang. Sie konstituiert diesen vielmehr überhaupt erst im Herstellungsprozess der *ousia* und bleibt dabei selbst außerhalb des ousialen Zusammenhangs. Insofern kommt der Wirkursache eine *Sonderstellung* im Rahmen der vier Ursachen zu.

Es fällt auf, dass sowohl das Material wie auch die Wirkursache ihrerseits schon Dingcharakter besitzen, d. h. jeweils selbst eine *ousia* sind. Als eine solche zeigen sie ihrerseits eine spezifische *Funktionstüchtigkeit:* Das Material für das Messer ist etwa ein Eisenstück, das eine entsprechende Härte aufweist – Wachs wäre als Material zur Messerherstellung ungeeignet; im Fall des Schleifsteins ist es dessen Härte und Rauigkeit, die für den gewünschten Schleifeffekt sorgen. In aristotelischer Perspektive wird dies generell nach dem Modell handwerklichen Herstellens gedeutet: Mit einem geeigneten Gegenstand wird auf ein geeignetes Material eingewirkt, das so die seinem Zweck entsprechende Form erhält. *Handwerklich* verstanden sind immer solche für die Herstellung *geeigneten* Dinge vorausgesetzt, die somit schon eine spezifische Funktionstüchtigkeit mitbringen und dadurch die Funktionstüchtigkeit des Werkstücks – der herzustellenden *ousia* – realisieren können.

In dieser handwerklichen Perspektive geht es nur darum, einen als Werkzeug *geeigneten* Gegenstand (*ousia*) zu finden, aber der *innere Funktionsmechanismus* der ousialen Funktionstüchtigkeit selbst – etwa die Härte des Eisens bleibt dabei im Dunkeln. Die Frage danach tritt in diesem Denkhorizont gar nicht auf. Die ousiale Verklammerung von Zweck, Material und Form und die durch sie konstituierte spezifische Funktionstüchtigkeit bleiben das Geheimnis der in sich geschlossenen *ousia*. Sie ist zwar Träger und Garant dieser Funktionstüchtigkeit, aber die Bedingungen der Möglichkeit solchen Funktionierens bleiben im Dunkeln.

In der aristotelischen Konzeption der *ousia*, die das mittelalterliche Seinsverständnis wesentlich bestimmt hat, sind damit zwei in ihr angelegte, über sie hinausweisende Denkmotive sichtbar geworden: zum einen die *Sonderstellung der Wirkursache*, die außerhalb der ousialen Verklammerung von Zweck, Material und Form bleibt, zum anderen die *Undurchschautheit des ousialen Funktionszusammenhangs*. Beide Aspekte bieten keinen Anlass zu weiterem Nachdenken, solange die Wissenschaft aristotelisch, d.h. als *theoria* im Sinn einer rein betrachtenden Einstellung verstanden ist, die das Sein, wie es sich zeigt, hinnimmt oder – christlich – als gottgewollt, wie es der antiken bzw. mittelalterlichen Auffassung von Wissenschaft entspricht. Unter solchen Vorzeichen bleibt das Herstellen auf handwerkliche Praktiken beschränkt, und es besteht kein Interesse an *durchgreifender Veränderung* des Naturseienden durch den Menschen.

1.4.2 Der Umbruch: ‚Das Bacon-Projekt'[13]

Der Beginn der Neuzeit ist durch fundamentale Umorientierungen des menschlichen Selbst- und Weltverständnisses bestimmt. In der Renaissance wird die mittelalterliche Vorstellung einer ewigen, gottgewollten Seinsordnung fraglich. Der Mensch, das endliche Subjekt, sieht sich zunehmend auf sich gestellt mit der Bestimmung, sich in einer feindlichen Welt zu behaupten. Seine physischen Kräfte und Instinkte sind dürftig. Das einzige effektive Mittel zur Daseinsbewältigung, über das er verfügt, ist sein – gleichfalls endlicher – Verstand. Diesen gilt es, als Instrument einzusetzen, um die vorfindliche, unwirtliche Natur im Sinn der Selbstbehauptung des Subjekts zu verändern. Das vorrangige Ziel der Wissenschaft ist damit nicht länger *theoria*, folgenlose Betrachtung der Natur, sondern

---

13 So der Titel des instruktiven Buchs von Lothar Schäfer (1993).

Naturbeherrschung: Das ist in knappen Worten die Situation im Übergang vom Mittelalter zur Neuzeit.

Dieses neue Bewusstsein findet sich erstmalig programmatisch formuliert[14] im Hauptwerk *Francis Bacons von Verulam* (1561–1626) mit dem bezeichnenden Titel ‚Instauratio Magna' (‚Große Erneuerung', 1605), besonders in dessen zweitem Teil ‚Novum Organum sive indicia vera de interpretatione naturae' (‚Neue Methode oder wahre Anleitungen zur Erklärung der Natur', 1620). Bacon konzipiert ein neues Verständnis von Wissenschaft: Ihre Aufgabe sei die *Beherrschung* der Natur. Das sei aber nur dadurch möglich, dass der Mensch die Natur, wie sie wirklich ist, erkennt. Es gehe deshalb zunächst einmal darum, die Menschen von Irrtümern, Aberglauben und Vorurteilen zu befreien, da diese die Erkenntnis behindern. Entscheidend sei sodann die Hinwendung zur *Erfahrung:* Nur durch Beobachtung und Experiment sei wahre Naturerkenntnis möglich. Deren *Methode* sei die Induktion, also das Sammeln von Daten, die durch Vergleich und Klassifizierung zu empirisch begründeten *Gesetzen* führen. Mit diesem Wissen – denn ‚Wissen ist Können' (Bacon 1620/1974, 1. Buch, Aphorismus 3) – habe der Mensch dann Macht über die Natur, die so gezwungen werden könne, für den Menschen zu arbeiten, dessen Wohlfahrt zu sichern und zu befördern.

Bacons Entwurf ist damit kurz umrissen. Er entsprach bis zum Auftreten elaborierterer Wissenschaftstheorien (etwa Poppers 1934 erschienene ‚Logik der Forschung') dem allgemeinen Wissenschaftsverständnis. Lothar Schäfer spricht vom „Bacon-Projekt", das in der „Verklammerung von Wissenschaft, Technologie und dem Allgemeinwohl" bestehe und den gesamten neuzeitlichen Wissenschaftsansatz geprägt habe (Schäfer 1993, 96). Mehr als Galilei, Descartes und Hobbes sieht Schäfer „Bacon als Leitfigur der Moderne" (Schäfer 1993, 98).

Ich hatte eben auf zwei latente Probleme des aristotelisch geprägten Wissenschaftsverständnisses hingewiesen: die Sonderstellung der Wirkursache, die dem ousialen Funktionszusammenhang nicht angehört, weil sie ja von außen darauf einwirkt, und den undurchschauten Funktionszusammenhang selbst. Entsprechend dem neuzeitlichen Leitmotiv ‚Naturbeherrschung' und – ihr ver-

---

14 Leonardo da Vinci (1452–1519), Nikolaus Kopernikus (1473–1543), Johannes Kepler (1571–1630) und andere sind ebenfalls Protagonisten dieser neuen Sicht, aber sie haben ihr nicht, wie Francis Bacon, die Form eines Menschheitsprojekts gegeben. Insofern wäre die Neuzeit eher eine ‚Bacon-Welt' als eine ‚Leonardo-Welt', wie Jürgen Mittelstraß sie emphatisch, aber nicht näher begründet, vorzieht zu benennen: „Diese Welt, die das Werk des modernen Menschen ist und zugleich eine Welt, in der sich der Mensch in seinem eigenen Werk begegnet und Teil seines eigenen Werkes wird, trägt einen Namen: Leonardo-Welt, benannt nach dem großartigen Renaissancebaumeister, Künstler, Wissenschaftler und Ingenieur Leonardo da Vinci, dem in der Einheit von Forscher, Erfinder und Künstler ersten der Modernen" (Mittelstraß 1992, 7, passim).

schwistert – ‚objektiver Natuerkenntnis' gewinnt nun zum einen die *Wirkursache* besonderes Interesse (während die anderen drei aristotelischen ‚Ursachen' (Zweck, Form, Stoff) vielmehr als Formen handwerklichen, also *subjektiven* Tuns erscheinen, nicht als Determinanten des *objektiven* Naturprozesses selbst); zum anderen jene immanente Funktionalität der objektiven Dinge, die, wenn sie erkannt ist, vom Menschen in Dienst genommen werden kann.

Es komme also, argumentiert Bacon, „darauf an, die *verborgenen Prozesse* aufzudecken, wie wir sie an den vorliegenden Dingen in der Natur vorfinden" (Bacon, 2. Buch, Aphorismus 5). „Dieser *verborgene Prozess* ... ist etwas ganz Anderes, als sich die Menschen auf ihrem gegenwärtigen Standpunkte träumen lassen. Es handelt sich da nicht" um die „Außenseite der Dinge", sondern um einen „völlig in sich geschlossenen Prozess, der meist nicht sinnlich wahrnehmbar ist" – also jenes ‚Geheimnis' der *ousia*, das die aristotelisch inspirierte Wissenschaft unangetastet gelassen hatte. Und mit deutlicher Wendung gegen diese: „Von allen diesen Dingen weiß die jetzige Wissenschaft so gut wie nichts" (2. Buch, Aphorismus 6), ist doch „die Untersuchung der *verborgenen innern Eigentümlichkeit* ... in den Körpern etwas ganz Neues, sowie die Untersuchung des verhüllten Prozesses in ihnen" (2. Buch, Aphorismus 7). „Man muss wissen, wie die Natur es macht"; „mit dem Faseln und Spekulieren ist nichts geholfen" (2. Buch, Aphorismus 10). Man muss sich verabschieden von „der alten schlimmen Gewohnheit, sich in Abstraktionen zu verlieren", um „die Wissenschaft von ... [einem] aktiven Standpunkte anzufangen" (2. Buch, Aphorismus 4).

Diese Forderung einer *aktiven* Wissenschaft enthält sozusagen schon die Vorausweisung auf eine Form der Naturforschung, die *experimentell* in den internen Funktionszusammenhang des Dings eingreift, d. h. wirkursächlich auf ihn einwirkt, um den zugrunde liegenden Wirkungszusammenhang sichtbar zu machen. Diese Form experimenteller Forschung ermöglicht dann auch die *Veränderung* des Naturseins und damit *Naturbeherrschung* im Sinn menschlicher Zielsetzungen (vgl. Schäfer 1993, 104).

Voraussetzung dafür ist allerdings ein *Naturbegriff*, der Veränderung, ja Beherrschung der Natur nicht verbietet. Vittorio Hösle hat diesbezüglich auf den Einfluss *christlicher Vorstellungen* hingewiesen: „Weil das Christentum einen transzendenten Gott lehrt, muss die Natur ihm gegenüber in einer Weise ontologisch depotenziert werden, die für die Griechen undenkbar gewesen wäre". Im Christentum ist die Natur so „nicht mehr Aus-sich-Seiendes, sondern Prinzipiat, dessen Sein von der Relation zum unendlichen Schöpfer abhängt. In dieser Aufwertung der Relation ist die Desubstantialisierung der Natur impliziert, ihre Verwandlung in ein System aus funktional abhängigen Parametern" (Hösle 1991, 52). In christliche Perspektive ist die Natur danach zum einen ohne substantiellen (ousialen) Eigenwert, zum anderen reine Funktionalität und damit auch beliebiger Veränderung preisgegeben.

Bacon gebraucht deutliche Worte, die nicht weniger als ein neues *Menschheitsprojekt* formulieren: das Projekt empirischer Forschung mit dem Ziel, das innere Gesetz der Dinge zu entschlüsseln, sie von daher zu verändern und technischer Nutzung verfügbar zu machen. Dieses ‚Bacon-Projekt' proklamiert also die Vermählung von empirischer Naturwissenschaft und Technik und markiert damit den Beginn einer neuen Kulturepoche. Die Realisierung dieser Verbindung hat, zusammen mit der sukzessiven Umgestaltung des Wirtschaftsrahmens, eine neuartige, gewaltige Dynamik entwickelt (vgl. Kap. 1.1), die den wissenschaftlich-technischen Fortschritt über Jahrhunderte angetrieben hat und, wenn nicht alles täuscht, auch die zukünftige Entwicklung der Menschheit noch in erheblichem Maß bestimmen wird. Die *Realisierung* des Baconschen Projekts ist immer noch in vollem Gang.

1.4.3 Übergang vom Substanzbegriff zum Funktionsbegriff – Galilei

Am Werk *Galileo Galileis* (1564–1642) lässt sich der Beginn dieses Realisierungsprozesses studieren. Unausdrücklich und ausdrücklich wird darin gegen die Naturlehren der aristotelischen Schulphilosophen argumentiert, wobei stets auf experimentelle und mathematische Kontexte Bezug genommen wird. Im vorliegenden Zusammenhang möchte ich nur einige grundsätzliche Aspekte des von Galilei eröffneten neuen Zugangs zur Erforschung der Natur aufzeigen:

Wissenschaft beginnt danach mit dem *Experiment*. In dieser Weise soll das Wirkenkönnen eines Naturgegenstands, aristotelisch gesprochen einer *ousia*, erforscht werden. Eben dieser immanente Wirkzusammenhang, in Bacons Worten das ‚verborgene innere Gesetz', war im Rahmen der aristotelischen Substanzontologie, wie dargelegt, ein undurchschautes Geheimnis geblieben. Durch das Experiment soll es nun entschlüsselt werden. Wer das Geheimnis der *ousia* aufzudecken unternimmt, muss sie auf den Prüfstand bringen, muss gewissermaßen in sie eindringen und ihren verborgenen Wirkzusammenhang aufschließen. Sinnvoll kann das aber nur in der Weise geschehen, dass ihre Funktionstüchtigkeit dabei nicht zerstört wird, denn um deren Erforschung geht es ja. Das Ziel kann so geradezu als eine ‚Vivisektion' der *ousia* erscheinen: Es soll in sie eingegriffen werden, jedoch so, dass sie funktionstüchtig bleibt.

Betrachten wir ein Beispiel: Wie das Experiment zeigt, dehnt sich ein Metallstab durch Erwärmung aus. Allerdings darf die Erwärmung nicht so stark sein, dass das Metall schmilzt und der Stab dadurch zerstört wird. Was das Experiment fordert, ist also ebenso *Veränderung* wie *Erhaltung* des Gegenstands – eine paradox scheinende Bedingung. Doch sie ist dadurch erfüllbar, dass die *Qualität* ‚Stab' *erhalten* bleibt und die *Veränderung* lediglich (moderaten) *quantitativen* Charakter hat: also quantitative Veränderung der Temperatur und damit der Ausdehnung des Stabs bei gleichzeitiger qualitativer Erhaltung als Stab.

Quantitative Veränderung des Objekts in Abhängigkeit von quantitativ veränderten Bedingungen: Das ist nun genau das, was sich im *mathematischen Funktionsbegriff* erfassen lässt. Nicht von ungefähr ist Galilei, als Protagonist einer experimentellen Naturwissenschaft, gleichzeitig von der Überzeugung durchdrungen, das Buch der Natur sei „in mathematischer Sprache geschrieben" (Galilei VI 232). Hier wird ein höchst bedeutsamer Zusammenhang sichtbar: Wird die ousiale Funktionstüchtigkeit *experimentell operationalisiert*, so ist darin schon der Begriff des *mathematischen Naturgesetzes* im Sinn eines *Funktionsgesetzes* mitgesetzt. *Experimentelle Naturwissenschaft ist schon im Ansatz mathematische Naturwissenschaft* – zwei scheinbar völlig disparate Dimensionen, die jedoch, wie sich hier zeigt, intrinsisch zusammengehören.

Das mathematische Funktionsgesetz, in der Wissenschaftssprache auch als *Kausalgesetz* bezeichnet, ist damit an die Stelle der ousialen Funktionsganzheit getreten und hat diese nun *operational verfügbar* gemacht. Das erklärt zugleich den zunächst paradox anmutenden Tatbestand, dass der Begriff der *Ur-Sache* im Sinn eines einzelnen verursachenden *Dings* (*ousia*) gerade in den ‚harten' Naturwissenschaften praktisch verschwunden ist (Scheibe 1970, 264; Stegmüller 1969, 433). Natürlich wird in ‚weicheren' (medizinischen, juristischen etc.) Kontexten nach wie vor die im Grund aristotelische Frage nach der Ur-Sache gestellt: nach dem verursachenden Ding oder Ereignis eines Vorgangs, einer Störung, einer unerwarteten Abweichung. Doch der nach neuzeitlichem Verständnis eigentlichere Kausalbegriff ist auf eine *unbestimmte Mannigfaltigkeit möglicher Funktionszustände* bezogen – im obigen Beispiel der Längenwerte als Funktion der Variablen ‚Temperatur'. Die aristotelisch als substantielles Ding verstandene Wirkursache ist in der Neuzeit zu einer quantitativ variablen ‚Größe', zu einer ‚Kraft' bzw. ‚Energie' *entsubstantialisiert* worden. Auf eine Formel gebracht: Die neue Physik, für die Galilei steht, ist durch den *Übergang vom Substanzbegriff zum Funktionsbegriff* gekennzeichnet (vgl. Cassirer 402, 355 ff., 409, 417).

Die experimentelle Entschlüsselung kausaler Funktionsmechanismen ermöglicht umgekehrt deren Indienstnahme für menschliche Zwecksetzungen, also die *technische Nutzung*. Davon war oben schon die Rede (Kap. 1.2). Das im Experiment getestete Verhalten des Metallstabs bei Erwärmung etwa kann für die Konstruktion eines Thermometers genutzt werden. Wer die Natur erkannt hat, kann sie für sich arbeiten lassen; Naturerkenntnis ermöglicht Naturbeherrschung: Diese Baconsche Formel wird im Abgang des Mittelalters das Credo der neuen

Epoche, die im Zeichen des endlichen Subjekts und seiner Selbstbehauptung mit den Mitteln des Verstandes steht.

Erinnert sei in diesen Zusammenhang an die in der Einleitung dargelegte *wechselseitige Verstärkung* von Naturwissenschaft und Technik. Das Experiment ist ein technisches Unternehmen, das Naturerkenntnis liefert, die wiederum neue Techniken ermöglicht. Neue Techniken ermöglichen wiederum neue, raffiniertere Experimente, die wiederum tiefer liegende Gesetzmäßigkeiten aufschließen und der technischen Nutzung verfügbar machen, was zu erneuter Perfektionierung der Experimentiertechnik führt, und so fort – eine schon von Edmund Husserl gesehene wechselseitige Steigerung von Technik und Wissenschaft: „Die Messkunst ist in sich zugleich die Kunst, die ‚Genauigkeit' der Messung in Richtung auf eine aufsteigende Vervollkommnung immer weiter zu treiben. Sie ist eine Kunst, nicht als fertige Methode, etwas fertig zu machen, sondern *zugleich Methode, ihre Methode immer wieder zu verbessern* durch Erfindung immer neuer Kunstmittel (z. B. instrumentaler)" (Husserl 1977, 42f.). Diese sich selbst potenzierende Entwicklung ist kennzeichnend für den neuen, Bacon-Galileischen Wissenschaftsbegriff.

Dabei gehört zum wissenschaftlichen Selbstverständnis bis heute die antiaristotelische Attitüde, dass die Naturwissenschaft lediglich eine *Beschreibung* der Natur liefere, nicht eine Erkenntnis ihres *Wesens*. Gleich am Beginn der Neuzeit hat Galilei dies der Wissenschaft ins Stammbuch geschrieben: Wesenserkenntnis sei ein „eitles und vergebliches" Unterfangen. Was wir durch das Experiment allein haben, sei „die Fülle der Einzelbestimmungen, die aber alle (ihrem metaphysischen Wesen nach) gleich unbekannt bleiben" (Galilei, Briefe über die Sonnenflecken, zit. in Cassirer, 402f.). So *scheint* es die experimentelle Praxis in der Tat nahezulegen: Im Beispiel der Erwärmung des Metallstabs werden Temperaturwerte und Längenwerte gemessen. *Warum* das Metall auf Erwärmung hin mit Ausdehnung reagiert, bleibt dabei ebenso ungeklärt wie das Wesen von Wärme und räumlicher Ausdehnung.

Doch das Experiment liefert, wie schon gesagt, einen mathematischen Ausdruck für die Ausdehnung *als Funktion* der Erwärmung, d. h. ein *Funktionsgesetz*. Dieses aber, als *Gesetz*, kann nur als eine *Wesens*bestimmung von Metall verstanden werden, wenn auch in einer sehr spezifischen – hier ausschließlich thermischen – Hinsicht. Und, wie wir wissen, sind auch ‚Wärme' und die ihr korrelierende ‚Ausdehnung' von Stoffen keineswegs obskure Qalitäten, sondern ihrerseits physikalisch-naturgesetzlich erklärbar.

Naturforschung muss – wie beschränkt auch immer – somit *Wesenserkenntnis* der Natur sein, also keine ihr lediglich angeheftete Beschreibung, wenn sie Naturbeherrschung, d. h. *Technik* ermöglichen soll. Wahr ist, was *funktioniert*: Das ist die technische Variante des schon erwähnten neuzeitlichen *Verum-Factum-Prinzips* (Kap. 1.1.1): bezüglich einer Technik, die ihren Grund in der Wesenserfassung des Naturseienden hat. Das Galileische ebenso wie das bis heute verbreitete Selbstverständnis der Naturwissenschaft, wonach das Experiment lediglich Beschreibungen liefere, unterbewertet und verkennt das eigene Tun exorbitant.

Ergänzend hierzu sei Vittorio Hösles Hinweis angefügt, dass diese neuzeitliche Wendung zu einer wissenschaftsbasierten Technik nicht ohne die in der griechischen Antike vollzogene Wendung vom Mythos zum Logos möglich gewesen wäre. Dieser Wissenschaftsbegriff wird zu Beginn der Neuzeit, vornehmlich in seiner platonischen Form, wieder aufgenommen. „Man erkennt die Bedeutung des griechischen Wissenschaftsbegriffs, wenn man Europa mit China vergleicht: Die technischen Leistungen der Chinesen waren erstrangig, aber nie hat diese Kultur die Idee gehabt, die eigene Technologie auf eine wissenschaftliche Grundlage zu stützen; ebendeswegen ist das Projekt der Moderne nicht in China entstanden" (Hösle 1997, 699).

1.4.4 Descartes' philosophische Fundierung des neuzeitlichen Wissenschaftsbegriffs unter den Bedingungen endlicher Subjektivität

Bacons Programm und Galileis Konzeption einer neuen Naturwissenschaft haben die Zielrichtung des geistigen Neuaufbruchs zu Beginn der Neuzeit definiert. *René Descartes* (1596–1650) hat dem ein *philosophisches Fundament* gegeben. Der neuzeitliche Natur-, Wissenschafts- und Technikbegriff hat damit eine philosophische Kanonisierung erfahren, die bis in die Gegenwart bestimmend geblieben ist.

Descartes hat den neuen, ‚post-mittelalterlichen' Menschen vor Augen, der in der Umbruchszeit und geistigen Krise der Renaissance sich nicht länger als Teil der göttlichen Ordo universalis versteht, die ihn und alles trägt. Er sieht sich als *endliches Subjekt*, auf sich selbst gestellt, konfrontiert mit einer feindlichen Welt, in der er sich behaupten muss (vgl. Blumenberg 1974, z.B. 212 ff., 229 ff.). Die *endliche Subjektivität* ist der Ausgangspunkt des cartesianischen Denkens; von daher unternimmt Descartes eine Neubegründung der Philosophie und der Bestimmung des Menschen. Ich möchte hier nur einige wissenschafts- und technikphilosophische Konsequenzen dieses Neuaufbruchs der Philosophie durch Descartes namhaft machen:

Als Generalziel des *Handelns* ist die Selbstbehauptung des endlichen Subjekts verstanden. Das ihm dafür zur Verfügung stehende Mittel ist der Verstand, der freilich ebenfalls endlich ist und darum ökonomisch eingesetzt werden muss. Von daher ist Descartes' eminentes Interesse für Fragen der *richtigen Methode* zu verstehen. Ein *großes* Problem wird für den endlichen Verstand dadurch lösbar, dass es in *kleinere* Probleme aufgeteilt wird: Damit ist das Programm des *analytischen Verfahrens* und wissenschaftlicher *Spezialisierung* formuliert, das für die neuzeitliche Wissenschaftsentwicklung bestimmend gewesen ist und der Forschung in der Tat unglaubliche Fortschritte ermöglicht hat.

Auf der anderen Seite hatte diese Dominanz des analytischen Denkens die jahrhundertelange Unfähigkeit der Wissenschaft, *Ganzheiten* zu denken, zur Folge. Im Grund hat die cartesianische Wissenschaft keinen Begriff des *Systems* im eigentlichen Sinn, das also mehr als ein summatives Aggregat ist. Die allgemeine Systemtheorie ist demgegenüber eine moderne, kaum mehr als ein halbes Jahrhundert alte Entwicklung, eingeleitet bezeichnenderweise durch einen Biologen, Ludwig v. Bertalanffy (1948; 1949; 1970; s. Kap. 1.4.5).

Der Verlust der ganzheitlichen Perspektive zeigt sich auch in der für die neuzeitliche Wissenschaft zentralen *experimentellen Methode:* Ganz im Sinn analytischen Denkens wird im Experiment ein Naturseiendes aus dem Naturzusammenhang *herausgelöst* und als *isoliertes Objekt* auf den Prüfstand gebracht. Nur so kann sein Wirkmechanismus unabhängig von störenden Einflüssen rein erfasst werden: ein Verfahren, das unleugbar zu triumphalen wissenschaftlichen und technischen Resultaten geführt hat – oft allerdings auch um den Preis einseitiger, fehlgeleiteter Forschungsansätze. Ein bekanntes Beispiel dafür ist die Entwicklung des Insektizids DDT; ich beziehe mich hier auf eine Arbeit von Gernot Böhme, Wolfgang van den Daele und Wolfgang Krohn (1974, 304 f.):

DDT ist im Laborversuch ein hochwirksames Insektengift; in der praktischen Anwendung hingegen, etwa in den Moskitogebieten Afrikas, erweist es sich als zunehmend wirkungslos – warum? Weil eine Selektion DDT-resistenter Mutanten stattfindet, ein Vorgang, der im Laborexperiment unberücksichtigt blieb. Der eigentliche Grund für den Fehlschlag ist in der *Isoliertheit* der Laborsituation zu erkennen, in der die ökologische Dynamik – hier in der Form von Mutation und Darwinscher Selektion – vernachlässigt ist. Durch die experimentelle Isolierung bleibt der *Ganzheitscharakter* des Naturzusammenhangs ausgeblendet. Unter *Anwendungsbedingungen* macht er sich freilich wieder geltend und entwickelt nun, neben den unter Laborbedingungen erforschten Wirkmechanismen, auch ganz andere, möglicherweise sogar gegenläufige Wirkungen.[15]

Allgemein gesehen hatte der Verlust der ganzheitlichen Perspektive einen limitierten Naturbegriff zur Folge, der blind war für die durch sensible Gleichgewichte bestimmte Vernetzung des Naturzusammenhangs. Die neuzeitliche Technikentwicklung hat dadurch eine Richtung genommen, die bekanntlich nicht

---

15 Solche durch die *Anwendung* des technischen Produkts induzierten ‚Umschlagsphänomene' werden ausführlich in Teil 2 untersucht.

durchweg als wünschenswert zu beurteilen ist: Heute ist deutlich, dass jeder technische Eingriff in dieses Netzwerk die Balance stören und dadurch Kippprozesse auslösen kann, und zwar keineswegs nur am Ort oder zum Zeitpunkt des Eingriffs selbst, sondern – wegen der *globalen* Verflechtungen der Natursysteme – möglicherweise ganz woanders oder vielleicht erst in einer heute noch nicht absehbaren Zukunft, mit anderen Worten: Die rein analytische Einstellung der Natur gegenüber hat uns das *Ökologieproblem* beschert, d. h. die Erfahrung, dass das System der Natur unkalkulierbar reagiert, wenn sein ganzheitlicher Charakter ignoriert wird (hierzu Kap. 2.1.1 und Kap. 3).

Für Descartes kann das Natursein insbesondere deshalb nicht ganzheitlich sein, weil er es bestimmt als etwas, das allein durch *Ausdehnung* charakterisiert ist. Dieser cartesianische *Reduktionismus* hat gleichfalls unübersehbare Konsequenzen für den neuzeitlichen Naturbegriff und das damit verbundene Technikverständnis gehabt: Descartes' Reduktion der Natur auf Ausdehnung bedeutet zum einen, dass die allein angemessene Form der Naturerkenntnis nur die *quantitativ-mathematische* sein kann. Galileis Überzeugung, dass das Buch der Natur in mathematischer Sprache geschrieben sei (vgl. Kap. 1.4.3), wird durch Descartes' Naturbegriff *philosophisch kanonisiert*. Zum anderen bedeutet die Reduktion des Naturseins auf Ausdehnung dessen *Entqualifizierung* und *Entteleologisierung:* War die *ousia* für Aristoteles und den mittelalterlichen Aristotelismus ein ganzheitliches Seiendes, dem eine *qualitative* Formbestimmtheit und eine ihm inhärierende Zweckbestimmung zukam, so wird ihr durch Descartes' Reduktionismus beides genommen: Wissenschaftlich relevant ist danach allein die *quantitativ* fassbare Ausdehnung. Von ‚Zwecken der Natur' zu reden, wäre danach dem Natursein unangemessen, anthropomorph, unwissenschaftlich.

Wird das Naturseiende in dieser Weise als etwas betrachtet, das *ohne eigene Zwecke* ist, so wird es zugleich offen für *externe Zwecksetzungen*. Das Subjekt kann dann unbeschränkt *seine eigenen Zwecke* in das entteleologisierte Objekt hineinlegen und es so zum *Mittel* machen. Das neuzeitliche wissenschaftliche Denken hat sich damit von vornherein der *technischen Mittel-Zweck-Rationalität* unterstellt, die andere Rationalitätsformen, insbesondere die der ‚Wertrationalität', als unwissenschaftlich abwertet und verdrängt (hierzu aufschlussreich Hösle 1991, Kap II).

Die Reduktion des Naturseins auf pure Ausdehnung hat bei Descartes (vgl. Descartes, 6. Med., Nr. 19) und in der Folge ferner dazu geführt, Natur und Geist als seinsmäßig absolut verschiedene Substanzen zu betrachten. Im Rahmen einer solchen *strikt dualistischen* Position ist es dann grundsätzlich undenkbar, dass körperliches Sein Seelisch-Geistiges konstituieren oder umgekehrt Seelisch-Geistiges körperlich realisiert sein könnte. Descartes' Dualismus hat das traditionelle *Leib-Seele-Problem* damit ins Extrem verschärft und als solches ontologisch festgeschrieben.

Das hat weiter zu der Auffassung geführt, dass physische Objekte völlig subjektlos sind – mit der Konsequenz, dass ‚Objekte' nur *objektiv* erforscht werden können; jede Form subjektiv-einfühlenden Erfassens muss als unwissenschaftlich gelten. Eine andere Konsequenz ist, dass die gesamte nicht-menschliche Natur nicht beseelt sein kann. Tiere sind danach lediglich Maschinen – sodass es für eine ‚objektive' wissenschaftliche Forschung auch *keine moralischen Grenzen* geben kann, z. B. in Bezug auf Tierversuche: „Wenn das Tier eine Maschine ist, dann ist seine Vivisektion nichts Schlimmeres als das Zerlegen einer Uhr" (Hösle 1991, 54 f.).

Das überträgt sich auch auf die *technische Nutzung* der Wissenschaft: Was technisch machbar ist, wird zunächst einmal als *moralisch neutral* betrachtet; erst dessen *Anwendung* sei moralisch relevant. Das von Technikern selbst gern zitierte Beispiel ist das Brotmesser, das erst in der Hand des Mörders zu einem tödlichen Mittel werde. Doch angesichts der modernen, unsere gesamte Existenz durchwaltenden Technik erweist sich die Unterstellung, wir seien frei, die Technik anzuwenden oder auch nicht, als absurd. Und die unheimlichen, noch bis vor kurzem als utopisch geltenden Möglichkeiten der Bio- und Medizintechnik haben uns unvermittelt vor die Frage gestellt, ob das technisch Machbare noch mit unserem Menschenbild und unseren Wertvorstellungen kompatibel sei (dazu ausführlich Kap. 3). Die cartesianisch inspirierte Technik enthält nur den Imperativ des Machens; insofern ist sie in der Tat wertneutral; sie respektiert keine Norm, sie ist moralisch maßlos (Hösle 1991, 60). Kurzum: Wir müssen erkennen, dass der cartesianische Reduktionismus auch moralisch in eine Sackgasse geführt hat.

1.4.5 Die systemtheoretische Wende

Am Beginn der Neuzeit haben Bacon, Galilei, Descartes in dieser Weise eine geistesgeschichtliche Weichenstellung vollzogen, die die Richtung der Entwicklung von Wissenschaft und Technik bis in die Gegenwart entscheidend bestimmt hat. Es gibt allerdings auch eine andere Traditionslinie, deren Exponenten Spinoza, Leibniz, Schelling, Hegel sind. Sie haben – in je unterschiedlicher Weise – einen Naturbegriff entwickelt, der die Natur als Manifestation des Göttlichen deutet und ihr so eine eigene Würde und einen Eigenwert zuerkennt (vgl. Hösle 1991, 56). Diese Denkansätze haben die Entwicklung der *Technik* indes kaum beeinflusst, weil das Leitbild der Selbstbehauptung endlicher

Subjektivität eben technische Naturbeherrschung, nicht Naturbewahrung nahe legte (vgl. Kap. 1.4.2, 1.4.4).

Gleichwohl: In der Gegenwart hat sich diesbezüglich etwas verändert. Die Erfahrung *ökologischer* Probleme hat uns die Einsicht vermittelt, dass das Natursein ein durch prekäre Gleichgewichte bestimmtes Netzwerk darstellt. Technische Eingriffe in dieses System können die Balance stören und das Natursystem ‚kippen' lassen. Die Notwendigkeit eines neuen, *ganzheitlichen Naturverständnisses* tritt zunehmend deutlicher zutage. Dies betrifft auch die Entwicklung naturwissenschaftlicher Theorien, die komplexe Systemstrukturen zum Gegenstand haben – als Beispiele seien genannt die allgemeine Systemtheorie, die Theorie der Selbstorganisation von Systemen, die so genannte Chaostheorie und die Fuzzy-Logic-Theorie (vgl. Müller 2004, 54 ff.). Charakteristisch für diese neuen Theoriekonzeptionen ist der *ganzheitliche* Aspekt. Innerhalb des cartesianischen Denkhorizonts hat sich so unter der Hand ein Paradigmenwandel vollzogen.

Erinnert sei zunächst nochmals an das über die aristotelische *ousia* Gesagte: Konzipiert ist sie als ein in sich vollendetes Ding, dessen Entstehung sich einer Wirkursache verdankt, durch die ein Zweck, ein Material und eine Form gleichsam zur Dingeinheit verklammert werden. In dieser Deutung wird dem Ding also nicht nur Materie und Form zugesprochen, sondern darüber hinaus ein ihm immanenter *Zweck*. Demzufolge strebt die Flamme, ihrer intrinsischen Zweckbestimmung entsprechend, nach oben, der Stein nach unten. Cartesianisch gesehen sind das absurde Vorstellungen. Zwecke gibt es danach nur als *menschliche* Zwecksetzungen, und das Vermögen, Bewegung hervorzubringen, wird allein der Wirkursache zuerkannt. Eine ding-eigene, Bewegung hervorbringende Zweckbestimmung gehört danach einer obsoleten, anthropomorphen Vorstellungswelt an. Auch und gerade die Technik scheint das zu belegen: Ihre Konstrukte sind zweckmäßig, verweisen als solche aber stets auf die Zwecktätigkeit des Menschen.

Das Auftreten der *allgemeinen Systemtheorie* vor einem halben Jahrhundert markiert den erwähnten Paradigmenwandel. Es überrascht nicht, dass sie dort entsteht, wo einerseits eine klare Zweckbestimmtheit des Objekts gegeben ist, anderseits aber ohne menschliche Zwecktätigkeit, nämlich im Bereich des Biologischen. Der Organismus als autoregulatives, selbsterhaltendes System ist durchgängig zweckbezogen, und zugleich liegt diese Zweckbestimmtheit ganz *in ihm selbst*. Es sind in der Tat zunächst vor allem Biologen,[16] die das Systemkonzept konkreter ausgearbeitet haben:

---

16 Genannt seien hier Ludwig v. Bertalanffy (1949; 1970), Paul Weiss (1970), Manfred Eigen (1977; vgl. auch die instruktive Darstellung der Eigenschen Theorie in Stegmüller 1975, 441 ff.).

Das System – das technische ebenso wie das biologische System – ist durch einen Zweck bestimmt, dessen Realisierung geeignete Strukturen, Materialien und Wirkpotentiale verlangt, mit anderen Worten: Zweck, Form, Material und Wirkursache, d. h. alle vier aristotelischen Ursachen gewinnen im Kontext der Systemtheorie neue Relevanz. Der Biologe Rupert Riedl hat dies so expliziert (Riedl 1978/79; 1980): Der organismische Funktionszweck bestimmt die gesamte Systemorganisation; die Aufrechterhaltung der komplexen Funktionsleistungen erfordert ein entsprechendes Wirkpotential, und Form- und Materialaspekt betreffen das hierarchische Verhältnis von Ober- und Untersystem innerhalb des Gesamtsystems – die Untersysteme repräsentieren das ‚Material', d. h. Realisierungsmöglichkeiten des zugeordneten Obersystems, das umgekehrt seinen Untersystemen gewisse einschränkende Formbedingungen auferlegt (Riedl 1980, 165 ff.).

Die systemtheoretische Deutung ist keineswegs als Regression auf ein längst überholtes Konzept zu verstehen. Das Zusammenwirken der Systemkomponenten ist einerseits durchgängig kausal bestimmt. Als Träger und Garant einer spezifischen Funktionstüchtigkeit und Zweckbestimmung bildet das System andererseits auch eine Parallele zur aristotelischen *ousia*. Das System ist gleichsam deren funktionalistische Re-Interpretation. Aristoteles denkt von der individuellen *ousia* her, die neuzeitliche Physik vom kausalen Funktionsgesetz, und in der Systemtheorie sind nun beide Aspekte in ihrer wechselseitigen Abhängigkeit anerkannt und zur Geltung gebracht. Von daher wird ein Natur-, Wissenschafts- und Technikbegriff möglich, der den Zweckbegriff nicht mehr als anthropomorph ächtet, sondern essentiell einschließt.

Insgesamt: Ich habe in diesem Kapitel (1.4) versucht, ‚Weichenstellungen' sichtbar zu machen, die die neuzeitliche Wissenschafts- und Technikentwicklung bestimmt haben. Bedingt durch die geistige Situation am Beginn der Neuzeit, sind sie der *Geistesgeschichte* zuzurechnen. Das *aristotelische Mittelalter* bleibt ontologischem Substanzdenken verhaftet, erfasst darin aber einen für die Naturerkenntnis grundsätzlich wesentlichen Tatbestand – die Möglichkeit einer immanenten Zweckbestimmung der *ousia*. Die *funktionalistische Naturerklärung der Neuzeit* ist abstrakt, einseitig, negiert die Möglichkeit ding-immanenter Zweckbestimmung, aber sie kann das in aristotelischer Perspektive undurchschaute Geheimnis der *ousia* entschlüsseln und als Funktionsgesetz fassbar machen. Diese Entwicklung kulminiert im Auftreten der *Systemtheorie*, die gewissermaßen auf eine Rehabilitierung der ousialen Funktionsganzheit und ihrer immanenten Zweckbestimmung, nun aber in wissenschaftlich ausweisbarer Form, hinausläuft.

Die Konsequenz der *systemtheoretischen Wende* ist eine doppelte: Zum einen wird der Systembegriff so zu einem Schlüsselbegriff für die Erkenntnis zweckbestimmter, also *organismischer Strukturen*. Zum anderen – und das ist im vorliegenden Zusammenhang primär von Interesse – wird die nun systemtheoretisch fassbare Zweckbestimmung auch *technisch operabel:* Die Implementierung *normativer* Systeminstanzen ermöglicht die technische Realisierung *finaler Strukturen* und schließlich ‚*intelligenter*' Maschinen (Kap. 1.2.5). Mit dieser in der modernen Technik sich beschleunigenden *Intelligisierungstendenz* ist zugleich ein neues Kapitel der neuzeitlichen Technikgeschichte aufgeschlagen.

Soweit hier die wesentlich *analytische* Perspektive auf die Technik. Dabei sind gelegentlich auch schon bedenkliche Seiten sichtbar geworden, vor allem hinsichtlich der cartesianischen Kanonisierung eines auf Naturbeherrschung gerichteten Wissenschaftsbegriffs, der zwar die Technisierung der Menschheit machtvoll befördert, aber das Natursein reduktionistisch entwertet hat – mit negativen Folgen für das Verhältnis des Menschen zur Natur. Gegenstand des folgenden zweiten Teils sind nun explizit ‚*dialektische*' Phänomene, bei denen eine positive Zielsetzung ebenso ungewollt wie unvermeidlich in Negativität *umschlägt*.

2 Dialektik des Technischen

Woher stammt diese Dialektik? Betrachten wir ein naheliegendes Beispiel: Das Auto verdankt seine enorme Attraktivität, neben Komfort- und Prestigeaspekten, der Aussicht, Entfernungen schnell überwinden zu können. Raum und Zeit – unaufhebbare Bedingungen der Naturseite des Menschen – können durch Geschwindigkeit gleichsam reduziert werden. Da nun Alle daran teilhaben wollen, generiert das massenhaften Verkehr mit der Folge, dass dieser im Stau stecken bleibt. Das mit dem Auto verbundene Versprechen, Raum und Zeit zu entmachten, verkehrt sich in der Praxis in sein Gegenteil.

Zunächst einmal ist hier die triumphale Erfüllung der ursprünglichen technischen Absicht zu konstatieren: Soweit es das Auto selbst angeht, entspricht dieses allen Erwartungen, die man an ein solches technisches Produkt haben kann. Selbstverständlich sind immer noch Verbesserungen denkbar, aber heutige Autos sind schon Wunderwerke der Technik.

Nun existiert das Auto nicht für sich, sondern in einem gesellschaftlichen Umfeld. Das Auto ist für Menschen gemacht. Es kann daher nicht ausbleiben, dass es mehr Autos, viele Autos werden; eine Autolawine ist heute über uns hereingebrochen. Das war vom Autokonstrukteur so nicht bedacht und intendiert. Was das Auto braucht, sind, neben Tankstellen, Werkstätten etc., vor allem Straßen, auf denen der Verkehr fließen kann. Aber wo die Autolawine abgeht, sind die Straßen bald verstopft durch Autos, die den bestimmungsgemäßen Gebrauch des Autos so gerade selbst verunmöglichen. Das im Stau stehende Auto kann den mit ihm verknüpften Wunsch, Raum- und Zeitbeschränkungen zu überwinden, nicht mehr erfüllen. Kurzum: Das Auto wird im gesellschaftlichen Umfeld zur Negation seiner selbst. Für sich selbst betrachtet ein Wunderwerk der Technik, wird es ebenso zu deren Menetekel.

Was hier deutlich wird, ist das Auseinandertreten von technischer Intention und nicht-intendierten ‚Nebenwirkungen', wobei diese nicht etwa neutral bezüglich der leitenden Intention sind, sondern ihr diametral zuwiderlaufen. Der Grund: Das technische Produkt – hier das Auto – ist gleichsam *mehr als es selbst*. An ihm hängt der gesellschaftliche Verwendungszusammenhang, in dem es entsteht und für den es geschaffen wurde. Hat das technische Produkt in dieser Dimension Erfolg, führt das zu seiner massenhaften Verbreitung. In dieser Form aber verstellt das Auto sich selbst den Weg und geht dadurch seiner spezifischen Vorzüge verlustig.

Komplizierend und das Problem gleichzeitig verschärfend kommt hinzu, dass das Auto weithin auch die Funktion eines *Statussymbols* hat, also ein so genanntes ‚Veblengut' ist. Auch das trägt zu seiner Attraktivität wesentlich bei, fördert zusätzlich seine Verbreitung und damit, wie dargelegt, auch seine Ineffizienz – einerseits. Anderseits gilt, dass sein ‚Veblencharakter' dadurch freilich *nicht tangiert* ist – auch (ja, vielleicht sogar gerade) im Stau bestätigt es seinen Wert als Statussymbol (entsprechend einer subtilen Statushierarchie der Automarken): *Diese* Funktion bleibt also auch bei massenhafter Verbreitung erhalten und ist vermutlich mit ein Grund dafür, dass unvermindert Autos gekauft werden, obwohl ihre funktionale Effizienz kontinuierlich abnimmt.

Kurzum: Gerade der positive Gebrauchswert des Autos selbst ist es, der im Verwendungszusammenhang sein Gegenteil hervorbringt. Sein Positives selbst wird zum Grund dafür, dass ein Negatives daraus wird. Der Sache nach ist das evident, aber logisch doch irritierend: Hier wird eine Art *dialektischer Struktur* sichtbar, die in erster Näherung als die untrennbare Zusammengehörigkeit des Positiven und des Negativen charakterisiert werden kann.[17] In der Tat ist die Situation durch eine fundamentale *Ambivalenz* gekennzeichnet in dem Sinn, dass das Positive für sich selbst keinen Bestand hat, sondern vielmehr *durch sich selbst* in sein Negatives umschlägt. Dass dieses Phänomen dialektischer Selbstnegation in unterschiedlichen Formen praktisch die gesamte Technik betrifft, soll im Folgenden durch eine Analyse ausgewählter Fallbeispiele belegt werden.

Gegenstand der Untersuchung werden zentrale Aspekte des Technischen sein, nämlich der Aspekt technischer Effizienz (2.1), technischen Fortschritts (2.2), technischer Wunscherfüllung (2.3), technischer Befreiung (2.4), technischen Konstruierens (2.5), technischer Künstlichkeit (2.6), technischer Funktionalität (2.7). Es folgen Überlegungen zu strukturellen Aspekten der in diesen Fallbei-

---

[17] Streng genommen sind für dialektische Strukturen darüber hinaus *antinomische*, d. h. zwischen Position und Negation oszillierende Beziehungen charakteristisch; vgl. hierzu meine Untersuchungen zu einer ‚Theorie der Dialektik' (Wandschneider 1995/2013). Übertragen auf das Autobeispiel würde das etwa so zu verstehen sein: Die *positiven* Eigenschaften des Autos führen zu seiner massenhaften Verbreitung, folglich zu Stau und damit zur *Negation* des mit dem Auto verknüpften Positiven. Eine antinomische – und damit im *eigentlichen* Sinn dialektische – Beziehung wäre gegeben, wenn die durch den Massenverkehr induzierte Negativität nun dazu führte, dass die Straßen wieder frei würden und das Auto so seine ursprüngliche *Positivität* zurückgewänne – was natürlich unmittelbar wieder zu Massenverkehr, Stau und *Negativität* führen würde, und so fort, schematisch: positiv-negativ-positiv-negativ-positiv ... usw. Deutlich ist aber auch, dass der hier hypothetisch ergänzte Negativ-positiv-Umschlag *in der Praxis unrealistisch* ist: einfach deshalb, weil die existierenden Autos viel Geld gekostet haben und deshalb auch durch Stau, Kaufrückgang etc. nicht zum Verschwinden gebracht, sondern weitergefahren werden – was natürlich auch bedeutet, dass die negative Tendenz nicht nur erhalten bleibt, sondern sich weiter verstärkt. Der Begriff der ‚Dialektik' wird im gegenwärtigen Zusammenhang dementsprechend nur in dem weniger strengen Sinn eines einfachen Positiv-negativ-Umschlags verwendet.

spielen wirksamen Dialektik (2.8) sowie zu aktuellen ‚Big-Projekten', in denen die dialektische Dynamik eher abgeschwächt scheint (2.9).

2.1 Technische Effizienz

2.1.1 Vernachlässigung der Anwendungsdimension

Das diskutierte Beispiel des Autos ist ein Exempel für den Umschlag ins Gegenteil durch Selbstnegation: Gerade die Effizienz des Autos hat seine eigene Ineffizienz zur Folge. Der Grund dafür war in dem gesellschaftlichen Verwendungszusammenhang erkennbar geworden, in den das Auto, seiner praktischen Bestimmung entsprechend, hineingestellt ist. Ähnliches ist grundsätzlich auch für biologische, ökologische, ökonomische, medizinische, psychologische Kontexte etc. zu erwarten.

Instruktiv ist in diesem Zusammenhang die schon erwähnte Entwicklung des Insektizids *DDT* (Kap. 1.4.4): Im Laborversuch hocheffizient, ist DDT in der praktischen Anwendung zunehmend wirkungslos, weil in der Naturrealität eine beständige Selektion DDT-resistenter Mutanten stattfindet, die im Laborexperiment unberücksichtigt blieb. Der Grund für den Umschlag in Ineffizienz ist somit, wie dargelegt, in der Vernachlässigung der ‚systemischen' Dimension, also des *ganzheitlichen* Naturzusammenhangs zu sehen. Aber das ist erst die halbe Wahrheit: Unberücksichtigt blieb der Naturzusammenhang ja nicht deshalb, weil man den Misserfolg wollte, sondern weil sich DDT im Labor als *hocheffizient* erwies. Sein Einsatz im großen Stil war insofern unausweichlich. Also gerade seine Effizienz im Labor – und über andere Erkenntnisse verfügt man in der Forschungssituation zunächst nicht – hat es in den Verwendungszusammenhang katapultiert, was dann auch die erwähnten nicht-intendierten Nebenwirkungen in Form von Resistenzen zeitigte und das Mittel dadurch zunehmend ineffizient werden ließ (ganz zu schweigen von toxischen Folgen bei höheren Tieren).

Diese Entwicklung spiegelt einerseits die *Vernachlässigung* des ganzheitlichen Naturzusammenhangs in der Laborsituation, andererseits aber auch die *unvermeidliche Bezogenheit* auf die Anwendung – denn die Labor-Effizienz macht die großflächige Anwendung des Produkts quasi unumgänglich, mit anderen Worten: Durch seine Effizienz gewinnt das technische Produkt gewissermaßen eine neue Dimension, die ihm per se, d. h. als Technikprodukt für sich genommen, nicht zukommt – ich möchte sie kurz als seine ‚*Anwendungsdimension*' bezeichnen.

Nun ist Effizienz aber etwas, das für technische Konstrukte prinzipiell angestrebt ist. Insofern kann die ihnen daraus zuwachsende Dimension nicht als ihnen äußerlich, zufällig angesehen werden. Die Technik in dieser Weise von ihren Wirkungen trennen zu wollen wäre abwegig. Technische Effizienz entwickelt aus sich heraus den Bezug auf die Anwendungsdimension *außerhalb* des technischen Produkts. Dort aber sind Konstellationen möglich, die der Effizienz entgegenwirken können, und das heißt: Die Gefahr in Ineffizienz umzuschlagen liegt im Wesen der Effizienz selbst.

Damit ist nicht gesagt, dass dieser Gefahr nicht begegnet werden könnte. Ein Fiasko wie im DDT-Beispiel würde der pharmazeutischen Industrie heute schwerlich nochmals passieren: Was man aus diesem und ähnlichen Fällen gelernt hat, ist, dass reine Labor-Effizienz nicht zureicht. Aus diesem Grund werden zusätzlich *Feldversuche* durchgeführt, also Effizienzüberprüfungen im späteren Anwendungsbereich selbst. Der im Labor gekappte ganzheitliche Naturzusammenhang wird dadurch – tendenziell – wieder hergestellt und damit auch die Anwendungsdimension von vornherein berücksichtigt. Im Fall der DDT-Entwicklung hätte man dafür nicht einmal reale Feldexperimente durchführen müssen. Man hätte auf längst gemachte Erfahrungen bezüglich der Resistenzbildung von Bakterien zurückgreifen können. Doch das erfordert bereits eine gewisse Weitsicht der Technikplanung. (Dies führt auf die grundsätzliche Frage, inwieweit sich Technikfolgen zum Zeitpunkt der Entwicklung einer Technologie schon abschätzen lassen und von daher eine Kursänderung motivieren können: das Problem der *Technikfolgenabschätzung* und *Technikgestaltung*; dazu in Kap. 3.6.)

Betrachtet man die Gründe für das Umschlagen von Effizienz in Nichteffizienz näher, so werden Faktoren unterschiedlicher Art erkennbar: Im Fall des Autos ist es die Massenproduktion von Autos, die sich dann gegenseitig den Weg verstellen. Im DDT-Beispiel ist es der Naturzusammenhang, der die Wirksamkeit des Insektizids durch Resistenzbildung konterkariert.

2.1.2 Dialektik der Nukleartechnik

Ein ganz anderer Grund für den Umschlag in Ineffizienz wird im Fall eines *Kernkraftwerks* sichtbar. Es handelt sich dabei um eine der Hochtechnologien des 20. Jahrhunderts, deren Theoriegrundlage Einsteins (‚spezielle') Relativitätstheorie ist. Die daraus ableitbare Möglichkeit, Masse in Energie zu verwandeln, verspricht nahezu unbegrenzte Energieausbeute bei begrenztem Einsatz, was die enorme Attraktivität dieses Projekts begreiflich macht. Physikalisch ist daran nicht zu deuten, und auch die Physik der Nuklearprozesse ist so weit ausgearbeitet, dass sie eine sichere Grundlage für eine Nukleartechnologie bietet. Der inzwischen erreichte technische Entwicklungsstand ist beeindruckend, nicht nur im Hinblick auf das investierte Know-How, sondern auch hinsichtlich der heute realisierbaren Sicherheitsstandards (hierzu Kugeler 1997). Und doch ist der große Erfolg ausgeblieben. Die Erklärung für die Stagnation und teilweise sogar Stornierung dieser Produktionslinie lässt sich dahin zusammenfassen, dass sie keine politische Akzeptanz gewinnen konnte.

Aber warum? Weil die Kerntechnik mit *unkalkulierbaren Risiken* assoziiert wird. Der Begriff des *Super-GAUs*, des ‚größten anzunehmenden Unfalls', benennt das Szenario der ‚Verstrahlung' riesiger Regionen. Das ist nicht einfach das Risiko eines Betriebsunfalls, sondern eines Monsterdesasters. „Der Machtgewinn des technisch-ökonomischen ‚Fortschritts' wird immer mehr überschattet durch die Produktion von Risiken" (Beck 1986, 17): Damit hat Ulrich Beck die Stimmung getroffen.

Risiken sind mit der neuen Technik zweifellos verbunden – doch von welcher Technik gälte das nicht? Selbst das vor Jahrmillionen ‚gezähmte' Feuer ist bis heute eine reale Bedrohung geblieben. Doch mit der Kerntechnik sind Risiken bisher *unbekannter* Art verbunden, beispielsweise die Unsichtbarkeit der Gefahr, die Wirkungslosigkeit traditioneller Schutzreflexe, der der Menschheit auf Jahrtausende erhaltene ‚Strahlungsmüll', die Verwundbarkeit von Kernkraftwerken durch Naturkatastrophen oder terroristische Anschläge und so fort. Diese Unabsehbarkeit des Risikopotentials tendiert leicht ins Ungeheure und hat eine breite Akzeptanz der Nuklearenergie bis heute verhindert.

Man beachte, dass hiermit *nicht* gesagt ist, die Risiken der Kerntechnik seien *tatsächlich* ungeheuer. Zumindest bisher fällt die Bilanz eher moderat aus – verglichen etwa mit der Schreckensbilanz vieler tausend jährlicher Verkehrstoter allein in Deutschland und dem Zigfachen an Verletzten. Überdies liefert die Kerntechnik, abgesehen von der latenten Strahlungsgefahr und zu entsorgendem Strahlungsmüll, ‚saubere' Energie – ein klarer Vorteil gegenüber emissionsträchtigen Kohle- und Ölkraftwerken. Und die sich anbietenden ‚alternativen Techniken' (Solar–, Windkraft–, Brennstoffzellen- und eventuell Fusionstechnik) können den immensen Energiebedarf der Industriestaaten noch bei weitem nicht decken. Insofern spräche sicher auch manches *für* die nukleartechnische Option.

Beunruhigend bleibt indes der brisante Charakter dieser Technologie, die Unabsehbarkeit der mit ihr verbundenen Risiken. „Die Halbwertszeit von Plutonium ist und bleibt ein starkes Argument gegen die Kernspaltung – und mehr noch die Irreversibilität der Änderungen, die durch sie bewirkt werden: Das Aussterben einer Art etwa kann nicht wieder rückgängig gemacht werden, da sie das Produkt einer Jahrmillionen währenden Evolution ist" (Hösle 1997, 876). Und Johannes Rohbeck gibt zu bedenken: „Betrachtet man ... unvoreingenommen ein Atomkraftwerk, so handelt es sich um eine gigantische Maschine, die Gewässer erwärmt, schon bei normalem Betrieb schädliche Strahlen verbreitet und einen Abfall übrig lässt, dessen Risiken noch in Jahrtausenden unbewältigt sein werden. ‚Nebenbei' erzeugt ein solches Kraftwerk auch noch Strom, der sofort verbraucht wird und dessen Nutzung schon in wenigen Jahren nicht mehr interessieren dürfte. Angesichts eines solchen Wirkungsgefälles noch von ‚Nebenwirkungen' zu sprechen grenzt inzwischen an Zynismus" (Rohbeck 1993, 256 f.).

Verantwortliches Handeln muss diesen Risiken angemessen zu begegnen suchen, und das heißt, dass die Sicherheitsvorkehrungen exorbitant sein müssen. Wie gesagt: Naturkatastrophen, Flugzeugabstürze, Terroranschläge müssen in die Planung als Risikofaktoren mit eingehen. Ebenso Anlagen zur Wiederaufbereitung der Brennelemente und zu ihrer schließlichen ‚Entsorgung', ferner spezielle Transportmittel und nicht zuletzt auch die Exploration und der Ausbau sicherer Endlagerstätten für den noch Jahrtausende strahlenden Müll. Die Kosten dafür sind astronomisch. Hinzu kommen Aufwendungen für Polizeischutz der Anlagen und Transporte im Zusammenhang mit Demonstrationen und politisch motivierten Gewalttakten. Und irgendwann muss die ‚Festung Kernkraftwerk' selbst entsorgt werden, was, wie man liest, seinerseits ein Projekt von geradezu monströsen Ausmaßen darstellt: „Der Abbau des stillgelegten Atomkraftwerks Mülheim-Kärlich wird etwa zehn Jahre dauern. Laut der Mainzer Umweltministerin Margit Conrad (SPD) müssen 490 000 Tonnen Abfall beseitigt werden. Erstmals wird in Deutschland ein Reaktor dieser Größe abgerissen. Das Kraftwerk bei Koblenz lieferte nur 13 Monate Strom" (Quelle: dpa, 11.2.2003).

Wenn alle diese Folgekosten der Kernenergie in die Wirtschaftlichkeitsrechnung reell einbezogen (und nicht ‚sozialisiert', d.h. der Allgemeinheit aufgebürdet) werden, dürfte die Bilanz erheblich weniger glanzvoll ausfallen, als von den Kernenergie-Protagonisten zunächst erhofft. Also auch hier: Effizienz schlägt – mehr oder weniger – in Ineffizienz um; ein Exempel der Dialektik technischer Effizienz, wobei hier der *politisch-ökonomische* Hintergrund entscheidend ist.

Als *Nachtrag* zum Problem der Halbwertszeit von Nuklearmüll: Einer Zeitungsmeldung zufolge „lässt sich die Halbwertszeit des radioaktiven Isotops Jod 129 drastisch verkürzen, und zwar von 15,7 Millionen Jahren auf nur 25 Minuten. Diese Entdeckung einer internationalen Forschergruppe könnte die Entsorgung von gefährlichem Atommüll erleichtern. Jod 129, das als radioaktives Spaltprodukt in Kernkraftwerken entsteht, wird bislang aufwändig in so genannten Glaskokillen gegossen und in möglichst sichere Salzstöcke eingelagert, wo es Millionen von Jahren gefahrlos strahlen kann. Das Verfahren der Forscher um Ken Ledingham von der University of Strathclyde in Glasgow könnte nun für Abhilfe sorgen" (Frankfurter Allgemeine Zeitung, 20.8.2003, ‚Laserblitze beschleunigen radioaktiven Zerfall').

Ob diese Entdeckung großtechnisch zur Entsorgung von Strahlungsmüll nutzbar gemacht werden könnte, ist bislang offenbar nicht geklärt. Das grundsätzlich *Interessante* dieses Beispiels ist aber darin zu sehen, dass sich immer wieder auch Möglichkeiten auftun, schädliche Nebenfolgen der Technik wiederum *technisch* zu beherrschen und zu beseitigen.

2.2 Technischer Fortschritt

2.2.1 Technischer Fortschritt produziert Obsoleszenz

„Eine der einflussreichsten dieser alten, nun neu zu definierenden oder ganz fallen zu lassenden Begrifflichkeiten der Industriegesellschaft ist der Mythos vom technischen Fortschritt" (Albrecht 1993, 459): Es ist nicht ganz einsichtig, wieso Helmuth Albrecht hier von einem ‚Mythos' spricht. Der Fortschritt gehört zum Wesen der Technik. Denn Technik ist Erfinden, also ein durch fortdauerndes Suchen gesteuertes Finden – ein Finden zudem, das weiß, wo es zu suchen hat: Das technisch Realisierte, als Realisierung eines gedanklichen Entwurfs, *verbleibt* gewissermaßen im Zustand gedanklicher Formbarkeit und bietet so die beständige Möglichkeit zu korrigieren, das Bisherige zu überbieten, zu verbessern, zu *emendieren*. Implizit enthält das technisch Realisierte damit immer auch das Motiv, technisch darüber hinauszugehen – ganz abgesehen von externen Motiven, z. B. ökonomischer Konkurrenz oder militärischem Kalkül. Innovation, Emendation sind Leitmotive der Technik.

Dabei ist keineswegs allein die Absicht leitend, ein vorhandenes Produkt noch zu verbessern. Es ist vielmehr so, dass allein schon durch dessen Vorhandensein zugleich neue technische Perspektiven eröffnet sind – ein Beispiel (Frankfurter Allgemeine Zeitung, 19. 3. 2003, S. N2, ‚Farbtupfer auf flachen Displays'): Die Entwicklung Strom sparender, preisgünstiger Leuchtdioden ermöglicht die Konstruktion billiger Displays mit geringem Stromverbrauch, die ihrerseits die weitere Miniaturisierung von Computern ermöglichen, die so wiederum neue Anwendungsfelder erobern können und so fort. Allgemein gesagt: Die technische Realisierung eines Zwecks kann wiederum Mittel zur Realisierung anderer Zwecke werden. Jede Zweckrealisierung generiert neue Zwecke und damit das Motiv technischer Fortentwicklung. Technik erzeugt Technik (vgl. Kornwachs 1993, 13). Walther Zimmerli spricht von einer „reflexiven Wendung" der Technikentwicklung in dem Sinn, „dass der Modernisierungsprozess in Wissenschaft und Technik zum Gegenstand seiner selbst wird: Immer mehr Probleme, die durch Technik und Wissenschaft zu lösen sind, sind solche, die durch Technik und Wissenschaft selbst verursacht wurden" (Zimmerli 1997, 18). Der gesamte technische Bestand ist – gleichsam durch eine Art Selbstverursachung – in einem Prozess permanenter technischer Emendierung begriffen.

Leider bedeutet das nun auch, dass das technische Produkt, sobald es existiert, tendenziell schon *veraltet* ist. Denn gleichzeitig mit seiner Existenz ist auch das Motiv seiner Emendierung geboren. Das technische Produkt erzeugt selbst das Motiv, es zu überschreiten und damit freilich auch als ein veraltetes zurückzulassen. Es ist durch sich selbst zum Veralten verurteilt. Diese latente *Obsoleszenz* alles Technischen macht eine weitere *dialektische Struktur* sichtbar: Gerade die Unaufhaltsamkeit technischen Fortschritts ist in eins die Unaufhaltsamkeit technischer Obsoleszenz; technischer Fortschritt und technische Obsoleszenz gehören dialektisch zusammen.

Am *Beispiel des Computers* wird das besonders deutlich: Die rasante Entwicklung der ‚Hardware' (hinsichtlich Arbeitsgeschwindigkeit, Speicherumfang, Miniaturisierung etc.) eröffnet ständig neue Möglichkeiten auf der ‚Software'-Seite mit der Konsequenz, dass die entwickelten Programme immer anspruchsvoller werden. Das heißt aber auch: Sie *benötigen* diese neuen Ressourcen auch wirklich. Ein vorhandenes Modell – für sich schon ein Wunderwerk der Technik – ist damit bald überfordert, überholt von der Entwicklung und veraltet gemäß dem Prinzip, dass das Bessere der Feind des Guten ist. Ältere Modelle bleiben dadurch als ‚überholt' zurück, denn zum einen sind die neuen Möglichkeiten nun einmal da – wer möchte die nicht nutzen –, und zum anderen sind sie damit schnell verbindlicher Standard – und wer möchte sich mit der Unbequemlichkeit eines veralteten Produkts abfinden?

Man kann hierin auch einen Fall der Dialektik technischer Effizienz sehen, denn das Veralten ist natürlich immer auch eine Effizienzminderung, zwar nicht in einem absoluten Sinn, wohl aber bezüglich dessen, was jeweils Standard ist. Und das ist, wie dargelegt, aus intrinsisch technischen Gründen einem sich zunehmend beschleunigenden Wandel unterworfen.

Umberto Galimberti hat die darin wirksame Dynamik treffend als eine neuartige Beziehung von Mittel und Zweck gedeutet: „Seit aber die Möglichkeiten der Technik in einem solchen Ausmaß zugenommen haben, dass sie zur Erreichung eines jeden Zieles verfügbar sind, verändert sich das Bild qualitativ. Denn nun bedingen nicht mehr die *Ziele* die Vorstellung, die Forschung, den Erwerb von technischen Mitteln. Sondern die vermehrt zur Verfügung stehenden technischen Mittel *ihrerseits* sind es, die eine ganze Bandbreite von beliebigen Zielen hervorbringen, welche durch sie selbst verwirklicht werden können" (Galimberti 2002, 16 f.). Man beachte, dass es danach (a) die Mittel sind, die Ziele bestimmen (und nicht die Ziele die Mittel), und (b) solche Ziele wiederum dazu befähigen, neue technische Ziele zu realisieren. „Die vermeintlichen Ziele" stehen so im Dienst eines „Absurden", das diese beständig „in weitere Mittel zur unendlichen Steigerung seiner Funktionalität und Effizienz umwandelt" (22). „So wird die Technik *vom Mittel zum Zweck oder Ziel*", d. h. es wird, wie Galimberti, auf Emanuele Severino Bezug nehmend, bemerkt, *„der Erwerb des Mittels zum eigentlichen Ziel"* (17).

Dieser Tatbestand hat auch eine *ökonomische Pointe:* Denn wenn der Fortschritt definiert, was technischer Standard ist, dann gewinnt in der globalen Konkurrenz diejenige Wirtschaft, die Fortschritt produziert – gewissermaßen ein Verdrängungskampf im globalen Maßstab. Die Bedeutung gerade von Wissenschaft und Technik als Produktivkraft liegt damit klar vor Augen: Wer hier nicht mithalten kann, wer nur konsumiert, nicht selbst entwickelt und produziert, wird diesen Kampf bald verloren haben. Das Land, das nicht selbst entwickelt, läuft Gefahr, zu einem ‚Entwicklungsland' herabzusinken.

2.2.2 Das Normierungsparadox

Die im Wesen technischen Fortschritts wirksame Dialektik führt ferner zu einer Struktur, die man als *‚Normierungsparadox'* charakterisieren könnte. Man braucht dabei gar nicht an ‚High-tech'-Produkte zu denken; technische Geräte des Alltagslebens, ein Wecker etwa, ein Backofen, ein Videogerät, eine Heizungsanlage etc. können das Gemeinte verdeutlichen: Solche Geräte sind heute ‚programmiert', d. h. ihre Bedienung erfordert ein *normiertes* Verhalten im Sinn der Bedienungsanleitung. Was unmittelbar auffällt, ist die zu erbringende Intelligenzleistung: Der zumeist sprachlich defiziente Text muss zunächst rezipiert und ausgedeutet werden, bevor man tätig werden kann. Spontanes Probierverhalten ist wenig erfolgreich; dem Verwender wird ein streng normiertes Vorgehen abverlangt. So weit, so gut. Nun untersteht alle Technik, wie dargelegt, dem *Emendierungsprinzip.* Auch Wecker, Backöfen, Videogeräte, Heizungsanlagen usf. haben teil am technischen Fortschritt, sie werden verbessert und somit unumgänglich auch mit neuen Bedienungsanleitungen ausgestattet, und das heißt: Sie verlangen dem Käufer eine immer erneute Rezeption und Interpretation neuer Programmanleitungen ab. Das ist eine auf breiter Front sich vollziehende Entwicklung, die keinen verschont, der zivilisatorisch mitzuhalten bemüht ist, und in technisch anspruchsvolleren Höhenlagen krass werden kann. Kurzum: Avancierte Technik verlangt dem Verwender zum einen ein *normiertes* Verhalten ab, das zum anderen freilich – aufgrund der Emendierungstendenz von Technik – beständig desavouiert wird, d. h. *Umnormierung* verlangt. Technik, so formuliert es Salvatore Natoli, „ist in ihrem innersten Wesen dadurch gekennzeichnet, *dass sie nie zum Abschluss ihrer selbst gelangen kann*" (Natoli 2002, 70). Gerade im Feld der Technik ist niemals Vollendung erreichbar, sondern im Gegenteil die Endlichkeit der Dinge und des Menschen in verschärfter Weise erfahrbar. „Das Fortschreiten der Technik, zu welchem Stand sie sich auch immer entwickelt, wird den Menschen ... niemals von seiner *Endlichkeit befreien*. Sie wird ihn im Gegenteil ihr immer mehr und immer ausschließlicher *ausliefern*" (72).

Lässt sich diese Situation entschärfen? Hier ist zunächst daran zu erinnern, dass die charakterisierte Dialektik des technischen Fortschritts nicht als etwas der Technik Äußerliches gelten kann, sondern ihr *wesenhaft* zugehört – wie gesagt: Innovation/Emendation ist das Leitmotiv technischen Handelns, und die daraus resultierende Dialektik ist gleichsam als ein *Geburtsmal* der Technik zu begreifen. Besteht somit keine Hoffnung, dieses Problem grundsätzlich loszuwerden? Aber ist das nicht doch ein wiederum *technisch lösbares* Problem?

Ein Exempel für die Lösung des Normierungsparadoxes bietet die Computertechnik: Die Installation von Programmen und ‚Updates' ist inzwischen keine nur von Experten zu bewältigende Aufgabe mehr, sondern, da weitgehend automatisiert, ein Kinderspiel geworden. Grundsätzlich gesehen heißt das, dass die Technik auf eines ihrer eigenen Probleme reflektiert und reagiert hat und die Lösung in die technische Konzeption selbst mit integriert hat. Wenn die Technik Emendation, Verbesserung auf ihre Fahnen geschrieben hat, dann sollte in der Tat auch das dazu gehören. Auf der anderen Seite ist damit wiederum technischer Fortschritt verbunden, der unmittelbar technische Obsoleszenz produziert. Aber auch diese Konsequenz kann in ihrer Schärfe gemildert werden, indem die Neuerung ‚abwärtskompatibel' gestaltet wird, also mit älteren Produkten zusammenarbeiten kann, sodass diese nicht unmittelbar unbrauchbar werden.

Die Dialektik technischen Fortschritts muss sicher als eine generelle Struktur des Technischen verstanden werden, die daraus resultierenden nachteiligen Folgen sind aber offenbar veränderbar. Der Grund dafür ist der Unterschied von ‚Dass' und ‚Wie': *Dass* im Zug der Technikentwicklung Produktversionen einander ablösen und dadurch Obsoleszenz produzieren, ist unvermeidlich, aber *wie* sich der Übergang vollzieht, ist damit noch nicht entschieden. In dieser Offenheit des ‚Wie' liegt die Chance der Technik, den Übergang ‚benutzerfreundlich' – also im Sinn einer *humanen Technik* – zu gestalten. Das ‚Dass' beruht auf dem Prinzip technischer Innovation, das als quasi unaufhebbar gelten kann; das ‚Wie' hingegen ist offen, also selbst *technisch gestaltbar*.

2.2.3 Die Situation des Nicht-mehr-Siegen-Könnens

Ein letztes, im Grund makabres Exempel für die Dialektik technischen Fortschritts bietet die Technik der *Nuklearwaffen*. Die so genannte ‚Atombombe' und deren Steigerung in Gestalt der ‚Wasserstoffbombe' repräsentieren eine enorme, alle bisherige Waffentechnik übertreffende Zerstörungskraft. Sicher kann die Sprengkraft einer Bombe quantitativ immer noch gesteigert werden. Aber dieser quantitative Aspekt wird unwesentlich angesichts des bereits realisierten Vernichtungspotentials, und das heißt: Ein weiterer Fortschritt in dieser Richtung ist im Grund *kein* Fortschritt mehr. Der erreichte Fortschritt lässt keinen weiteren Fortschritt mehr zu; der Fortschritt hebt die Möglichkeit des Fortschreitens selbst auf. Genauer gesprochen ist dies die Situation des *Nicht-mehr-Siegen-Könnens:* Zwei gegnerische Weltblöcke, beide nuklear hochgerüstet, im Zustand vielfachen ‚Overkills', sind gerade deswegen nicht mehr in der Lage, gegeneinander Krieg zu führen. Sie müssen im ‚Gleichgewicht des Schreckens' verharren, weil der offene Schlagabtausch das Ende beider – und möglicherweise Aller – bedeuten würde. Das wechselseitige Wettrüsten konterkariert sich selbst. Hier ist der ‚Fortschritt' an eine *existentielle Grenze* gekommen.

Dieses unverhoffte Paradox führte zu der Einsicht, dass die ‚konventionelle', d. h. nicht-nukleare Rüstung nicht vernachlässigt werden darf: Es muss möglich bleiben, strategisch weit unterhalb des technischen Maximums zu operieren, um der Katastrophe des Maximums zu entgehen. Auch im Zustand der Hochrüstung bleiben auf diese Weise Kriegshandlungen in einem reduzierten Maßstab möglich.

Doch auch in der Situation des Overkills und Nicht-mehr-Siegenkönnens bleibt waffentechnischer Fortschritt möglich, nicht nur in Form der Modernisierung des nuklearen oder konventionellen Waffenarsenals, sondern in einer ganz anderen Hinsicht: Auch der technisch-ökonomisch Schwächere wird nach Möglichkeiten suchen, über eine schreckliche Waffe zu verfügen. Die mit nuklearer Spitzentechnik verbundene Machtposition wirft unweigerlich die Frage auf, ob ein vergleichbares Drohpotential nicht auch *billiger* zu haben ist. Die Antwort darauf ist die Entwicklung chemischer und biologischer Waffen. Plutonium, Giftgas, Pockenviren, Milzbrandsporen, Rizin etc. stellen ein teuflisches Vernichtungsarsenal dar. Ihre Herstellung erfordert keine Hochtechnologie, ist billig, und kleinste Mengen reichen aus, um verheerende Wirkungen zu entfalten. Es ist die Megabombe der Schwachen. Selbst nukleare Spitzentechnologie kann so von technischem ‚Fortschritt' eingeholt und obsolet werden: nicht in der eigenen, teuren Liga, sondern durch den Übergang in eine ganz andere, billigere.

Im Übrigen wäre es ein Wunder, wenn Menschen jemals aufhörten, Mittel der Vernichtung zu ersinnen. Eine besonders makabre Form waffentechnischen Fortschritts ‚nach' der Atom- und Wasserstoffbombe ist die so genannte ‚Neutronenbombe': Ihr Einsatz vernichtet Menschen, während das Waffenarsenal des Gegners intakt bleibt und von den eigenen Truppen in funktionstüchtigem Zustand übernommen werden kann. Andere Beispiele militärtechnischer Weiterentwicklung sind unbemannte, ferngesteuerte ‚Drohnen', die, ohne das Leben der eigenen Soldaten zu gefährden, in das gegnerische Land gezielt und mit großer Zerstörungskraft eindringen können. Exempel dieser Art ließen sich beliebig vermehren. Der militärische Aspekt bildet – wie die Menschen nun einmal sind (aus „krummem Holze" gemacht, wie Kant sagt[18]) – überhaupt eines der stärksten Motive technischen Fortschritts.

2.3 Technische Wunscherfüllung – ein arbeitspolitischer Exkurs

Dass Technik dazu da ist, Wünsche zu erfüllen, liegt auf der Hand. Die bisher unter verschiedenen Aspekten diskutierten Beispiele haben dies ebenfalls deutlich gemacht. Auto, Flugzeug, Internet verkörpern den Wunsch, Raum und Zeit zu entmachten, der Nukleartechnik liegt der Wunsch nach billiger Energie zugrunde usw. Die darin wirksame *Dialektik*, so hat sich gezeigt, ist der Grund, dass solche mit Technik verknüpften Wünsche ihrer Erfüllbarkeit selbst im Weg stehen. Dies soll jetzt insbesondere unter *ökonomischem Aspekt* betrachtet werden.

Die Technik kann uns heute praktisch jeden (materiell realisierbaren) Wunsch erfüllen: Wir haben Haushaltsmaschinen, Internetanschluss, Schachcomputer. Aber damit wachsen die Wünsche an die Technik immer mehr und motivieren immer neue technische Entwicklungen für immer neue Wunscherfüllungen. Die Wunscherfüllung steigert den Wunsch nach neuer Wunscherfüllung nur noch. Das ist ganz natürlich und der eigentliche Motor technischen Fortschritts.

Doch dieser Tatbestand hat auch eine *ökonomische* Seite. Der technische Fortschritt führt zu immer anspruchsvolleren, höherwertigen Produkten. Das beginnt mit der in sie investierten Entwicklungsarbeit, die beispielsweise bei einem neuen Automodell mehrere Jahre erfordert und Millionenbeträge verschlingt. Aufwändige Achskonstruktionen, elektronisch gesteuerte Antiblockiersysteme, raffinierte Motorzüchtungen: Was sich dem Käufer darbietet, sind technische Spitzenleistungen, in denen dementsprechend auch enorme Kosten stecken – zumal ein Land, das solche technische Leistungen zu erbringen vermag, zweifellos kein Niedriglohnland ist.

Also: Diese Wunderwerke der Technik, die wir zu besitzen wünschen, haben unvermeidlich ihren Preis. Um diesen bezahlen zu können, müssen die Einkommen entsprechend hoch sein. Spitzentechnik erfordert Spitzeneinkommen. Da nun alle die Teilhabe an den Segnungen solcher Spitzentechnik für etwas ganz

---

18 Kant (ID), Sechster Satz (Ak.-Ausg. VIII, 23).

Normales halten, halten sie auch ihr Einkommen, das ihnen diese Teilhabe ermöglicht, für ein ganz normales Einkommen. Soweit mag das wie ein Streit um Worte erscheinen. Dass dem, bei Licht besehen, aber auch eine Realität entspricht, zeigt sich bei einem Perspektivenwechsel: Dass die heute als normal empfundenen Einkommen tatsächlich als hohe Einkommen anzusehen sind, wird an dem in der Wirtschaft überall spürbaren ‚Rationalisierungsdruck' erkennbar, der auf Personalreduzierung drängt.[19] Das Ende der Geschichte ist dann die ‚Freisetzung' von Arbeitskräften, für die Betroffenen also Arbeitslosigkeit, Einkommensminderung, Einschränkung: Technische Wunscherfüllung schlägt um in *Wunschversagung* – jedenfalls für die Verlierer dieser Entwicklung.

Das entworfene Szenario ist zweifellos zu einfach, aber ich denke, dass es doch eine Tendenz sichtbar macht. Wir haben in Deutschland hohe Arbeitskosten. Ich will hier nicht darüber streiten, ob die zugrunde liegende Tarifstruktur *gerecht* ist oder nicht. Aber sie ist unzweifelhaft so zugeschnitten, dass ein uns normal erscheinendes Konsumverhalten – und das betrifft ganz wesentlich die erwähnte Teilhabe am technischen Fortschritt – möglich ist. Das setzt hohe Einkommen voraus, die den Rationalisierungsdruck erhöhen. Genau das meint Günther Anders' lapidare Formulierung: „Das Postulat der Vollbeschäftigung wird also umso weniger erfüllbar sein, je höher der technologische Status einer Gesellschaft ist" (Anders 1981, II 99, i. Orig. hvgh.).

Hinzu kommt noch etwas anderes. Die Technikentwicklung ist durch den Trend zur *Automatisierung* gekennzeichnet. Ehemals von Menschen verrichtete Arbeiten werden zunehmend an Industrieroboter übertragen. Damit sind die Mittel bereit, die es überhaupt erst ermöglichen, jenen Rationalisierungsdruck in

---

[19] Überlegungen von Norbert Reuter und Karl Georg Zinn scheinen dem zu widersprechen: „Oberflächlich betrachtet erscheinen die Arbeitsplatzverluste als Folge des Rationalisierungsprozesses und damit des technischen Fortschritts, sodass in diesem Zusammenhang von ‚technologischer Arbeitslosigkeit' gesprochen wird. Im Grunde handelt es sich jedoch um eine nachfrageseitig bedingte Entwicklung: Die Nachfrage nimmt – trotz sinkender Preise – das bei konstanter Beschäftigung mögliche Angebot nicht mehr ab, und deshalb werden Entlassungen unvermeidlich" (Reuter/ Zinn 1999, 243). Als Grund dafür ist, wie die Autoren unmittelbar vorher ausführen, die gestiegene Produktivität (verbunden mit Stückkostensenkungen) wesentlich, die bei konstanter Beschäftigung zu einem höheren Angebot führt. Dies ist aber – zumindest auch – eine Folge des *technischen Fortschritts*. Ist Marktsättigung erreicht, kann das gestiegene Angebot dann nicht mehr abgenommen werden. Dass „nicht die Entwicklung der Technologie die Ursache für entstehende Arbeitslosigkeit ist, sondern die hinter dem Produktivitätswachstum zurückbleibende Nachfrage" (246), unterstellt m. E. eine falsche Alternative, denn das der Nachfrage davoneilende Produktivitätswachstum ist ja wesentlich technologiebedingt. Das räumen die Autoren im Übrigen selbst ein, wenn sie die „Anwendung neuer Prozesstechniken" als Grund für „einen Beschäftigungsabbau pro Produktionseinheit" benennen (247).

die Wegrationalisierung von Arbeitsplätzen umzusetzen. Das „Paradox", das Hans Jonas darin erkennt, verweist auf die in Rede stehende Dialektik: Denn „dass ebendiese Zivilisation ihren Schöpfer mit ‚Überholtsein' bedroht, indem z. B. zunehmende Automatisierung (ein Triumph der Elektronik) ihn aus den Arbeitsplätzen verdrängt, in denen er vormals sein Menschsein bewies" (Jonas 1987, 38), ist wesentlich ökonomisch – eben im Sinn der Dialektik technischer Wunscherfüllung – bedingt.

Es wäre daher kurzschlüssig, die Schuld einseitig der Roboterentwicklung zuzuweisen. Man muss wohl annehmen, dass der Rationalisierungsdruck nicht primär aus der Robotik resultiert, sondern diese eher umgekehrt als eine Reaktion auf den Rationalisierungsdruck zu verstehen ist, der, wie gesehen, seinerseits mit kostspieligem Konsumverhalten zu tun hat. Gewiss: Die Robotik wäre zweifellos auch ohne diesen Rationalisierungsdruck entstanden, aber nicht unbedingt mit der Stoßrichtung auf den Industrieroboter. Dieser entstand primär und vor allem deshalb, weil sich – aus der Unternehmensperspektive betrachtet – ein ökonomisch höchst attraktiver Verwendungszusammenhang für ihn anbot.

Man hat in diesem Zusammenhang den Vorschlag einer *Maschinensteuer* ins Gespräch gebracht, sozusagen als Ausgleich für die Vernichtung von Arbeitsplätzen durch die Robotisierung der Industrieproduktion. Die Roboter könnten ihrer Arbeit dann mit gutem Gewissen nachgehen, und vielleicht bliebe auch der eine oder andere Arbeitsplatz durch die veränderten Rahmenbedingungen erhalten. Vieles hängt natürlich auch davon ab, *wie* diese Bedingungen definiert werden, und deshalb lässt sich ante factum wenig sinnvoll darüber reden. Aber, die Frage drängt sich mir auf: Steigt der Rationalisierungsdruck dadurch im Grund nicht noch mehr? Technisch kann die ‚Freisetzung' von Arbeitskräften weitergehen – tendenziell bis zur völligen Entleerung der Fabrikhallen von Menschen (s. hierzu auch Kap. 2.9.2). Die Maschinensteuer hingegen kann ein bestimmtes Maß nicht übersteigen, ohne das Gefüge der Wirtschaft zu zerstören.

Ich bin mir bewusst, dass die Verhältnisse real sehr viel komplexer sind, aber vielleicht können diese Überlegungen immerhin als Illustration der eingangs formulierten Einsicht verstanden werden, dass nicht nur Technik und Wissenschaft zusammengehören, sondern die Wirtschaft essentiell dazugehört.

2.4 Technische Befreiung

Technik zielt nicht nur auf Effizienzsteigerung, Fortschritt und Wunscherfüllung ab, sondern sie ist auch angetreten, den Menschen von Naturzwängen zu *befreien*. Der hier lauernde dialektische Umschlag von Befreiung in Zwang lässt sich wiederum schön am Auto-Beispiel verdeutlichen:

Rilke berichtet 1925 in einem Brief über das Leben in Paris; unter Anderem schreibt er: „Die absurde Gefahr der Straßenübergänge verändert die freie und eben auch irgendwie ländliche Beweglichkeit, in der man sich sonst gehen lassen durfte, man ist wirklich zwanzig bis hundert Mal täglich, sowie man das Trottoir verlässt, ein zum Tode Verurteilter, der dann immer im letzten Moment durch einen agent de ville seine vorläufige Begnadigung erfährt" (zit. n. Holthusen 1958, 156 f.).

Das ist bald ein Jahrhundert her und doch aktueller denn je – mit der einzigen Ausnahme des ‚agent de ville', der seine lebensrettende, für ihn selbst aber recht ungesunde Aufgabe inzwischen der Verkehrsampel übertragen hat. Rilkes Irritation ist instruktiv. Offenbar erstmalig mit dem motorisierten Großstadtverkehr konfrontiert, sieht er sich in der ihm ‚absurd' erscheinenden Situation, die nur wenige Meter entfernte andere Straßenseite nicht einfach durch die Bewegung seiner Beine erreichen zu können. Dies verhindert der Verkehr der Gefährte, der ihn wie ein reißender Strom vom anderen Ufer trennt. Der Straßenverkehr, verstanden als die Befreiung von dem ‚Naturzwang', zur Fortbewegung die eigenen Gliedmaßen einsetzen zu müssen, wird für den Straßenüberquerer zur Negation seiner ‚natürlichen' Bewegungsfreiheit. Dies zur Illustration dessen, was mit ‚Dialektik technischer Befreiung' gemeint ist.

2.4.1 Umschlag technischer Befreiung in strukturellen Zwang

Eines der Leitmotive der Technik ist in der Tat die *Befreiung* des Menschen von Naturzwängen – räumlicher, zeitlicher, klimatischer, biologischer, medizinischer, kommunikativer... Art. Das sind direkt intendierte Ziele. Nicht intendiert sind die damit zugleich herbeigeführten *Nebenwirkungen*, die, wie auch in den vorher diskutierten Fällen, den intendierten Zielen diametral zuwiderlaufen können, hier in der Weise, dass die technische Befreiung von Zwängen ihrerseits neue Zwänge schafft.

Die Beispiele dafür sind Legion: Die mit dem Auto intendierte Mobilität produziert die Immobilität des Massenverkehrs. Die nukleartechnische Befreiung der Energieversorgung aus der Abhängigkeit von natürlichen Ressourcen löst eine Lawine neuer Abhängigkeiten sicherheitstechnischer, politischer, entsorgungstechnischer Art aus. Die Befreiung von Schalterschlusszeiten auf Bahnhöfen durch Fahrkartenautomaten wird für eilige (selten) Reisende zum Albtraum. Die Befreiung von der Schreibmaschine durch den Computer führt in die Abhängigkeit von mängelbehafteten ‚Applikationen' und so fort.

Was ist hier geschehen? Indem Technik antritt, einen Zwang zu beseitigen, produziert sie – möglicherweise – einen neuen Zwang auf einer anderen Ebene.

Das kann wiederum im technischen Bereich sein oder auch im ökonomischen, politischen, soziologischen, administrativen Bereich etc.

Technik kann nur funktionieren, wenn alles zusammenpasst und ineinandergreift. Technik fordert die *Normierung* technischer Abläufe. Dabei ist jetzt nicht von der Notwendigkeit beständiger Umnormierung im Sinn der vorher ins Auge gefassten Dialektik technischen Fortschritts die Rede, sondern von dem in technischen Vollzügen enthaltenen Anspruch, sich an diese *anpassen* zu sollen. Das technische Ideal ist das *total durchgeplante System*. Der Mensch erscheint darin im Grund nur als Störglied oder Fehlerquelle. Was von ihm technisch erwartet wird, ist die normgerechte Einhaltung bestimmter Vollzüge (Beispiel: Fahrkartenautomat). In dieser Weise schlagen technische Zwänge bis in die Lebenswelt durch, ein Tatbestand, der uns längst als normal erscheint. Die technische Befreiung von Zwängen impliziert die Gefahr neuer, technikerzeugter Zwänge.

Max Horkheimer hat dies als ein charakteristisches Phänomen der *instrumentellen Vernunft* pointiert: „Je mehr wir Apparate zur Naturbeherrschung erfinden, desto mehr müssen wir ihnen dienen, wenn wir überleben sollen" (Horkheimer 1974, 97). „Naturbeherrschung schließt Menschenbeherrschung ein", nämlich durch den „dialektischen Umschlag des Prinzips der Herrschaft, durch welches der Mensch sich zum Werkzeug eben jener Natur macht, die er unterjocht" (94 f.). Oder, so formuliert es Umberto Galimberti: „Im technologischen Zeitalter des 21. Jahrhunderts" gibt es „weder Herren noch Sklaven, sondern nur noch das Bedürfnis jener strengen technischen Rationalität, der sich sowohl Sklaven als auch Herren unterwerfen müssen" (Galimberti 2002, 24). Wie optimistisch, um nicht zu sagen naiv, klingt dagegen noch Ortega y Gassets Diktum, Technik sei „das Gegenteil der Anpassung des Subjekts an das Mittel, weil sie die Anpassung des Mittels an das Subjekt ist" (Ortega 1949, 26).

Ein aktuelles Beispiel in diesem Zusammenhang ist das Arbeiten mit dem *Computer*. Wer noch, wie ich, mit der Schreibmaschine aufgewachsen ist, muss die neuen technischen Möglichkeiten mit Jubel aufgenommen haben. Die Mühsal der Korrekturen und die Verzweiflung im Umgang mit einem störrischen Manuskript waren mit einem Schlag vergessen. Das neue Medium eröffnete dem Geist das Reich der Freiheit. So stellte es sich dar, und insoweit bewahrheitete es sich auch. Aber das ist nur die eine Hälfte der Geschichte. Ich glaube nicht zu übertreiben, wenn ich sage, dass der Computer neue Verzweiflung in die Welt gebracht hat. Die Komplexität des Mediums verlangt dem ‚User' zunächst einmal erhebliche Konzentration ab. *Ein* unbedachter Fehlgriff kann die Arbeit von Stunden oder Tagen, ja sogar – im Fall grober Fahrlässigkeit – den gesamten Datenbestand vernichten. Die Aufmerksamkeit kann deshalb nur zum Teil dem Schreiben und der konzeptionellen Seite der Texterstellung zugewandt sein. Gleichzeitig muss sie immer auch technische Hinsichten im Auge behalten, wobei sich ganz von selbst nebenbei neue Fragen, Experimente und Verlockungen ergeben, die den Textsinn jedenfalls nicht fördern.

Und weiter: Die besagte Komplexität bedeutet unvermeidlich auch, dass Fehler auftreten, und das heißt: Wer nicht total von Experten abhängig sein will, muss selbst mehr oder weniger ein Experte zu werden versuchen: um Programme zu installieren, Email-Konten einzurichten etc., vor allem aber auch, um Fehlersuche und Fehlerbeseitigung zu betreiben. Das ist nun ein weites Feld, wo eins zum anderen kommt auf Wegen, die oft dahin führen, wohin man nicht will. Hier ist maximale Konzentration, logisches Denken, die Fähigkeit zur Hypothesenbildung und Forschergeist vonnöten, um zu Erkenntnissen zu kommen – zu ‚Erkenntnissen', die leider nur *diese* Störung, *diesen* Computer, *dieses* Programm, *dieses* Betriebssystem betreffen und damit von beschränkter Geltungsdauer sind. Der Berg kreißt und gebiert ein Mäuschen, keine Einsichten davon, was die Welt im Innersten zusammenhält. Die Technik ist dann Selbstzweck geworden – und kann so übrigens auch Suchtcharakter annehmen.

Die hier sichtbar werdende *Gefahr* besteht darin, dass die Technik, ihrer eigenen *strukturellen Logik* entsprechend, beständig auf dem Sprung ist, sich zu *verselbstständigen* und den Menschen zu vereinnahmen, ja völlig zu absorbieren, um ihm ihre eigenen, technikimmanenten Standards aufzuzwingen: Technische Befreiung ist beständig in Gefahr, in *strukturellen Zwang* umzuschlagen.

Wenn von dem Zwang die Rede ist, in den technische Befreiung umschlagen kann, dann darf schließlich auch der Grundtatbestand nicht vergessen werden, dass mit der Etablierung einer Technologie zugleich auch die Möglichkeiten der weiteren Entwicklung *definiert*, und das heißt im wörtlichen Sinn auch: begrenzt sind, anders gesagt: Es ist *nicht alles* möglich, sondern jeder Akt der Technikentwicklung bestimmt Entwicklungslinien, die andere Möglichkeiten ausschließen, und zwar umso mehr, je größer das technische Projekt ist: Auch das ergibt sich aus den ökonomischen Gesetzen des Verwendungszusammenhangs. Die Größe des Projekts ist so gewissermaßen ein Maß der Unaufhaltsamkeit, die es jeder Richtungsänderung entgegensetzt – ein Zwang, der nicht leichthin abzuschütteln ist. Hans Jonas hat zu Recht darauf hingewiesen, dass zukünftige Generationen dadurch immer mitbelastet werden: „Schöpfungen der Technik ... geben ... der vielverschlungenen Geschichte menschlicher Freiheit und Abhängigkeit eine neuartige und folgenträchtige Wendung. Mit jedem neuen Schritt (= ‚Fortschritt') der Großtechnik setzen wir uns schon unter den Zwang zum nächsten und vermachen denselben Zwang der Nachwelt, die schließlich die Rechnung zu zahlen hat" (Jonas 1993, 90 f., Klammer i. Original).

2.4.2 ‚Die Antiquiertheit des Menschen' (Günther Anders)

Reflexionen über die strukturellen Zwänge des Maschinenzeitalters, die eher zum Schmunzeln angetan sind, entnehme ich Günther Anders' kassandrischem Werk. Überschrieben ist das Kapitel: ‚Der Abend der Rache':

Den Arbeiter, der den ganzen Tag Maschinen bedient hat, zieht es abends in die Spielhölle – nicht um unter Menschen zu sein, sondern, so sieht es Anders, um der Maschine jetzt einmal zu zeigen, was ein Mensch vermag. Die Maschine ist sein Leben, er ist der Maschine verfallen, so lockt sie ihn auch jetzt, und damit „wird die Maschine zur Sirene". „‚Worauf wartest du eigentlich?' flötet diese also den Bewundernden an. ‚Oder hast du vielleicht Angst vor mir? Wenn du mich anständig in Gang bringst, wenn du mich zuverlässig bedienst, dann wirst auch du zuverlässig bedient werden, von mir nämlich, dann bekommst du etwas, dann bekommst du das, was dir zusteht, und *du* bist der Herr. Freilich nur dann. Denn wenn du mich inkompetent bedienst, das ist dann natürlich etwas anderes, dann hast *du* eben das Nachsehen, und ich bin die Herrin'. – So also flötet sie, so also lockt sie ihn heraus, damit er sich beweise" (Anders 1981, II 75 f.).

Was er ihr nun beweisen will, „ist nicht nur, dass er es versteht, mit ihresgleichen umzugehen, sondern dass ihresgleichen nichts Besseres verdient, als zu gehorchen und das zu tun, was er wünscht, und dass es höchste Zeit ist, dass sie das lerne, denn er ist der Herr" (Anders 1981, II 76). „So also, oder so ähnlich, geht die Begegnung mit der Sirene vor sich". Sie ist für ihn „ein *vermenschlichtes* Gerät, nämlich ein Ersatz und eine Stellvertreterin für Geräte, und zwar für alle, für die ganze Gerätefamilie. Aber eben eine Stellvertreterin, die, im Unterschied zu den anderen Geräten, menschliche Bedingungen stellt ... Bedingungen, unter denen man sich so an ihr rächen kann wie an einem Menschen ... Ein Spiel mit anderen Menschen? Welch erbärmlicher Ersatz! Hier allein kann er abreagieren, hier allein ist die Chance ... Wenn von einer Chance überhaupt die Rede sein kann, dann besteht diese ... lediglich darin, dass er hier einmal das Recht hat, seine Rache an einem richtigen, nämlich an einem maschinenartigen, Objekt zu versuchen. Dies: *versuchen und kämpfen und unterliegen zu dürfen, dies ist der Sieg, der ihm gegönnt ist*" (II 77).

Was Anders hier launig beschreibt, ist der rührende Versuch eines Menschen, seine an die Maschine verlorene Freiheit zurückzugewinnen. Sein Los tagsüber besteht darin, die Maschine zu bedienen und so selbst Maschine zu sein. Um wieder Mensch zu werden, sucht er die Maschine zu vermenschlichen. Und wenn er ihr auch leistungsmäßig unterliegt, verbucht er das eben als eine *menschlich* erlittene Niederlage. Es ist der untaugliche Versuch mit untauglichen Mitteln am untauglichen Objekt, die menschliche Freiheit gegen eine übermächtige Technik zu behaupten.

Bezeichnend auch ein Phänomen, das Anders in der ‚Antiquiertheit des Menschen' schildert, das wohl für amerikanische Verhältnisse charakteristisch ist, zunehmend aber auch im europäischen Raum begegnet. Anders bestieg mit amerikanischen Freunden den Berg Mount Washington in einer Urlaubsgegend der USA. Dabei war es über Stunden unmöglich, der Musik zu entrinnen, die der Lautsprecher des Talhotels verbreitete. Was Anders empörte, behagte seinen Freunden ersichtlich. Sie empfanden es offenbar „wie Flieger, die es genießen, den verlässlichen Kontakt mit ihrer Bodenstation aufrechtzuerhalten … Die akustische Leine, die sie mit dem Tal verband, war noch nicht gerissen". Entsprechend stellte sich eine gewisse Beunruhigung bei ihnen ein, als schließlich nichts mehr zu hören war. Sie beschleunigten ihre Schritte, warum, wurde bald klar: Ihre Anspannung wich, als wieder Musik hörbar wurde. Wir „waren in den Umkreis des Gipfellautsprechers eingetreten, der das Gebirge bestrich, wie das Licht eines akustischen Leuchtturmes. Und das akustische Dunkel, das Nichts, lag wieder hinter uns" (Anders 1981, II 244 f.).[20]

Ein Exempel der *Dialektik* technischer Befreiung hierin zu sehen, fällt nicht schwer: Akustisches über weite Strecken transportieren zu können oder auch die Möglichkeit der Konservierung auf Datenträgern, ist eine technische Meisterleistung und zweifellos auch in dem Buch technischer Befreiungstaten verzeichnet: als eine weitere Befreiung von räumlichen und zeitlichen Beschränkungen. Was irgendwo erklingt, kann an beliebigen anderen Orten und zu anderen Zeiten wieder hörbar gemacht werden, und dazu noch *verstärkt:* mit der Möglichkeit der Beschallung ganzer Landstriche oder infernalischer Technomusik in der Nachbarwohnung – in dieser Form nur als Nötigung oder auch Vorhölle zu begreifen.

Der latente Zwangscharakter dieser Technik ist offenkundig, wobei der Zusatz ‚latent' ausdrückt, dass es sich um eine technikerzeugte *Möglichkeit* handelt. Aber die Möglichkeit ist als solche eben nicht nichts, sondern als Verlockung, Verführung oder auch nur als vertrauter Zustand *real wirksam.* Dem entspricht die Deutung, die Anders der Reaktion seiner amerikanischen Freunde gibt: Sie haben sich faktisch so an die Ubiquität technischer Zivilisation gewöhnt, dass sie das Verlassen ihrer Herrschaftssphäre als beunruhigend empfinden: ein Beispiel für

---

[20] Eine ähnliche Schilderung gibt Herbert Marcuse: „Ich gehe auf dem Lande spazieren. Alles ist, wie es sein sollte: die Natur zeigt sich von ihrer besten Seite. Vögel, Sonne, weiches Gras, ein Blick durch die Bäume auf die Berge, niemand zu sehen, kein Radio, kein Benzingeruch. Dann biegt der Pfad ab und endet auf der Autobahn. Ich bin wieder unter Reklameschildern, Tankstellen, Motels und Gaststätten. Ich war im Nationalpark und weiß jetzt, dass das Erlebte nicht die Wirklichkeit war. Es war ein ‚Schutzgebiet', etwas, das gehegt wird wie eine aussterbende Art" (Marcuse 1970, 237).

die ‚Antiquiertheit' des vor-modernen Menschen und die modernen, technomorphen „Hörigkeitsphänomene der Epoche" (Anders 1981, II 246).

2.4.3 Technische Gigantomanie und das ‚geköpfte Machen'

Ein ganz anders geartetes Beispiel für den latenten Zwangscharakter von Technik: Die Konstruktion *gigantischer Hochhäuser* (‚Wolkenkratzer') ist ein Symbol für die Allmacht der Technik, die so gleichsam die vollständige Befreiung von den Beschränkungen ‚natürlicher' Dimensionen manifestiert. Die Doppeltürme des einem Attentat zum Opfer gefallenen New Yorker World Trade Center hatten beispielsweise eine Höhe von 412 Metern, der Sears Tower in Chicago ist 442 Meter hoch. Das sind triumphale Leistungen, die in *technischer* Hinsicht kein grundsätzliches Problem darstellen. Probleme entstehen in anderer Hinsicht (‚Spiegel' v. 30.7.1973, ‚Symbole des Sinnlosen?'): Bei Sturm entstehen Schwingungen und Vibrationen, was Augen- und Magenstörungen verursachen kann. Bei Ausbruch von Feuer ist die Feuerwehr machtlos; als Hoffnung bleiben nur Sprinklersysteme. Wer einige hundert Meter über dem Boden, ‚hoch über dem Wetter', wohnt und zu einem Spaziergang startet, muss gut überlegen, ob er alles bei sich hat. Den Regenschirm holen ist auch mit Schnellaufzügen ein größeres Unternehmen. Und schließlich: „Wie reißt man – gefahrlos für die Umwelt – einen halbkilometerhohen Turm wieder ab" (ebd.)?

Bedenklicher aber stimmt etwas anderes: Für Gebäude ist vorgeschrieben, dass sie Treppenhäuser haben müssen; das gilt auch für Wolkenkratzer. Natürlich nimmt jeder den Lift. Trotzdem müssen Treppenhäuser sein, die aus Kostengründen dann aber so konzipiert sind, dass sie lediglich die Vorschriften erfüllen, nicht mehr, und das heißt: Sie sind eng und abschreckend hässlich, sodass sie schon deshalb niemand benutzt. Hier hat das *Verbrechen* seine Heimstätte. „Eine Studie der New Yorker Universität ergab: Je höher ein Gebäude ist, desto höher ist die Rate der Kriminalität" (ebd.).

Die Geschichte vom Turmbau zu Babel fällt Einem ein: Menschen suchen sich zu lösen aus der käferhaften Bindung an den Erdboden und unternehmen es, den Himmel zu erstürmen, um Gott herauszufordern, und werden dafür gestraft. In der Tat hat die technische Gigantomanie etwas symbolisch Herausforderndes: als ein Symbol, wie gesagt, für die Befreiung von allen natürlichen Maßen. Aber auch hier kann die Befreiung in neuen Zwang umschlagen, in diesem Fall nicht aus wiederum technischen, sondern ökonomischen, ökologischen, sozialen usw. Gründen.

Ein letzter Beitrag zum Thema ‚Dialektik technischer Befreiung' ist der *Automation* gewidmet. Ich beziehe mich hierbei ein weiteres Mal auf die überaus pointierte, wenn auch gelegentlich überzogene Argumentation in Günther Anders' Werk ‚Die Antiquiertheit des Menschen':

Es war schon ausführlich davon die Rede (Kap. 2.3), dass die Produktion hoch entwickelter Konsumtechnik den Rationalisierungsdruck erhöht und damit auch die Entwicklung der *Robotik*, also die Automatisierung technischer Fertigungsprozesse vorantreibt. Die unmittelbare Folge dieser Automatisierungstendenz ist (hier einmal abgesehen von den arbeitspolitischen Aspekten) auch eine extreme Arbeitserleichterung für diejenigen, die noch Arbeit haben. Fortgeschrittene Automation hat sie von schwerer körperlicher und großenteils auch geistiger Anstrengung *befreit*. „Das klingt natürlich erst einmal erfreulich", so beginnt Anders seine Bewertung der Situation. Indes: In der voll automatisierten Arbeit, „deren Anstrengungsquantum auf ein Minimum reduziert ist, vollzieht sich nun eine potenzierte Degeneration". Sie besteht darin, „dass das Tun nun zu einer Art von ‚Nichtstun' verkümmert. Freilich nur zu einer ‚Art von'". Denn das „geköpfte Machen", „etwa des Kontrolleurs im Automationsbetrieb", kann keineswegs „als ‚echte Muße' klassifiziert werden. Die Attitüde, in die er hineingerät, ist vielmehr eine *Scheinmuße*, eine verstümmelte Attitüde ... Denn trotz der Tatsache, dass er sich nicht zu rühren braucht ..., hat der Automationsarbeiter noch aufs Konzentrierteste auf dem qui vive zu sein". Seine Arbeit besteht so „in *bezahlter Aufmerksamkeit bei physischer Reglosigkeit*. Der Tuende wird zum bloßen Maschinenpolizisten, der, im Sessel sitzend, darauf hofft, nicht eingreifen zu brauchen; sofern er nicht heimlich doch eine Störung erhofft, um doch noch einmal die Chance zum Eingreifen zu haben und um zu spüren, dass er etwas tut" (Anders 1981, II 73 f.). Er sei, so Anders, nur noch „Automatenhirte" oder „Objekthirte", der zum Warten verurteilt sei darauf, „ob vielleicht ein gewöhnlich grünes Licht durch Rotwerden ... eine Störung anzeigt". Dieses ‚Warten' habe er freilich – und das sei „etwas psychologisch Einmaliges – *aufs Konzentrierteste durchzuführen*" (II 95).

Auch wenn Anders hier herrlich übertreibt, hat er doch die subtilen Zwänge der durch Technik gravierend veränderten Arbeitswelt deutlich gesehen und in die ironische Formel von der „Antiquiertheit der Arbeit" gefasst (Anders 1981, II 91). Das ‚geköpfte Machen' ist um den *Sinn* von Arbeit gebracht worden, der ganz wesentlich darin besteht, *etwas* zu machen, darin eine eigene Leistung zu erkennen und eine Anschauung seiner selbst, Selbstbewusstsein zu gewinnen. Darum, so Hegel, sei es „das unendliche Recht des Subjekts, dass es sich selbst in seiner Tätigkeit und Arbeit befriedigt findet" (Hegel WW, 12. 36 f.). In der voll automatisierten Produktion, so Anders, sei der Arbeiter betrogen um die Identifizierung mit dem Produkt, ja mehr noch: Angesichts hocheffizienter automatischer Produktionsmethoden sei er sogar noch betrogen um das *Scheitern* der Identifizierung (Anders 1981, II 66). Der unselige Pilot etwa, der über Hiroshima erstmalig eine Atombombe auslöste, könne nicht gefragt werden: ‚Hast *du* es getan?', sondern vielmehr: ,Hast du es überhaupt *getan?*', denn er habe lediglich einen Knopf betätigt. Er war kein *Subjekt*, das verantwortungslos gehandelt hatte, denn er hatte eigentlich gar nicht *gehandelt:* „Sogar das Recht auf ein schlechtes Gewissen war ihm genommen" (II 67 f.).

Nur am Rand ergänzt: Im Phänomen des *Sports* sieht Anders einen Versuch, die technomorphe Negation des Subjekts wiedergutzumachen. Die Rolle des heutigen Sports „würde ohne eine Analyse der heutigen Arbeit unverständlich bleiben": Seine „Wurzel" sei „die zu leichte heutige Arbeit". Sport sei demnach zu verstehen als eine Wiederherstellung des „Seinsbeweises, den Arbeiten früher geliefert hatte: ,Ich schwitze, also bin ich'" (Anders 1981, II 102 f.) – Sport als Automationsfolge sozusagen! Anders erkennt darin eine gefährliche *Entpolitisierung* der mit ,Risiko', ,Konkurrenz', ,Solidarität' etc. verbundenen Affekte; gefährlich deshalb, weil sie dadurch umso leichter „in politische Pseudo-Affekte rückverwandelt werden" könnten, geschehen beispielsweise in dem „Solidarisierungsbrüllen für den totalen Krieg" anlässlich jener Goebbelsrede im Berliner ,Sportpalast' (II 106).

2.5 Technisches Konstruieren

2.5.1 Die Konstrukteursperspektive: Inversion von Mittel und Zweck

Eine eigentümliche Dialektik wird sichtbar, wenn der Prozess technischen Konstruierens selbst ins Auge gefasst wird. Intendiert ist das technische Konstrukt als Mittel zur Erreichung eines Zwecks; das ist seine normale Bestimmung. Eine Uhr ist zur Zeitanzeige da, ein Auto zum Fahren, eine Stereoanlage zum Musikhören, ein Computer zur Datenverarbeitung. So erscheint Technik in der Anwenderperspektive.

Aus der Perspektive des Technikers stellt sich dies anders dar. Nehmen wir an, er konstruiert eine Uhr, etwa eine Digitaluhr mit Alarmfunktion. Die Uhr hat diverse ,Buttons', die zur Einstellung von Datum, Wochentag, Uhrzeit, 24-Stundenformat, Weckzeit gedrückt werden müssen – aber eben genau in der richtigen Weise. Alle diese Einstellungen richtig durchzuführen, um eine richtig konfigurierte Uhr und Alarmfunktion zu haben: Das ist der Zweck des *Anwenders* – aber nicht der des *Konstrukteurs*. Ihm geht es vielmehr um die die serienreife Entwicklung der Uhr. Für ihn ist die Uhr somit nicht mehr *Mittel*, sondern der *Zweck*. Aber welches sind hier die Mittel? Natürlich die Planungs- und Konstruktionsmethoden. Doch diese haben nur dann einen Sinn, wenn es auch Anwender für das Produkt gibt, und deshalb gehört der Anwendungszweck der Anwender für den Ingenieur letztlich ebenfalls zum *Mittel*. Es muss Menschen geben, die an einer Digitaluhr mit Weckfunktion interessiert sind oder dafür interessiert werden können, damit der Ingenieur eine solche Uhr entwickeln kann.

Hier ist also eine eigentümliche *Inversion* von Mittel und Zweck zu beobachten: In der Anwenderperspektive ist das Mittel die Uhr, und ihre Funktion ist der Anwendungszweck. Für den Konstrukteur hingegen gehört der Anwendungszweck zum *Mittel*, und *sein Zweck* ist die Konstruktion der Uhr. Mit deren Konstruktion ist sein Zweck *erreicht*. Für den Anwender ist der Zweck die Anwendung der Uhr, für den Konstrukteur die *Konstruktion* der Uhr, *nicht deren Anwendung*.

Dies ist geeignet, scheint mir, so manche Merkwürdigkeit im Umgang mit Technik zu erklären. Ich denke etwa daran, dass der Anwendung heute ein ausführliches, konzentriertes Studium der Bedienungsanleitung vorauszugehen hat, die dann für jede Einstellung (etwa der Weckfunktion) immer wieder zu Rate gezogen werden muss. Das ist lästig, und die Frage drängt sich auf, ob der Konstrukteur sein Konstrukt selbst einmal anzuwenden versucht hat. Selbstverständlich muss diese Frage bejaht werden. Der Techniker wird darauf hinweisen, dass das Gerät auf sein bestimmungsgemäßes Funktionieren geprüft und deshalb auch anwendbar sei, d.h. er wird geneigt sein, die Schuld für Anwender-Frustration beim Anwender zu suchen.

Eine solche Reaktion ist naheliegend, und doch verfehlt sie den eigentlichen Punkt. Entscheidend ist doch, ob der Konstrukteur in der Lage war, sich in die Situation des *Nicht-Konstrukteurs* hineinzuversetzen. Denn konstruiert hat er sein Konstrukt ja nicht für sich selbst, den Konstrukteur, sondern für Nicht-Konstrukteure. Oder etwa doch? Die erwähnte Inversion von Mittel und Zweck im Fall des Konstrukteurs macht hier in der Tat ein Missverständnis sichtbar: Konstruiert hat der Konstrukteur das Konstrukt primär, um es zu konstruieren. Für ihn ist das, wie gesagt, der direkte Zweck seines Tuns. Das ist seine Aufgabe, dafür wird er bezahlt. Erledigt hat er seine Aufgabe, wenn er das Konstrukt realisiert hat. Die Anwendung gehört nicht mehr dazu. Sie liegt im Grund außerhalb seines Gesichtskreises, schon deshalb, weil sein Konstrukt ja tatsächlich funktioniert. Wo also, würde er fragen, ist das Problem?

Das Problem besteht eben darin, dass das Problem *ihm*, von seinem Blickpunkt aus, verborgen bleibt. Er verkennt, dass die pure Existenz des Produkts, die für ihn den Endpunkt seines Tuns darstellt, für den Anwender stattdessen der Beginn des Umgangs mit dem Produkt ist. Der Anwender muss sich einen ihm mehr oder weniger unbekannten Bewandtniszusammenhang erst erschließen, der dem Konstrukteur selbst, insofern es sich dabei um seine eigene Konstruktion handelt, natürlich bestens vertraut ist. Kurzum: Wir haben es hier mit völlig unterschiedlichen Perspektiven zu tun, die zunächst divergieren.

Das sich daraus ergebende *Desiderat*, dass beide Perspektiven konvergieren, wäre somit wohl in erster Linie ein Wunsch an den Konstrukteur, denn er hat hier den gestaltenden Part. Der dafür geforderte Perspektivenwechsel ist sicher nicht einfach. Der Konstrukteur muss dafür eine quasi ‚oblique' Einstellung einnehmen, so als wäre ihm sein eigenes Konstrukt unbekannt. Aber nur so kann er die *Pragmatik* jenes Bewandtniszusammenhangs erfahren, mit dem der Anwender konfrontiert ist. Das hiermit formulierte Desiderat ist das einer *humanen Technik*.

2.5.2 Die autogerechte Stadt und das Desiderat humaner Technikgestaltung

Dass Technik inhuman werden kann, wenn sich das Konstruieren verselbstständigt, haben wir vielfach erfahren: Das Beispiel der Bedienungsanleitung ist ein zwar typischer, aber eher unbedeutender Fall. Nicht zu unterschätzen in ihrer Auswirkung auf das Wohlbefinden von Menschen sind etwa technikbedingte Vorgaben, die gewohnte, alltägliche Vollzüge außer Kraft setzen. Man denke an Fenster, die wegen der Klimaanlage nicht mehr zu öffnen sind. Technisch ist das zweifellos sinnvoll, aber es geht an berechtigten Bedürfnissen der Bewohner vorbei. Hier muss sich der Bauingenieur etwas einfallen lassen.

Ein außerordentlich fragwürdiges technisches Ideal war lange Zeit die autogerechte Stadt. Los Angeles hat auch in dieser Hinsicht Berühmtheit erlangt. Alle Städte haben inzwischen etwas von Los Angeles. In ihnen ist man als Fußgänger verloren. Naiv, wer einen Fußmarsch plant und versucht, einfach die auf dem Stadtplan verzeichneten Straßen in seine Route einzubeziehen. Er gerät in eine grausame Wüste, in ein Straßenlabyrinth und in Lebensgefahr. Er ist hier nicht vorgesehen. Ein anderer Punkt ist die Verwüstung des Stadtbilds durch Parkplätze. Die Autos sind da, es werden immer mehr und verschärfen damit auch das Problem des so genannten ‚ruhenden Verkehrs'. Die ‚autogerechte' Lösung: die Umwandlung von Parks in Parkplätze. Vor mir liegen zwei Fotos der Universität Tübingen – 1924: der Vorplatz lauschig gestaltet mit zwei Schalenbrunnen, umgeben von Bäumen; in den 70er Jahren: kahl, asphaltiert und als Parkplatz genutzt, ein Bild des Schreckens – inzwischen jedoch durch ‚Rückbau' dem früheren, menschlicheren Bild wieder angenähert.

Die technikgerechte Lösung ist einsinnig, d. h. kaum über die Ingenieursperspektive hinausgedacht. Desiderat ist die Berücksichtigung, um nicht zu sagen die *vorrangige* Einbeziehung der Anwenderperspektive, und zwar im Sinn *vorauseilender Technikgestaltung* (hierzu ausführlicher in Kap. 3). Hier muss, wie überall, gelernt werden, *ganzheitlich* zu planen und zu konstruieren.

Das ist, wohlgemerkt, *kein technikfeindliches* Ansinnen. Die Überlegungen zur techniker-spezifischen Mittel-Zweck-Inversion haben vielmehr deutlich gemacht, dass der Anwendungszweck der Anwender für den Techniker auf die Mittelseite gehört, d.h. er bezieht seine Aufgabenstellungen von der Gesellschaft; für diese arbeitet er. Dass er *seinen* Zweck – die Entwicklung von Konstrukten – überhaupt realisieren kann, ist *ihr* geschuldet. Recht verstanden ist die Einbeziehung der Anwenderperspektive also nicht nur anwenderfreundlich, sondern auch *technikerfreundlich*.

Das an anderer Stelle schon erwähnte Beispiel automatisierter Software-Installation (Kap. 2.2.2) ist dafür instruktiv: Die Installationsdateien wurden dem Anwender früher komprimiert geliefert und mussten von ihm deshalb, bevor sie installiert werden konnten, ‚entpackt' werden. Früher war dazu Einiges nötig, was den normalen Anwender überforderte: für ein Entpackungsprogramm sorgen, dieses verstehen und bestimmungsgemäß einsetzen, einen Ort für die entpackten Dateien definieren sowie das ‚Setup' starten und mit Eingaben begleiten. Mancher war nicht bereit, sich auf so viel computerspezifische Umstände einzulassen, und damit als potentieller Anwender verloren. In der Tat ist es absurd, beispielsweise einem computerunerfahrenen Kleinunternehmer etwas Derartiges zuzumuten. Wenn der Computer auch an Nicht-Computerspezialisten verkaufbar sein soll, muss die Computertechnik *deren* Möglichkeiten angemessen in Rechnung stellen. Dass dies in der Form automatisierter Installation von Software inzwischen weitgehend geschehen ist, ist sicher als ein großer Schritt nach vorn zu werten: durchaus auch als ein Exempel der *Humanisierung* von Technik.

2.6 Technische Künstlichkeit

Technik, so hatten wir gesehen, bringt im *Natursein* implizit enthaltene Möglichkeiten zum Erscheinen, doch was sie so hervorbringt, ist *durch und durch künstlich*. Wir leben in einer technischen, und das heißt essentiell künstlichen Welt. ‚Künstlich' bedeutet, dass sie nicht ‚gewachsen' ist,[21] also ihre Ordnung nicht aus sich hervorgebracht hat, sondern sich allein menschlicher Planung, menschlichem Arrangement, menschlicher Herstellung verdankt. Die Ordnung des Natürlichen ist durch die Natur garantiert, für die Ordnung des Technischen

---

[21] Der griechische Ausdruck für ‚Natur', d.h. ‚physis', hat ursprünglich den Sinn von ‚Gewachsensein'. – Dieter Birnbacher schlägt vor zu unterscheiden „zwischen einem adverbialen und einem prädikativen Sinn von ‚künstlich'. Im adverbialen Sinn betrifft ‚künstlich' den Modus der Erzeugung von etwas, im prädikativen Sinn seiner Beschaffenheit". Ein Naturstoff, ein Aroma beispielsweise, kann durchaus ‚künstlich hergestellt' sein. Etwas, das nicht in der Natur vorkommt, ist hingegen ‚etwas Künstliches' (Birnbacher 2002, 179). Im vorliegenden Zusammenhang ist vor allem letzteres gemeint.

hat der Mensch aufzukommen. Ihm obliegt es, Elemente so zusammenzufügen und aufeinander abzustimmen, dass sie ein funktionsfähiges Ganzes ergeben. Technik ist so wesentlich immer *System*, im Unterschied zu einem natürlichen System aber ein *rational durchgeplantes, künstlich konstruiertes System*.

2.6.1 Totalisierungstendenz technischer Künstlichkeit

Eine erste Konsequenz dieser Künstlichkeit besteht darin, dass die Hervorbringungen der Technik mit der Ordnung der Natur nicht unbedingt harmonieren. Sie entstammen ja einem ganz anderen Ordnungsentwurf und stehen der Natur insofern fremd gegenüber. Von daher wird verständlich, dass die Technik auch naturzerstörend wirken kann.

Dieser Sachverhalt ist als *Ökoproblem* geläufig. Das Auftreten des Ökoproblems hat uns vor Augen geführt, dass das Natursein als ein hoch vernetztes System zu verstehen ist. Ein lokaler technischer Eingriff kann an einem ganz anderen Ort oder auch zu einem späteren Zeitpunkt desaströse Folgen zeitigen – ein Alltagsbeispiel zur Veranschaulichung solcher *indirekter* Auswirkungen: Ich öffne die Wohnungstür, und im Schlafzimmer fällt eine Vase um. Der Grund dafür ist der nur angelehnte Fensterflügel; beim Öffnen der Tür entsteht ein Luftzug, der Fensterflügel bewegt sich und schlägt gegen die auf dem Fensterbrett stehende Vase. In der Natur sind die Zusammenhänge natürlich komplexer und deshalb weitaus schwerer zu durchschauen – sicher ein Grund dafür, dass der spezifisch *ökologische* Charakter dessen, was wir heute als Ökoproblem bezeichnen, lange Zeit gar nicht verstanden wurde.

Dass beispielsweise die Existenz von Fischen in einem Gewässer an komplexe Bedingungen geknüpft ist, zeigt sich bei einer – zunächst geringfügig erscheinenden – Veränderung der Situation: Durch verstärkte Verwendung von Waschmitteln gelangen Detergentien ins Wasser, was zu einer ‚Überdüngung' des Gewässers führt. Es kommt zu verstärktem Algenwachstum mit der Folge, dass sich der Sauerstoffgehalt des Wassers verringert. Bei weiter absinkender Sauerstoffkonzentration kommt es irgendwann zum Fischsterben. Das bis dahin bestehende Ökosystem kann sich nicht länger halten, es ‚kippt'.

Gleichwohl ist für das ökologische System eine gewisse *Selbsterhaltung* kennzeichnend, d.h. ein *Gleichgewicht* der Teilsysteme, aus denen es besteht, innerhalb einer bestimmten Schwankungsbreite der Umweltbedingungen. Dieses Gleichgewicht ist kein statisches, sondern ein *dynamisches* Gleichgewicht, indem die Teilsysteme auf die beständigen Veränderungen, denen sie unterworfen sind, in der Weise reagieren, dass das Gesamtsystem erhalten bleibt – solange eben bestimmte Grenzen nicht überschritten sind.

Die Komplexität dieser Strukturen beruht wesentlich auch darauf, dass ihre Komponenten nicht nur physiko-chemische Systeme (z. B. sauerstoffhaltiges Wasser) sind, sondern auch Pflanzen- und Tierpopulationen. Dennoch ist das Ökosystem sicher kein Organismus, d. h. es untersteht nicht dem ‚Prinzip Selbsterhaltung' als *Prinzip* seines gesamten Seins. Dazu fehlen ihm *genetisch vorgegebene Sollwerte* der Prozess- bzw. Verhaltenssteuerung (vgl. Wandschneider 1988 sowie Kap. 1.2.5). Aus diesem Grund ist das Ökosystem äußeren Einwirkungen mehr oder weniger schutzlos ausgeliefert, es kann ‚kippen'.

‚Äußere Einwirkungen': Das sind heute vornehmlich technikbedingte Veränderungen der Naturbalance. Solche Eingriffe bedeuten grundsätzlich eine Störung natürlicher Gleichgewichte, eben weil sie nicht dem Naturprozess, sondern einer anderen, *künstlichen Ordnung* entstammen. Qua Künstlichkeit befindet sich die Technik grundsätzlich in Opposition zur Natur. Sie ist nicht nur eine andere, ‚zweite' Natur, sie *widerstreitet* auch der Natur, fordert sie heraus, ‚stellt' die Natur: Dies ist mitgemeint, wenn Heidegger, wie schon erwähnt (Kap. 1.1.3), von der Technik als ‚Ge-stell' im Sinn eines die Natur ‚stellenden' Herausforderns spricht (Heidegger 1962, 19).

Die Künstlichkeit der Technik kann so immer auch in *Naturzerstörung* ausschlagen. In früheren, naturnahen Lebensformen des Menschen war das quantitativ nicht von Bedeutung. In der Moderne entsteht durch die einschneidenden technischen Eingriffe in die natürliche Umwelt das Problem, die damit einhergehenden Veränderungen des natürlichen Gleichgewichts zu kompensieren, natürlich wiederum vermittels Technik, und das heißt durch einen erneuten Anschlag technischer Künstlichkeit auf die Natürlichkeit, und so fort. Der Prozess der Veränderung natürlich gewachsener Strukturen setzt sich fort und erfordert immer neue technische Eingriffe und damit weitere Verschiebungen der Naturbalance, die so immer erneut künstlich nachjustiert werden muss. Künstlichkeit erzeugt in diesem Sinn immer neue Künstlichkeit, ein Prozess, der sich in der Gegenwart zunehmend beschleunigt und ausweitet und in der Tendenz darauf hinausläuft, alle Natürlichkeit zu tilgen und in ein System totaler Künstlichkeit zu transformieren – „die am weitesten reichende ‚Nebenfolge' der Technik ist das Bedürfnis nach mehr Technik" (Rohbeck 1993, 257). Kennzeichnend für diese Situation ist also die Tendenz zur *Totalisierung technischer Künstlichkeit*. Sie ist heute ein globales Phänomen, eine weltweit zu beobachtende Tendenz unserer technischen Zivilisation. „There is a tendency to conceive of the whole world as technology-dominated, manipulated, organized, shaped by technosystems. Ecosystems and social systems become artificially-encroached-upon ecotechnosystems or social-technical systems" (Lenk 2001, 98).

2.6.2 Künstlichkeit und Verletzlichkeit

Ich habe eben argumentiert, dass technische Eingriffe zur Veränderung des natürlichen Gleichgewichts führen und dadurch zu beständigem technischen Nachjustieren der veränderten Naturbalance nötigen. Das ist noch ein an der Natürlichkeit orientiertes Motiv technischer Totalisierung.

Aber die Technik enthält *in sich selbst* schon das Totalisierungsmotiv, in dem Sinn nämlich, dass – wie schon erwähnt – in einem technischen System alle Komponenten aufeinander abgestimmt sein müssen. Jede Störung dieser Ordnung führt zum Versagen des Systems, zu technischer *Dysfunktionalität*. Auch und gerade daraus ergibt sich die Forderung, die technische Ordnung immer weiter auszudehnen. Denn an den ‚Rändern' des Technischen, wo der Bereich des Nicht-Technischen beginnt, ist die Technik von Dysfunktionalität bedroht. Um diese abzuwenden, sucht sie ihren Herrschaftsbereich beständig auszuweiten. In dieser Weise ist die Totalisierungstendenz technischer Künstlichkeit in allem Technischen selbst intrinsisch wirksam. Dies ist ein *innertechnisches*, die vorher angesprochene technische Nachjustierung der Naturbalance ein *außertechnisches* Totalisierungsmotiv. Beide sind eine Folge technischer Künstlichkeit.

Heidegger hat in der hier schon mehrfach herangezogenen Schrift ‚Die Technik und die Kehre' die charakterisierte innertechnische Totalisierungstendenz deutlich gesehen: Ein Verkehrsflugzeug steht auf der Startbahn. Die Maschine steht dort „insofern sie bestellt ist, die Möglichkeit des Transports sicherzustellen. Hierfür muss sie selbst in ihrem ganzen Bau, in jedem ihrer Bestandteile bestellfähig, d. h. startbereit sein" (Heidegger 1962, 16). Von ihrem „Bestand her gesehen, ist die Maschine schlechthin unselbstständig; denn sie hat ihren Stand einzig aus dem Bestellen von Bestellbarem" (17).

Wesentlich ist hier die Charakterisierung als *unselbstständig:* Das Flugzeug für sich allein erlaubt keine bestimmungsgemäße Verwendung. Es benötigt Startbahnen, Wartung, Kontrolltürme, Radartechnik, Ticketschalter, Flughäfen, Verkehrsanbindung, Straßenbau, Elektronikindustrie, Halbleiterphysik und so immer weiter. Das Flugzeug ist, was es ist, nur im Gesamtsystem der technischen Zivilisation, zu der, wie schon mehrfach bemerkt, auch das Wirtschaftssystem und der Kosmos der Wissenschaften gehören. Insofern ist das Flugzeug – so wie jedes andere Stück Technik auch – eigentlich gar kein selbstständiger *Gegenstand* mehr. Seine Existenz besteht vielmehr allein darin, ein *Bestand-Teil* der technischen Zivilisation im Ganzen zu sein.

In diesem Sinn setzt Heidegger dem klassischen Begriff des Gegenstands hier den des *Bestands* entgegen: „Was im Sinne des Bestandes steht, steht uns nicht mehr als Gegenstand gegenüber" (Heidegger 1962, 17), d. h. als ein aus sich selbstständig Seiendes. Das Bestand-Sein besteht vielmehr im Eingebettetsein in ein heute unüberschaubar gewordenes Beziehungsgefüge technisch-zivilisatorischer Strukturen. Konkret heißt das, dass eine *Vielzahl* von Flughäfen existieren muss; *ein* Flughafen allein wäre absurd, wenn denn ‚Trans-port' so viel wie ‚Verbringung an einen *anderen* Ort' besagt. Die vielfach vernetzten Subsysteme moderner Technik haben inzwischen, ohne dass wir es eigentlich merken, weltumspannende Dimensionen gewonnen: „Überall und in den verschiedensten Gestalten und Verkleidungen" kommt so, wie Heidegger in der Aufsatzsammlung ‚Holzwege' vermerkt, „das Riesenhafte zu Erscheinung ... Das Riesige drängt sich in einer Form vor, die es scheinbar gerade verschwinden lässt: in der Vernichtung der großen Entfernungen durch das Flugzeug, im beliebigen, durch einen Handgriff herzustellenden Vorstellen fremder und abgelegener Welten in ihrer Alltäglichkeit durch den Rundfunk" (1977, 95).

In der Tat ist diese ‚riesenhafte' und zugleich sich verbergende mundiale Vernetzung, wie Karl Hörning betont, schon in der Alltagstechnik präsent: „Der Begriff ‚Klein-Techniken' verdeckt, dass gerade Alltagsgeräte auf funktionierende großtechnische Infrastrukturen und Hintergrundsysteme angewiesen sind ... Alltagstechnik ist offensichtlich nur auf der Oberfläche Klein- oder Individualtechnik. Tatsächlich sitzt sie auf großen, untereinander vernetzten technisch-institutionellen Infrastrukturen auf, die uns ihre Standards, Normen und Rationalitäten aufdrängen" (Hörning 1997, 218). Auch die Alltagstechnik ist nur möglich als Bestand-Teil der technischen Welt.

Es war wiederum Günther Anders, der dieses Bild in grellen Farben visionär ausgemalt hat: Im Sinn des gekennzeichneten ‚Bestandscharakters' von Technik sei die ‚Maschine als einzelne' obsolet geworden, „antiquiert" (Anders 1981, II 110). Die Zukunft sei vielmehr bestimmt durch den „Expansionsdrang der Maschinen", und der sei „unersättlich" (II 118). Denn die Maschinen streben danach, so Anders, „zu einer einzigen Maschine" (II 120), zu einer „Großmaschine" (II 122) zu werden. „Plötzlich wurde es jedermann aufs Schrecklichste klar, dass es keinen Apparat mehr als individuellen Apparat, keine Maschine mehr als individuelle Maschine gab. Die als avantgardistisch und sinnlos verhöhnte Formel der Gertrude Stein ‚A rose is a rose is a rose' – nahm hier plötzlich Sinn an, weil sich nämlich herausstellte, dass sie nicht mehr galt, dass Kühlschränke keine Kühlschränke mehr waren, Untergrundbahnen keine Untergrundbahnen, Glühbirnen keine Glühbirnen mehr. Nichts mehr war es selber, weil jedes Stück so ausschließlich zum Ableger der Zentrale geworden war, dass jedes, wenn die Zentrale ausfiel, seinen Sinn mitverlieren musste. Oder – und diese Formulierung ist nicht minder rechtmäßig – weil jeder ‚Ableger', da nicht nur er von allen anderen abhing, sondern auch alle anderen von ihm abhingen, zur Zentrale des Netzes geworden war" (II 123). Dies noch zur Illustration des Heideggerschen Diktums, dass das technische Ding seinen Charakter als ‚Gegenstand' verliert und zum ‚Bestand' wird.

Es kann nicht ausbleiben, dass nicht nur die Dinge, sondern auch der *Mensch* zum Bestand wird, denn er gehört ja konstitutiv zu dem von ihm geschaffenen technischen System hinzu. Nicht nur die Natur, sondern auch der Mensch ist durch die Technik ‚gestellt', und, so Heidegger, „als der so Herausgeforderte steht der Mensch im Wesensbereich des Ge-stells" (Heidegger 1962, 23). Die Konsequenz daraus ist zum einen die Gefahr der ‚bestandsmäßigen' *Verdinglichung* des Menschen – Heidegger verweist auf verdinglichende Attributionen wie ‚Menschenmaterial', ‚Krankenmaterial' (17). Auch an den *Zwangscharakter* der Technik wäre in diesem Zusammenhang zu denken, an den technikimmanenten Anspruch, sich den technischen Strukturen anpassen zu sollen (vgl. Kap. 2.4.1). Zum anderen bleibt der Mensch, aus technischer Perspektive gesehen, eine permanente *Störungsquelle*, insofern er dem ‚Bestand' letztlich nicht optimal einzugliedern ist. In dem von ihm geschaffenen System der Technik ist er selbst sozusagen die Achillesferse.

Was sich damit auch abzeichnet, ist die wesenhafte *Imperfektibilität* der Technik: Ihr Schöpfer selbst bleibt die sich der technischen Vereinnahmung letztlich verweigernde Komponente. Der auf Perfektion gerichtete subjektive Wille ist es letztlich selbst, der der Erreichung seines Ziels im Weg steht. Das auf totale Perfektion hin angelegte Projekt der Technik missversteht sich so in einem grundsätzlichen Sinn selbst. Perfektion ist technisch immer nur partiell erreichbar.

Perfektion bedeutet, wie gesagt, dass alles optimal zusammenstimmt, also die *totale Interdependenz* sämtlicher Systeminstanzen. Wenn aber derart alles mit allem zusammenhängt, dann ist das etwas, so Anders, das „uns nicht nur mit Hoffnung erfüllen darf, sondern auch mit Schrecken erfüllen muss". Denn „proportional mit dem Anwachsen" des Systems „wächst auch die Gefahr des Versagens, sogar die der Katastrophe" (Anders 1981, II 123). Was Anders hier beschwört, ist uns durchaus vertraut, wenn auch vielleicht nicht als Katastrophe: Man denke an das Fahrplansystem der Bahn, das Stromversorgungsnetz oder auch das Computernetz einer Großbank. Technische Systeme sind, eben aufgrund ihrer internen Interdependenzen, im höchsten Maß *verletzlich*. Diese intrinsische Gefährdung ist, wie Heidegger deutlich sieht, konstitutiv mit dem „Riesenhaften" totaler Interdependenz verknüpft: „Sobald aber das Riesenhafte der Planung und Berechnung und Einrichtung und Sicherung aus dem Quantitativen in eine eigene Qualität umspringt, wird das Riesige und das scheinbar durchaus und jederzeit zu Berechnende gerade dadurch zum Unberechenbaren (Heidegger 1977, 95). Die Dialektik der Künstlichkeit impliziert die *Verletzlichkeit* der Technik.

2.6.3 Resilienz durch Reflexivität

Im Unterschied zur Künstlichkeit der Technik sind die gewachsenen Naturstrukturen eingebettet in die Ordnung des Naturseins, von ihr gehalten und getragen. Für die künstliche Ordnung der Technik hat der Mensch aufzukommen, wobei ihre Künstlichkeit zugleich Ausdruck ihrer Partikularität ist: nicht gehalten und getragen in einem Ganzen. Wenn der Sturm einen Baum entwurzelt oder der Hase dem Fuchs zum Opfer fällt, tangiert das die Naturordnung im Grund nicht. Ja man könnte eher sagen, sie beruht sogar darauf (vermodernde organische Substanz als Nährboden, ‚Fressen und Gefressenwerden'). Die charakteristische Eigenschaft des Systems Natur – als intakter – ist die Befähigung zur Selbsterhaltung.

Wesentlich dafür ist offenbar die Möglichkeit der *Selbstorganisation*, die der künstlichen Ordnung zunächst einmal fehlt. Sie vermag nicht *aus sich* zu existieren, sondern ist gänzlich auf menschliche Planung und Gewährleistung angewiesen. Sie ist sozusagen ohne Selbstheilungskräfte, ohne ökologische *Resilienz*. Auftretende Störungen kann sie nicht selber beseitigen, sondern bedarf dazu des Menschen. Die Künstlichkeit des Systems, ins Extrem getrieben, bedeutet damit, wie dargelegt, auch extreme Verletzlichkeit. Gerade der Systemcharakter, der für das Funktionieren von Technik unerlässlich ist, ist zugleich der Grund ihrer Störanfälligkeit und Gefährdung.

Man mag einwenden, diese Konsequenz sei nicht zwingend. Es sei technisch möglich, die Störungsbeseitigung für das System in das System selbst zu integrieren. Das ist wohl richtig. Man könnte an die Entwicklung von Diagnosesystemen denken, die Reparaturmechanismen steuern. Derartiges wird zunehmend realisiert. Das eben als Beispiel für Störanfälligkeit genannte Stromnetz ist insofern eigentlich ein schlechtes Beispiel, denn es ist durch intelligente Vernetzung der Kraftwerke untereinander längst so organisiert, dass es gegen – alltägliche – Störungen *resilient* ist. Geradezu ein Paradigma für eine solche Immunisierung ist das *Internet*. Auch hier ist der *Netzcharakter* entscheidend, durch den gewährleistet ist, dass die Kommunikation, auch wenn ganze Netzbereiche ausfallen, nicht zusammenbricht. Durch die Vernetzung findet die Information immer einen Weg zum Ziel. Die Stabilität des Netzes beruht hier also gerade darauf, dass die Informationsroute nicht strikt festgelegt, sondern flexibel wählbar ist. Die Strategie, das Systemverhalten *flexibel* zu gestalten, ist hier entscheidend.

Im einfachsten Fall beruht die Flexibilität, wie in den betrachteten Fällen, auf der internen *Redundanz* der Systeme: Es gibt nicht nur einen, sondern viele verschiedene Wege zum Ziel. Das Redundanz-Prinzip kommt auch zur Anwendung, wenn technische Systeme von zentraler Wichtigkeit (z. B. das Notstromaggregat für medizinisch relevante Geräte eines Klinikums oder der Bordcomputer eines

‚Raumschiffs') mehrfach existieren, damit bei einem Ausfall des Systems sofort auf ein identisches anderes umgeschaltet werden kann.

Wesentlich aber dafür, dass die Notfallsysteme für die Sicherung der Systemfunktion eingesetzt werden können, ist eine spezifische *Reflexivität* des Systems, also die Möglichkeit, den eigenen Zustand, sozusagen die eigene ‚Befindlichkeit', zu registrieren, um die Notsysteme entsprechend zu aktivieren. Ein Ausfall im Stromnetz muss vom Netz selbst *feststellbar* sein, um kompensiert werden zu können. Für den Bordcomputer eines Raumschiffs gilt das ebenso. Wie verhält es sich im Fall des Internets, besitzt dieses ebenfalls Reflexivität? Ohne Zweifel, auch hier müssen ausgefallene Netzbereiche für das Netz selbst erkennbar sein, damit eine Nachricht umgeleitet und ihrem Adressaten über eine alternative Route zugeführt werden kann.

Nun ist Reflexivität eine konstitutive Eigenschaft des *Organismus*, dessen ganzes Sein ja von der Sorge um *sein* Sein, seine Selbst-Erhaltung durchwaltet ist. Insofern lässt sich – vielleicht etwas kühn – sagen, dass technische Systeme umso stabiler sind, je ähnlicher sie Organismen werden, d. h. Störungsbeseitigung, Selbstorganisation, Resilienz besitzen – je mehr sie somit den Charakter *abstrakter Künstlichkeit* ablegen und sich den Bedingungen *organischer Natürlichkeit* annähern. Durch *Systemreflexivität* werden in dieser Weise *selbstorganisierende* Technikstrukturen möglich, die nicht mehr die Störanfälligkeit zeigen, wie sie für die starre Künstlichkeit technischer Systeme charakteristisch ist.

Rückblickend betrachtet fällt von hier auch Licht auf die oben unter dem Titel ‚Dialektik technischer Befreiung' entwickelten Überlegungen zum *Normierungsparadox:* Technik impliziert die Normierung der Systemstrukturen, und gleichzeitig läuft die technikimmanente Emendierungstendenz auf *Umnormierung* hinaus. Das technische System ist in beständigem *Systemumbau* begriffen. Dafür ist jetzt ein weiterer Grund deutlich geworden: Es ist nicht einfach nur die *Perfektibilität* technischer Systeme, also das Motiv ihrer möglichen Vervollkommnung, sondern ganz wesentlich auch ihre konstitutive *Künstlichkeit*, die beständig zur Systemerweiterung drängt. Technische Künstlichkeit fordert Systemzusammenhang, Systemzusammenhang fordert *Normierung*. Technische Künstlichkeit fordert aber auch Systemerweiterung, und Systemerweiterung fordert *Umnormierung*. Somit fordert Künstlichkeit Normierung *und gleichermaßen* Umnormierung: So stellt sich das Normierungsparadox in der Perspektive technischer Künstlichkeit dar.

2.7 Technische Funktionalität

2.7.1 Reduktion auf reine Funktionalität – ‚im höchsten Sinne Gefahr' (Heidegger)

Die Bestimmung technischer Konstrukte ist *Funktionalität*; Dysfunktionalität wäre tödlich. Nun braucht der Mensch offenbar mehr als pure Funktionalität, er braucht *Sinn*, und mit diesem zutiefst menschlichen Bedürfnis sieht er sich namentlich an die *Kunst* verwiesen: Künstlerische Gestaltung reflektiert immer auch das Weltverständnis und Selbstverständnis des Menschen. Die ägyptischen Pyramiden, die Tempel und Statuen der Griechen, gotische Kathedralen, Barockschlösser, Bachs Matthäuspassion, Rodins Skulpturen, Picassos Gemälde usf. legen davon Zeugnis ab. Vielleicht sind sie inspiriert von der Idee, im Irdischen das Himmlische zu gewahren. Das *Deutungsmoment* ist für die künstlerische Gestaltung zweifellos essentiell.

Für technische Konstruktionen lässt sich Derartiges nicht behaupten. Ihr Sinn besteht in in purer Funktionalität. Ein formal gelungenes Auto mit stotterndem Motor ist chancenlos. Technisches geht in reiner Funktionalität auf, Weltdeutung und menschliche Selbstdeutung haben darin keinen Ort. In diesem Sinn ist die Technik unpersönlich, fast unmenschlich. (Dass ein teures Auto ein Statussymbol sein kann, steht auf einem anderen Blatt.)

Ein persönliches Verhältnis hat man dagegen zum altersschwachen Auto oder auch zu antiquiert-urtümlichen Maschinen mit rostigen Hebeln, riesigen Zahnrädern und Spinnweben. Alte Primitivbügeleisen avancieren gelegentlich zu Schmuckgegenständen für die Wohnung. Technische Dinge *dieser* Art haben den rein funktionalen Charakter abgelegt und können so persönlichen, deutenden, schicksalhaften Charakter gewinnen. Warum? Ohne Zweifel gerade aufgrund ihrer *Dysfunktionalität:* In der lädierten Funktion wird wieder so etwas wie Zeitlichkeit und Schicksalhaftigkeit sichtbar; die Dysfunktionalität lässt künstlerischem Deuten wieder Raum. Funktionalität ist ein in sich geschlossenes, rein technisches Beziehungsgefüge, Entfunktionalisierung ist die Öffnung desselben mit der Möglichkeit, frei gestaltend damit umzugehen. Von daher wird verständlich, dass technische ‚Fossile', also *ent*funktionalisierte Objekte, zur Skulptur werden können.

Vielleicht kann es der Mensch in einer Welt reiner Funktionalität gar nicht aushalten, weil er ohne Welt- und Selbstdeutung nicht leben kann. Vielleicht ist das ebenfalls ein Grund, warum Technik auch *Angst* macht. Angst erregend in diesem Sinn wäre dann nicht das – selbstverständlich auch vorhandene – objektive Gefährdungspotential der Technik, sondern die mit ihr verbundene *Reduktion auf reine Funktionalität*, ihre *Eindimensionalität* – für Herbert Marcuse der entscheidende, titelgebende Aspekt seiner Technokratie-Kritik ‚Der eindimensionale Mensch'. Das ‚freie Spiel der Erkenntniskräfte' – Kant zufolge notwendige Bedingung aller Kunst (KU, z. B. 55 f., 159) – ist so unterbunden, die geistige Perspektive ist stromlinienförmig verengt.

Hier kann ein weiteres Mal an Heideggers Technikkritik erinnert werden: „Das Wasserkraftwerk ist nicht in den Rheinstrom gebaut wie die alte Holzbrücke, die seit Jahrhunderten Ufer mit Ufer verbindet. Vielmehr ist der Strom in das Kraftwerk verbaut. Er ist, was er jetzt als Strom ist, nämlich Wasserdrucklieferant, aus dem Wesen des Kraftwerks. Achten wir doch, um das Ungeheure, das hier waltet, auch nur entfernt zu ermessen, für einen Augenblick auf den Gegensatz, der sich in den beiden Titeln ausspricht: ‚der Rhein', verbaut in das *Kraftwerk*, und ‚der Rhein', gesagt aus dem *Kunstwerk* der gleichnamigen Hymne Hölderlinss. Aber der Rhein bleibt doch, wird man entgegnen, Strom der Landschaft. Mag sein, aber wie? Nicht anders denn als bestellbares Objekt der Besichtigung durch eine Reisegesellschaft, die eine Urlaubsindustrie dorthin bestellt hat" (Heidegger 1962, 15 f.). Ähnlich beklagt Günther Anders die Verwandlung des „ehemals freundlich leuchtenden, nun in eine Fernseh-Relaisstation transformierten Mondes" (Anders II 112).

Worin besteht hier der Unterschied? Wenn Hölderlin den Rheinstrom besingt, dann nicht als einen Energielieferanten, sondern als ein Sich-Manifestieren lebendiger Natur, die menschliches Leben trägt und auf Göttliches verweist. Das Kraftwerk hingegen ‚stellt' den Rheinstrom, es *reduziert* ihn auf die Funktion der Energiegewinnung. Der Fluss wird nur noch *eindimensional* wahrgenommen, nämlich unter dem Aspekt technischer und – damit stets in Allianz – kommerzieller Funktionalität. Der ganze Reichtum menschlicher, kosmischer und vielleicht himmlischer Wesensbezüge ist ihm so genommen. Das ‚Stellen' der Natur durch die Technik bedeutet eine *Entwesentlichung* der Natur ebenso wie des Menschen. „So ist denn", warnt Heidegger, „wo das Ge-stell herrscht, im höchsten Sinne *Gefahr*" (Heidegger 1962, 28).

2.7.2 Die Kunst als ‚das Rettende'?

Freilich: „Wo aber Gefahr ist, wächst das Rettende auch". Dieses Wort Hölderlins aufgreifend stellt Heidegger die Frage, was denn ‚retten' heißt. „Gewöhnlich meinen wir, es bedeute nur: das vom Untergang Bedrohte gerade noch erhaschen, um es in seinem bisherigen Fortbestehen zu sichern. Aber ‚retten' sagt mehr. ‚Retten' ist: einholen ins Wesen, um so das Wesen erst zu seinem eigentlichen Scheinen zu bringen". Wenn also „Hölderlins Wort Wahres sagt, ... dann muss vielmehr gerade das Wesen der Technik das Wachstum des Rettenden in sich bergen" (Heidegger 1962, 28).

Ein Hinweis darauf ergibt sich im Zusammenhang mit der von Walter Benjamin angestoßenen Diskussion bezüglich der *technischen Reproduzierbarkeit von Kunst:* Durch die Drucktechnik ist ein Gemälde beliebig vervielfältigbar; das Gleiche gilt für die Verfilmung eines Dramas oder die technische Reproduktion einer Konzertaufführung. Benjamin hat darin eine „Entschälung des Gegenstandes aus seiner Hülle" im Sinn des Verlusts seiner originären Einmaligkeit und Traditionsverhaftetheit gesehen. Jedes beliebige Kunstwerk kann heute technisch in jedes beliebige Wohnzimmer geholt werden: eine Deplatzierung, die Benjamin als „Zertrümmerung der *Aura*" des Kunstwerks deutet (Benjamin 1963, 15f., Hvh. D.W.), d. h. als Ersetzung seines ursprünglichen „Kultwerts" durch den reinen „Ausstellungswert" (16, 18).

Allerdings wird man Benjamins Urteil schwerlich zustimmen können, dass für die Kunst damit „auf immer der Schein ihrer Autonomie" „erloschen" sei (Benjamin 22): Denn gerade durch die Möglichkeit seiner technischen Reproduktion gewinnt das *Original*kunstwerk im Bewusstsein des Betrachters *nun explizit* den Adelstitel der Einzigartigkeit (der Louvre als Pilgerziel!). Im Übrigen wird man einem *beliebig reproduzierbaren* – Kunstwerk wie dem Film künstlerische Autonomie schwerlich absprechen können.

Das ist hier nun der interessante Punkt: Mit den Möglichkeiten der Technik sind auch *völlig neue Kunstformen* entstanden, die den seit Jahrhunderten unveränderten Künstekanon wesentlich erweitert haben (Photographie, Film, Synthesizer, Hypertext etc.).[22] Die Technik ist hier nicht länger nur der Gegenpol zur Kunst oder nur ein Medium derselben, sondern wird – wie Roche eindrucksvoll dargelegt hat (ebd.) – ihrerseits zu einer Inspirationsquelle von Kunst. In der Tat geht von der heute unabsehbaren Vielfalt technischer Möglichkeiten auch ein *Gestaltungsimpuls* aus: zum einen natürlich im Sinn von Technikgestaltung selbst, zum anderen aber auch neuer künstlerischer Produktionsformen.

Kurzum: Technisches Denken ist sozusagen aus sich heraus schon auf dem Sprung, seine Beschränktheit und Eindimensionalität aufzuheben und in die Offenheit der Kunstperspektive einzutreten. Keine Frage, dass auch eine solche, von der Technik her inspirierte Kunst im vollen Sinn *Kunst* ist, die so – mit Benjamin gegen Benjamin gesagt – zweifellos auch ihre eigentümliche *Aura* hat.

Dies wäre also eine technisch vermittelte Form und Möglichkeit, sich der Technik *künstlerisch* zu bedienen. Zwar ist die Technik hier zunächst das *Medium* der Kunst, ein Medium aber, das eine Palette unabsehbarer Gestaltungsmög-

---

[22] Vgl. hierzu die instruktiven Analysen von Mark Roche 2002, bes. Kap. 5 und 6.

lichkeiten bietet, die auch die künstlerische Kreativität herausfordern müssen. Man denke an die Photographie und die dazugehörigen tausend technischen Finessen photographischer Ästhetik (unscharfer Hintergrund, Großaufnahme, Serienbilder, Dynamikverstärkung, farbliche Verfremdung usf.). Darin wird nun doch eine implizite, wesensmäßige Verwandtschaft von Technik und Kunst sichtbar: dass bei aller fundamentalen Strenge des Technischen – auch die Kunst ist im Fundamentalen streng (z. B. die Harmonielehre der Musik) – darin immer schon die Chance mitgegeben ist, Kunst zu werden und die Eindimensionalität technischer Funktionalität zu überwinden. Nicht, dass der Rotationsmaschinen-Raum eines Zeitungsverlags dadurch künstlerische Anmutung gewänne – sein Interieur bleibt ‚eindimensionaler' Funktionalität verhaftet. Aber dieses ermöglicht eben auch die kunstvolle Gestaltung einer Weihnachtsbeilage oder eines Reiseberichts. Und Theateraufführungen sind kaum noch vorstellbar ohne akustische und visuelle Begleiteffekte der Bühnentechnik. Das ist sicher noch keine hohe Kunst, aber doch *Öffnung* der funktional-systemischen Geschlossenheit hin zu einem frei gestaltenden Umgang mit Technik.

Wenn hier von einer *Dialektik* technischer Funktionalität zu sprechen ist, dann offenbar in einem überraschend anderen Sinn als in den vorher betrachteten Fällen. Hatte dort das Positive sein Gegenteil, das Negative, hervorgebracht – Mobilität schlägt um in Immobilität, Effizienz in Ineffizienz, Fortschritt in Obsoleszenz etc. –, so ist die Negativität hier nicht das letzte Wort. Sicher ist die Eindimensionalität technischer Funktionalität, als eine Verengung der menschlichen Sinndimension, negativ zu beurteilen. Aber Funktionalität impliziert auch Möglichkeit, und Möglichkeit impliziert Offenheit und ist damit auch die Ermöglichung neuer Formen künstlerischer Gestaltung und der Erschließung menschlicher Sinnperspektiven. Der dialektische Umschlag überschlägt sich hier gleichsam und führt in einem erneuten Umschlag zur Überwindung technoider Sinnverengung. Hatte es Heidegger, an Hölderlins Diktum anknüpfend, so gemeint: dass „gerade das *Wesen* der Technik" – und das ist eben ihr essentieller Möglichkeitscharakter – „das Wachstum des Rettenden in sich berge" (Heidegger 1962, 28, Hvh. D.W.)?

2.8 Strukturelle Aspekte

Die Überlegungen dieses zweiten Teils haben gezeigt, dass eine technische Intention durch ihre Realisierung in ihr Gegenteil umschlagen kann. Sie kann ‚Nebenwirkungen' zeigen, die nicht intendiert waren und der eigentlichen Intention möglicherweise direkt zuwiderlaufen. Diese *Dialektik* macht eine bedrohliche Seite der Technik sichtbar, die zu ignorieren naiv oder auch unverantwortlich wäre. Die Frage, wie man damit umgehen und fertig werden könne, ist damit ebenfalls ins Blickfeld gerückt.

Die *Gründe* für die Entstehung der Dialektik des Technischen sind, wie sich gezeigt hat, vielfältig und unterschiedlich. Lässt sich trotzdem so etwas wie ein *logisches Grundmuster* erkennen? Zur Beantwortung dieser Frage sollen die untersuchten Phänomene zunächst noch einmal kurz vergegenwärtigt und auf zugrunde liegende Strukturen hin untersucht werden.

(1) Die *Dialektik technischer Effizienz* verweist auf den *Anwendungsbereich:* Im Beispiel des Autos ist es die Massenproduktion, die zum Stau und damit zum Umschlag in Ineffizienz führt. Das Ineffizientwerden von DDT beruht auf dem im Labor nicht berücksichtigten Naturzusammenhang (Resistenzbildung aufgrund Darwinscher Selektion). Und die für sich genommen hervorragende Effizienz der Nukleartechnologie wird konterkariert durch die Notwendigkeit eines Risiko-Managements, das mit exorbitanten Folgekosten verbunden ist. In allen diesen Fällen ist es in der Tat die Technik-*Anwendung*, die ‚Nebenwirkungen' produziert, die diese Technik per se nicht aufweist. Aber sie ist nun einmal *dazu bestimmt*, angewendet zu werden. Und je effizienter sie erscheint, umso gewisser und umfassender wird sie zur Anwendung kommen. Das technische Produkt gerät dadurch in Zusammenhänge, in denen außer-technische Bedingungen zum Zug kommen – in den betrachteten Beispielen solche verkehrspolitischer, biologischer, sozial-ökonomischer Art (Endlichkeit des Straßenraums, Darwinsche Selektion, kostenträchtiges Risiko-Management) –, und kann so Wirkungen entfalten, die *außerhalb* seiner bestimmungsgemäßen Funktion liegen, ihr sogar zuwiderlaufen und seine Effizienz zunichtemachen können. Johannes Rohbeck weist darauf hin, dass bei sehr schädlichen Sekundärwirkungen sogar eine Umkehrung denkbar ist derart, dass „die ursprünglich bezweckte Wirkung sekundär werden" kann, „weil ihr Nutzen in keinem vernünftigen Verhältnis zum Schaden steht" (Rohbeck 1993, 256).

Die außertechnische Anwendungsdimension scheint dem Produkt äußerlich zu sein, aber recht verstanden ist sie ihm wesenhaft zugehörig; denn es ist eben seine *eigene* Effizienz, die diese Produktdimension überhaupt erst hervorbringt. Insofern produziert *es selbst* seinen eigenen Widersacher. Unter den von ihm selbst mit hervorgebrachten Bedingungen schlägt es in sein Gegenteil um und gewinnt so *dialektischen Charakter*.

Der eigentliche Grund dafür ist letztlich in einer *konzeptionellen Einseitigkeit* zu erkennen: Ein Technikentwurf, der die Anwendungsdimension nicht von vornherein einbezieht, trifft dort auf außertechnische Bedingungen und wird zum Spielball ihrer Dialektik. So gesehen stehen Autos deswegen im Stau, weil in der Konzeption des Autos kein Verkehrskonzept für die Massenmotorisierung mit enthalten ist. Ein Autokonstrukteur mag eine solche Einschätzung als absurd empfinden. Aber mit dieser Einstellung ist ein Effizienzrückschlag programmiert. Die Dialektik technischer Effizienz ist Ausdruck einseitiger Technikgestaltung, die die Anwendungsdimension ignoriert. „Mögen daher die Techniker erkennen", rät Ortega y Gasset, „dass es, um Techniker zu sein, nicht genügt, Techniker zu sein. Während sie sich mit ihrer besonderen Aufgabe beschäftigen, zieht die Geschichte ihnen den Boden unter den Füßen fort" (Ortega 1949, 37).

(2) Analoges lässt sich für die *Dialektik technischen Fortschritts* konstatieren. Auch hier ist es der Geist der Technik selber, der seinen eigenen Widersacher erzeugt: Technik enthält immer auch das Motiv ihrer Emendierung (ein tiefer liegender Grund dafür hatte sich zudem in der Dialektik der Künstlichkeit gezeigt). Jede technische Realisation macht zugleich Aspekte möglicher Verbesserung sichtbar und trägt so immer schon den Keim technischer Weiterentwicklung in sich. Das heißt zum einen, dass ein technisches Produkt im Augenblick seiner Realisierung potentiell schon veraltet ist; *technische Obsoleszenz* ist die unvermeidliche Kehrseite technischen Fortschritts. Zum anderen ist jedes technische Konstrukt ein Systemzusammenhang, der auf Seiten des Anwenders ein *normiertes Verhalten* fordert, während der aus dem Emendierungsmotiv resultierende permanente Systemumbau beständig die *Umnormierung* des Anwenderverhaltens fordert – das mit technischem Fortschritt verknüpfte *Normierungsparadox*.

Grundsätzlich erwächst also auch die Dialektik technischen Fortschritts aus einem *Mangel* des technischen Konstrukts, das einer verbesserten Version weichen muss. Allerdings ist der Ingenieur hier keineswegs der Alleinschuldige. Ihm anzusinnen, das schlechthin nicht mehr verbesserungsfähige Konstrukt zu liefern, wäre absurd. Das Emendierungsmotiv ergibt sich ja aus sehr verschiedenen Faktoren, z. B. auch aus ökonomischen Randbedingungen oder als Folge des wissenschaftlichen Fortschritts, also *außertechnischen* Bedingungen, die der Ingenieur selbst nicht beeinflussen kann. Als ‚Schuld' sind ihm allerdings auch jene *technischen* Bedingungen nicht anzurechnen, die er durch seine eigene Entwicklungsleistung selbst schafft und damit einen Horizont neuer Möglichkeiten eröffnet hat, die neue Entwicklungen motivieren: In dieser Hinsicht ist er eher als eine Art ‚Opfer' der technologischen Evolutionsdynamik zu sehen, die das Neue zur Weiterentwicklung ausnutzt und als ein Veraltetes zurücklässt.

Ein anders gelagerter Fall der Dialektik technischen Fortschritts zeigte sich im Phänomen des *Nicht-mehr-Siegen-Könnens* in einem mit allen Mitteln hochtechnisierter Industriegesellschaften geführten Krieg: Ist die Entwicklung der Waffentechnik so weit fortgeschritten, dass der offene Schlagabtausch der Gegner notwendig das Ende aller bedeuten würde – um den Preis des Menschseins, das nicht zur Disposition steht. Hier ist die *conditio humana* selbst tangiert, die eine existentielle Grenze markiert. Natürlich kann die Waffenentwicklung selbst immer noch weiter fortschreiten, aber an dem Zustand des Nicht-mehr-Siegen-

Könnens würde das nichts ändern, sondern diesen im Gegenteil bestätigen. Das in aller Technik wirksame Fortschrittsmotiv selbst hat hier paradoxerweise eine Situation herbeigeführt, die jeden weiteren Fortschritt ausschließt. Die Dialektik des Fortschritts resultiert hier in einem *Stop* des Fortschritts – also nicht mehr in einem qua Fortschritt zurückgelassenem Veralteten, sondern hier gerade um ‚des Alten', des Menschseins also und seiner Erhaltung willen.

Aber auch das gehört zu dieser Dialektik des Fortschritts: dass weiterhin Kriege, nun mit ‚konventionellen' Waffen, geführt werden, die dem technischen Fortschritt damit wieder alle Chancen wechselseitigen Übertrumpfens und Vernichtens einräumen.

Man ist damit auf Fragen gestoßen, die *nicht-technische Grenzen* technischer Machbarkeit betreffen und damit auf *ethische Probleme* der Technik verweisen. Es liegt auf der Hand, dass diese keineswegs auf militärtechnische Tatbestände beschränkt sind. Die Massentechnisierung und die geradezu unheimlichen Entwicklungen etwa der Gentechnik haben ganz neue, bisher unbekannte ethische Probleme der Technik sichtbar gemacht. Dies wird Gegenstand der Überlegungen im dritten Teil sein.

(3) Die *Dialektik technischer Wunscherfüllung* hat wesentlich ökonomische Gründe. Die Technik produziert Spitzenprodukte, die wir zu besitzen wünschen. Diese haben ihren Preis, der im Grund Spitzeneinkommen erfordert. Die ökonomische Folge hoher Einkommen ist Rationalisierungsdruck, der zur ‚Freisetzung' von Arbeitskräften führt und damit zu Arbeitslosigkeit, Einkommensminderung und Konsumverzicht. Technische Wunscherfüllung schlägt um in Wunschversagung. Diese Dialektik beruht also darauf, dass die technische Produktion unumgänglich auch eine ökonomische Dimension besitzt und dass Spitzentechnik Erhebliches kostet. Technisches Produzieren benötigt nicht nur Gedanken – die im Übrigen auch nicht kostenlos sind –, sondern Stahl, Kunststoff, Energie etc., und das hat seinen Preis, mit anderen Worten: Die Technik selber produziert ihre eigene ökonomische Dimension mit, und der Umschlag technischer Wunscherfüllung in Wunschversagung ist so im Grund ihre eigene Dialektik. Dabei ist nicht bestritten, dass in der ökonomischen Welt Mechanismen wirksam sind, die nicht rein technischen, sondern auch anderen Bedingungen unterliegen, beispielsweise politischen Abhängigkeiten in der Rohstoffförderung oder psychologischen Motiven in der Entwicklung von Aktienkursen. Doch in dieses Getriebe gerät die Technik ja auch nur deshalb, weil sie selbst schon von sich her eine ökonomische Seite hat. Wird diese ökonomische Dimension der Technik ignoriert, ist Wunscherfüllung in der Form von Technikkonsum in Gefahr, in Wunschversagung umzuschlagen als die Art und Weise, wie sich die verleugnete ökonomische Realität zur Geltung bringt.

(4) Strukturell ähnlich stellt sich die *Dialektik technischer Befreiung* dar. Technik ist angetreten, den Menschen von Zwängen zu befreien. Aber indem sie Zwang beseitigt, produziert sie möglicherweise neuen, andersartigen Zwang. Rilke beklagt die Einschränkung der Bewegungsfreiheit durch den großstädtischen Verkehrsstrom; der Computer fordert Anpassung an seine Programmstruktur und erheblichen Aufwand für Störungsbeseitigung; Lautsprecheranlagen ermöglichen die Zwangsbeschallung ganzer Landstriche; Wolkenkratzer produzieren Gesundheitsschäden, Anonymität, Kriminalität; der Automaten-Administrator ist zu konzentriertestem Nichtstun verurteilt – dies waren kurz die hier betrachteten Beispiele.

Die *Gründe* für das Umschlagen technischer Befreiung in Zwang stammen zum einen aus der Logik des technischen Systems selbst, zum anderen auch hier aus dem Hineinwirken der Technik in außertechnische Bereiche, etwa ökonomischer, politischer, soziologischer, administrativer Art: So fordert das technische Ideal des total durchgeplanten Systems vom Benutzer, dass er sich in dieses einzupassen hat, wenn er es bestimmungsgemäß nutzen will. Er degeneriert insoweit selbst zu einer Systemkomponente. Selbst alltägliche Vollzüge wie das Einstellen eines Weckalarms erfordern strikteste Handlungsnormierung. Da diese technikerzeugten, strukturellen Zwänge allerdings selbst technischer Natur sind, können die entsprechenden Vollzüge grundsätzlich wiederum technisch realisiert werden, wie dies heute beispielsweise in der Form der automatischen Installation von Programmen der Fall ist. In eben diesem Sinn wäre eine umsichtige Technik zu fordern, die nicht vom Menschen Anpassung fordert, sondern umgekehrt *sich anpasst* an die Pragmatik menschlichen Handelns – ein weites Feld humaner Technikgestaltung.

Insoweit Technik aber in *nicht-technische* Dimensionen hineinwirkt, gerät sie auch unter *deren Gesetze*. Dass beispielsweise Wolkenkratzer Kriminalität begünstigen, hängt mit den engen, hässlichen Treppenhäusern zusammen, die niemand benutzt: ein soziologischer Aspekt. Die Treppen werden aber deshalb nicht benutzt, weil es Fahrstühle gibt; und es muss Fahrstühle geben, weil Wolkenkratzer anders nicht bewohnbar sind: sozusagen ein anthropologischer Faktor. Solche technik-externen Faktoren produzieren strukturelle Zwänge, die zwar nicht-technischer Art sind, doch auch hier gilt wieder, dass die Technik, indem sie in der realen Welt operiert, nolens volens auch in deren Probleme verstrickt ist. Dies *grundsätzlich von vornherein* mit zu bedenken wäre ebenfalls als ein essentielles Anliegen humaner Technikgestaltung zu verstehen.

(5) Dass humane Technikgestaltung, die man als gesellschaftlich unstrittiges Ziel annehmen darf, zunächst eher chancenlos ist, ist der *Dialektik technischen Konstruierens* geschuldet, die, wie dargelegt, auf einer eigentümlichen Inversion der Mittel-Zweck-Beziehung beruht. Für den Anwender von Technik ist das

technische Konstrukt ein Mittel zur Realisierung eines Zwecks. Für den Konstrukteur hingegen ist das Konstrukt der zu realisierende Zweck, und der Anwendungszweck desselben gehört für ihn mit auf die Seite des Mittels: Er braucht den Anwendungszweck der Anderen, um ein technisches Konstrukt entwickeln zu können. Was für den Anwender Mittel ist, ist für den Konstrukteur Zweck, im Extrem Selbstzweck. Den Mittelgebrauch des Anwenders verliert er dadurch allzu leicht aus dem Blick. Die Folge ist, dass der Anwender sich einen ihm zunächst unbekannten Bewandtniszusammenhang erst mühsam erschließen muss. Ein solches Produkt ist ‚kaum zu gebrauchen' und verliert dadurch tendenziell seinen Sinn.

Auch diese Dialektik hat ihren Grund in *nicht-technischen* Sachverhalten, hier allerdings nicht solchen ökonomischer oder soziologischer, sondern eher psychologischer Art. Auch der Techniker ist ein Mensch. Das freilich, wird man sagen, wird seine Leistung nicht beeinträchtigen, denn er ist Techniker und kennt sich mit Technik aus. Doch das ist, bei Licht besehen, gerade der kritische Punkt: Er kennt sich *zu gut* mit Technik aus, um *den* verstehen zu können, der sich mit Technik *nicht* auskennt, aber eben doch Adressat seines Konstruierens ist. Ähnlich wie von einem Grundmissverständnis zwischen den Geschlechtern die Rede ist, könnte man auch von einem Grundmissverständnis zwischen Konstrukteur und Anwender sprechen.

Die hier wirksamen *technikexternen* Bedingungen sind in diesem Fall nicht in der ‚Welt', sondern irritierenderweise beim Techniker selbst zu suchen. Hier macht sich sozusagen der ursprünglichste Realitätsbezug von Technik geltend, nämlich der Umstand, dass sie zur Realisierung eines *Technikers* bedarf. Die Psychologie des Technikers selbst ist hier das eigentliche Problem. Technik ist nicht nur etwas, das in die reale Welt hineinwirkt, sondern sie wird auch von *realen Menschen* gemacht, was sicherlich Grund genug ist, dass etwas schief läuft. Dennoch ist Technik schwerlich *ohne* Techniker denkbar – nicht weniger freilich ohne Anwender. Ihren Grund hat die dargelegte *Dialektik* also letztlich in der *Einseitigkeit* der Technikerperspektive, die die Anwenderperspektive tendenziell ignoriert. Was der Techniker selbst als gelungen betrachtet, erweist sich für den Anwender so möglicherweise als inoperabel (in größerem Maßstab übrigens auch beim Export von Hochtechnologie in mentalitätsmäßig unvorbereitete Entwicklungsländer).

Aufgehoben werden kann diese Dialektik somit nur in *der* Weise, dass sie in ihrer Struktur durchschaut, und das heißt jene Einseitigkeit erkannt und überwunden wird, dass die Perspektive des Konstrukteurs die Anwenderperspektive von vornherein einbezieht und dem Desiderat *humaner Technikgestaltung* damit zu entsprechen sucht.

(6) Eine andere Form der Einseitigkeit ist, was irritieren mag, in dem wesentlich *kulturellen* Charakter der Technik begründet. Dies ist hier unter dem Titel einer *Dialektik technischer Künstlichkeit* erörtert worden: Zwar operiert Technik auf der Ebene physisch-naturhaften Seins, aber sie ist deswegen keineswegs ein Naturphänomen, sondern ein durch und durch *kulturelles*, und das heißt künstliches Unternehmen. Ihre Welt existiert nicht wie die Naturordnung aus sich selbst, sondern verdankt sich menschlicher Planung und Herstellung.

Das bedeutet zum einen, dass die technisch etablierte, künstliche Ordnung mit der Naturordnung nicht unbedingt konvergiert. Sie stellt vielmehr einen Eingriff in diese dar, der ihr ökologisches Gleichgewicht in desaströser Weise stören kann – mit Konsequenzen, die weitaus gravierender sein können als die bisher betrachteten. In technischer Einstellung legt sich nahe, darauf wiederum technisch zu reagieren, d. h. zu versuchen, die gestörte ökologische Balance durch den Einsatz von Technik wieder ins Lot zu bringen, mit anderen Worten: Das technische System entwickelt qua Künstlichkeit aus sich heraus die Tendenz, der Natürlichkeit technische Prothesen anzupassen, bis hin zur restlosen Beseitigung aller Natürlichkeit. Diese Form ‚*prothetischer'* Totalisierung der Künstlichkeit bleibt dabei noch an der Natürlichkeit orientiert.

Zum anderen ist aber auch eine *innertechnische Totalisierungstendenz* wirksam: Die Funktionalität eines technischen Systems beruht, wie dargelegt, entscheidend darauf, dass die Systemkomponenten zueinander passen und aufeinander abgestimmt sind. An den ‚Rändern' des Systems ist dies naturgemäß nicht mehr gegeben. Dort steht dem System eine system-fremde Umgebung gegenüber. Hier droht Dysfunktionalität. Auch aus diesem Grund entwickelt das System der Künstlichkeit die Tendenz, sich auszuweiten, den Rest Natürlichkeit in seinem Umfeld zu beseitigen, um alles mit sich kompatibel zu machen. Für diese *totale Interdependenz* aller Komponenten des Systems, das heute als ein weltumspannendes Beziehungsgefüge technisch-zivilisatorischer Strukturen realisiert ist, hatte Heidegger den Begriff des *Bestands* geprägt.

Als Konsequenz daraus droht die *Vereinnahmung des Menschen* durch das System. Denn solange der Mensch selbst nicht systemgerecht ‚funktioniert', ist das System weiterhin von Dysfunktionalität bedroht. Der Mensch, ‚menschliches Versagen', ist gleichsam ein Außerhalb des Systems im Zentrum des Systems selbst. Insofern enthält Technik immer die Tendenz, auch das *Subjekt* von Technik selbst als ‚Bestand' in das System zu integrieren und zu einem *funktionalen Objekt* zu machen, es zu *verdinglichen*.

Prothetische und innertechnische Totalisierung der Künstlichkeit konvergieren im Grenzzustand totaler Interdependenz sämtlicher Systemkomponenten. Daraus aber, so hat sich gezeigt, erwächst die Gefahr der *Störanfälligkeit* und

Verletzlichkeit des Systems. Die größtmögliche Künstlichkeit ist zugleich die größtmögliche Gefährdung der Künstlichkeit.

Diese Dialektik der Künstlichkeit legte den Vergleich mit Formen *organismischer Selbstorganisation* nahe. Für das technische System führt das zu der Empfehlung, es mit *Reflexivität* auszustatten, um ihm dadurch eine Form von ‚Selbstorganisation' zu ermöglichen. Genau das nämlich ist es, was dem System als *künstlichem* fehlt: Seine Einseitigkeit besteht in der Abkehr vom Prinzip organischer Natürlichkeit, das durch Selbstorganisation charakterisiert ist. Nur so kann diese Dialektik aufgefangen werden, dass die *Künstlichkeit selbst* zurückgenommen, und das heißt: die Struktur des technischen Systems *organisch-natürlichen* Strukturen angenähert wird. Der Techniker muss sozusagen organismusanaloge Gebilde schaffen, die ihre Existenz und Funktion selbst zu sichern vermögen und des Technikers im Grund nicht mehr bedürfen. Er muss ihnen – ‚künstlich' – auch noch das geben, was ihnen im Zustand der Künstlichkeit verweigert blieb.

(7) Das technische System, die technisch-zivilisatorische Welt ist essentiell durch *Funktionalität* bestimmt. Funktionalität ist der Triumph der Technik. Aber in ihrer systemischen Geschlossenheit und Eindimensionalität, in ihrer *Totalisierung* liegt auch die Gefahr menschlicher Verarmung. Wenn der Mensch und seine Welt nur noch unter dem Funktionalitätsaspekt erscheinen, bedeutet das eine Verengung der menschlichen Sinnperspektive, Sinnverlust. Diese *Dialektik technischer Funktionalität* droht so, fundamentale Bedingungen des Menschseins zu zerstören. Sie entsteht dadurch, dass die Technik auf *technikfremde* Bedingungen trifft: hier *anthropologische Werte*, mit denen sie, gerade in ihrer totalen Perfektion, in Konflikt gerät.

Das ist nun, anders als in den vorher betrachteten Fällen, eine den *Wesenskern* des Menschen berührende Bedrohung, die in höchstem Maße alarmieren muss. Heidegger hatte dieser Bedrohung die *Kunst* entgegengestellt, die, trotz der etymologischen Verwandtschaft beider im griechischen Begriff der ‚techne', per se den Gegenpol zur modernen Technik bildet – sich nicht fesseln lässt, sich der Reduktion widersetzt und sich auf Irdisches, Menschliches und Göttliches einlässt. Ist die Kunst ‚das Rettende'? Man kann sich hier der eingangs erwähnten Beobachtung erinnern (Kap. 1.1.1), dass Technik auch die gestaltende *Phantasie* in Bewegung bringt. Tatsächlich bietet sie eine Palette inspirierender Gestaltungsmöglichkeiten. Technik enthält so auch einen *immanent künstlerischen Impetus* und damit die Möglichkeit, der Dialektik technischer Funktionalität entgegenzuwirken, d. h. den Menschen aus technisch-funktionaler Eindimensionalität und Entwesentlichung zu befreien und ihm so einen freieren, sich dem Ganzen des Seins öffnenden Umgang mit Technik zu ermöglichen.

2.9 Technische ‚Big-Projekte'

Mit der Computertechnik sind Projekte möglich geworden in Größenordnungen, die bis vor Kurzem noch unvorstellbar waren. Als Nachtrag zu den bisher durchgeführten Fallstudien möchte ich zwei solcher aktuellen ‚Big-Projekte', wie ich sie im Folgenden kurz nenne, in den Blick nehmen: das *Big-Data-Projekt* und das *Industrie-4.0-Projekt*. Big-Data betrifft die Ausdeutung und ‚Ausbeutung' gigantischer Datenmengen. In dem als vierte industrielle Revolution bezeichneten Industrie-4.0-Projekt geht es um die – noch nie zuvor in diesem Maßstab – automatisierte Produktion und Logistik vom Zulieferer über die Herstellung bis zum Endkunden. Ich stelle beide Projekte zunächst vor und gehe anschließend der Frage nach, wie sich diese Projekte in der Perspektive der hier thematisierten *Dialektik des Technischen* darstellen.

2.9.1 Big Data

Das Eindringen des Computers und des Internets in alle Lebensbereiche hat zu einem immensen Datenaufkommen geführt. Man denke an die tägliche Flut aktueller Meldungen, persönlicher und kommerzieller Emails, die enthemmte Kommunikationslust eines Millionenpublikums in den sozialen Netzwerken und die nie endende Tätigkeit der Suchmaschinen und ‚Cloud'-Dienste; ganz zu schweigen von den unaufhörlich wachsenden Datenströmen aus Wirtschaft, Finanzwesen, Wissenschaft (etwa Meteorologie, Medizin, Hochenergiephysik, Astronomie) etc. Daten, Informationen haben im gesellschaftlichen Kontext immer schon eine wichtige Rolle gespielt. Neu ist das – durch die Computer- und Speicherentwicklung ermöglichte und unaufhörlich weiter gesteigerte – gigantische Ausmaß dieser Entwicklung. Damit ist ‚*Big Data*' zu einem zentralen und zunehmend dringlicher werdenden Thema unserer Welt geworden, und entsprechend stellt sich zunehmend dringlicher die Frage: Wie geht man damit um?

Zunächst einmal ist festzustellen, dass ‚Big Data' keineswegs für ein schicksalhaft ungewollt hereingebrochenes Geschehen steht, sondern weil diese Daten gewünscht und benötigt werden: für sinnvollere Verkehrsplanungen, bessere Krebstherapien, gezieltere Warenangebote, ‚tiefer' eindringende Internetrecherchen, effizientere Verbrechensbekämpfung, weiter ausgreifende astronomische Forschungsprojekte und so fort. Die Frage, wie man mit solchem ‚*Data Mining*' sinnvoll umgeht, stellt sich damit zunächst nicht, denn die Daten entstammen einem sachlichen Verwendungszusammenhang, in dem sie ihren Sinn haben.

Ein Anderes sind die damit verbundenen ‚Nebenwirkungen'. Big Data benötigt gewaltige ‚Serverfarmen' zur Speicherung und Verarbeitung der exorbitanten

Datenmengen und für den durch sie generierten ‚Traffic'. Der dafür erforderliche Stromverbrauch ist enorm. Googles Datencenter beispielsweise benötigt ca. 300 Megawatt elektrische Leistung (Glanz 2013), was etwa einem Viertel der Leistung eines Kernkraftwerks entspricht, Tendenz rasant steigend. 2017 hat Google vorsorglich die zehnfache (!) Leistung (3 Gigawatt) eingekauft – vorbildlich und publikumswirksam aus erneuerbaren Energien.[23] Dabei machen die Big-Data-Server generell nur etwa zwischen 6 und 12 Prozent diejenige Arbeit, für die sie eigentlich bestimmt sind; der Rest geht für Leerlauf, Kühlung und Crash-Prävention drauf. Im Wesentlichen also, kann man sagen, sind sie damit beschäftigt, elektrische Energie zu verbrennen. Und das, damit der heimische Computer ohne Verzögerung bedient wird, auch wenn die E-Mail zum Nachbarn dafür erst den Erdball umrunden muss (Glanz 2013), oder damit soziale Netzwerke à la Facebook, Twitter, Buzzfeed im Strom milliardenfacher Kommunikation ihr darin mitlaufendes Geschäft betreiben können. Die ‚Tweets', ‚Blogs' und ‚News' mit ihren adjungierten ‚Shares' und ‚Likes', die im *globalen Dorf* Big Data produzieren, mögen für die unmittelbar involvierten ‚User' ihren kommunikativen Stellenwert besitzen. Objektiv betrachtet werden damit rein private Bedürfnisse bedient, die zugleich als Werbeträger fungieren und die Internetserver auf Temperatur halten – „aus Gründen, die alles mit Ökonomie und wenig mit Technologie zu tun haben" (Fienbork 2013).

Die schlechthin ‚sauber' und ‚soft' scheinende Informationstechnik produziert so durchaus ökologisch relevante Nebenwirkungen. Wie sich das in den USA konkret darstellt, beschreibt James Glanz in einer Artikelserie der New York Times (Glanz 2012a; 2012b; 2013): Große IT-Firmen wie Microsoft nutzen die billigen – und von ihnen mühelos überbietbaren – Quadratmeter- und Strompreise in ländlichen Gegenden, erwerben große Areale zuvor landwirtschaftlich genutzter Fläche und bauen dort ihre Serverfarmen. Zur Datensicherung laufen zahlreiche riesige Dieselgeneratoren gleichzeitig. Zudem wurden von Microsoft, um den Strompreis niedrig zu halten und eine drohende Vertragsstrafe wegen zu geringen Verbrauchs zu minimieren, riesige Mengen elektrischer Energie einfach ‚verbrannt'. Dass solche Firmen durch ihre Ansiedlung zur Wirtschaftsbelebung und Schaffung von Arbeitsplätzen in Gegenden, die vorher kommerziell eher im Schatten lagen, wesentlich beitragen, bedeutet ferner ein erhebliches politisches Erpressungspotential, das beispielsweise steuermindernd eingesetzt werden kann – und wird.

---

[23] https://www.heise.de/newsticker/meldung/Google-Einkauf-sauberer-Energie-hoeher-als-Stromverbrauch-4012081.html.

Das ist alles sehr negativ. Trotzdem sind die Experten-Reaktionen auf diese New York Times-Artikel eher beschwichtigend: Den dargestellten Nachteilen stünden erhebliche Vorteile gegenüber, die die Nachteile großenteils überwiegen. In der Frankfurter Allgemeinen wird über ein Schweizer Projekt berichtet, das durch Echtzeitanalyse der aktuellen Zugpositionen – Verarbeitung von 20.000 bis 30.000 Nachrichten pro Sekunde – Fahrempfehlungen an die Lokführer gibt. Die dadurch ermöglichte *tägliche* Energieeinsparung im Schweizer Bahnnetz liegt in der Größenordnung des Verbrauchs einer Kleinstadt (Wiseman 2013)!

Ein anderes, eher kurioses Beispiel betrifft das Big Data Marketing von Spielautomaten in Las Vegas durch Echtzeitanalyse des Spielverhaltens. Wenn der Fall droht, dass ein Spieler aufgrund einer Pechsträhne verärgert aufgibt und sein Spielverhalten ändert, wird er „stattdessen eingeladen, beispielsweise zum Essen oder zu einer Abendveranstaltung, die momentan nicht ausgebucht ist. In Echtzeit wird ermittelt, wie dem Unternehmen die geringsten Kosten entstehen" (Wiseman 2013). Dass mit den Daten freilich sehr sensibel umgegangen werden muss, verdeutlichen zwei andere Beispiele: „Wenn ein Händler an ihrem Online-Verhalten und ihren Einkäufen erkennt, dass eine Kundin schwanger ist, sollte er nicht ungefragt einen Gratulationsbrief schicken, wie es etwa in den USA vorgekommen ist. Die Kreditkartenfirma sollte mir besser keinen guten Scheidungsanwalt empfehlen, nur weil sie an meinem Kaufverhalten erkennt, dass sich eine Ehekrise anbahnt" (Sommer 2013).

Damit rückt der Datenschutz-Aspekt in den Fokus – sicher ein politisch zentraler Punkt der Big-Data-Thematik, der gegenwärtig (2013/2014), angesichts der Enthüllungen über die weltweite, invasive Datenspionage amerikanischer Geheimdienste, besonders erregt diskutiert wird. Besorgnis erregen auch Entwicklungen im kommerziellen Sektor; nur ein Beispiel für viele: Nachdem die dominierende Internet-Suchmaschine *Google* eine der führenden US-Firmen, *Nest*, die Thermostate und Rauchmelder mit Internet-Anbindung herstellt, aufgekauft hat, zeichnet sich die Möglichkeit der totalen Kontrolle des privaten Wohnbereichs ab durch die in den Geräten eingebauten Sensoren, die über Funk kontrolliert und gesteuert werden. Dass dies Entwicklungen sind, die nach gesetzlicher Regulierung rufen, liegt auf der Hand.

Die grundsätzliche *Motivation* des Big-Data-Projekts liegt für die Betreiber darin, dass in den massenhaft erhobenen Daten implizit vorhandene *Strukturen* sichtbar gemacht werden können – freilich *wie*, „in light of the oceans of data that can now be explored" (Bollier 2010, 7)? Es müssen Möglichkeiten der Daten-Erschließung gefunden werden. Die pure Datenmenge als solche ist ohne Erkenntniswert; von Nutzen kann sie nur sein, wenn sie weiter aufgeschlüsselt und beurteilt werden kann.

Das geschieht im einfachsten Fall durch *Fragen*, die an die Daten gestellt werden: Welches Geräte-Szenario führt zum geringsten Energieverbrauch? In welchem Monat ist die Rate der Wohnungseinbrüche am höchsten? Welche ‚Wählerwanderung' von einer Partei zu einer anderen hat stattgefunden? In welcher Weise werden Laufschuhe beansprucht? (Der amerikanische Sportartikelhersteller Nike beispielsweise hat seine produzierten Schuhe mit Chips versehen, um so Daten für Produktentwicklung und Marketing zu gewinnen (7.3.2013 – http://youtu.be/LFci8ZmS7LQ)). Werden die Ergebnisse dann beispielsweise *visuell* dargestellt, können relevante Strukturen sichtbar gemacht, Vergleiche angestellt, Korrelationen erkannt werden etc. „One of the most noted examples of now-casting is a service known as Google Flu Trends. By tracking the incidence of flu-related search terms, this Google spinoff service can identify possible flu outbreaks one to two weeks earlier than official health reports. When the Google data are correlated with actual flu cases compiled by the Centers for Disease Control, the Google estimates are 97 percent to 98 percent accurate" (Bollier 2010, 20, cit. Alice Park, Is Google Any Help in Tracking an Epidemic?, in: Time Magazine, 2009 – 0506, at http://www.time.com/time/health/article/ 0,8599,1895811,00.html).

Die durch ‚Big Data' gewonnenen Informationen mögen kommerziell, medizinisch, politisch, soziologisch etc. von erheblichem Interesse sein. Können auf diese Weise aber *kausale* Zusammenhänge erkannt werden? Das gemeinsame Auftreten von Salzstreuern und Pfefferstreuern auf Restauranttischen ist ubiquitär, aber der Salzstreuer ist nicht die *Ursache* des Pfefferstreuers oder umgekehrt. Wer sich für die eigentliche Ursache dieser Korrelation interessiert, kann nicht einfach nur deren Realisationen in Restaurants zählen, sondern muss *Kausalforschung* betreiben: Wie lässt sich die Salz-Pfeffer-Paarung *erklären?* Dafür wird eine vorgängige *Theorie* benötigt. Im Salz-Pfeffer-Beispiel würde es etwa um ‚Gesetzlichkeiten' des menschlichen Geschmackssinns gehen.

Ein schlichtes ‚Entweder-Big-Data-oder-Theorie' wäre aber auch verfehlt, denn die Daten enthalten ja durchaus Hinweise auf ihnen zugrunde liegende Gesetzlichkeiten. Eine einfache und zugleich effiziente Form der Datenanalyse ist die *Visualisierung*, etwa in Gestalt von Kurven, Blockschaubildern, Kreissegmenten, Pfeildiagrammen. Kundenpräferenzen, Wählertrends etc. werden so in Gestalten räumlicher Anschauung übersetzt und dadurch unmittelbar erfassbar: als *funktionale Zusammenhänge*, die als solche schon eine rudimentäre Form von *Theorie* repräsentieren, indem sie Häufigkeiten, Trends etc. in Abhängigkeit von bestimmten Parametern sichtbar machen. In dieser Weise enthält Big Data eine latente Theorie-Affinität, die eine Theoriebildung zumindest nahelegt.

Grundsätzlich gesehen wird es durch die Analyse großer Datenmengen möglich, globale Zusammenhänge sichtbar zu machen, die sonst verborgen geblieben wären – was in einer Welt der *Global Player* wirtschaftlich, politisch, militärisch usw. zunehmend wichtig wird. Big Data ist die Voraussetzung für ein Handeln im Weltmaßstab. Es ist so etwas wie eine Mine, die Schätze birgt, deren Erschließung mathematische Intuition und eine Weltperspektive erfordert. Die einzelnen lokalen Daten als solche sind nur zusammenhanglose Bits. Relevante Strukturen können erst auf der Big-Data-Ebene hervortreten, die ohne adäquates ‚Mining' freilich auch nur Datenmüll enthielte. Es verhält sich ähnlich wie beim Würfel: Auch der einzelne Wurf – sagen wir eine Fünf – beruht natürlich schon auf der Würfelform, aber deren *Symmetrie* wird erst im Resultat sehr vieler Würfe sichtbar: in Form einer annähernden Gleichverteilung aller sechs Möglichkeiten. Indem bei sehr vielen Würfen die verschiedensten Ursachen ins Spiel kommen, wird alles, was überhaupt möglich ist, anteilig zur Erscheinung gebracht. Big Data ist ein Fall des *Gesetzes der großen Zahl*.

2.9.2 Industrie 4.0

Tritt im Fall von Big Data erst bei sehr großen Zahlen eine Struktur zunehmend deutlicher hervor, repräsentiert die sogenannte *Industrie 4.0* in einem gewissen Sinn den entgegengesetzten Fall: Am Anfang steht ein Chip, der schon die gesamte Information aller Prozesse zur Herstellung eines Werkstücks enthält. Der *gesamte Werdegang* – vom Zulieferer über den Produktionsprozess bis zum Endkunden einschließlich Serviceauftrag – ist auf diesem Chip vorgezeichnet: ein ‚Big-Projekt' also im Sinn einer so noch nie dagewesenen, umfassenden Integration sämtlicher Prozessschritte in einen automatisch ablaufenden Produktionsgang. Der Chip wandert mit dem Werkstück durch die verschiedenen Phasen seiner Herstellung und steuert auf jeder Entwicklungsstufe die erforderlichen Schritte – heute noch eine Technik-Vision im Pilotstadium, die in ein bis zwei Jahrzehnten jedoch Realität sein soll (Bojaryn 2013).

Damit wird ein neues Zeitalter der Robotik eingeläutet. ‚Industrie 4.0' ist als Bezeichnung für die nunmehr vierte industrielle Revolution zu verstehen: nach der ersten, durch die Dampfmaschine ermöglichten Mechanisierung und Industrialisierung der Produktion im 19. Jahrhundert, der zweiten durch die Umstellung auf Fließbandarbeit zu Anfang des 20. Jahrhunderts und der dritten durch die zunehmende Verwendung von Robotern seit den 70er Jahren im vorigen Jahrhundert.

Es liegt auf der Hand, dass das Industrie-4.0-Szenario die *totale Vernetzung* aller am Produktionsprozess in irgendeiner Weise Beteiligten – Maschinen, Experten, Fabrikationswerke, Firmenverwaltungen, Kunden, Kontrollorgane etc. – voraussetzt. Nach heutigen Vorstellungen wird das per Internet geschehen. Dieses bietet einen einheitlichen Kommunikationsstandard, ohne den die globale Vernetzung unterschiedlichster Instanzen nicht möglich wäre. Dass damit erhebliche Sicherheitsprobleme verbunden sind, liegt ebenfalls auf der Hand.

Warum also wünscht man so etwas? Was verspricht man sich von einer solchen vierten industriellen Revolution? Ist es die vollendete Robotisierung als Mittel, den Faktor Mensch und die mit ihm verknüpften Risiken endgültig zu eliminieren? Nun, es ist klar, dass eine solche Erwartung fehlginge. Denn ein derartiges Projekt braucht nichts so dringend wie kompetente Experten, die das System verstehen, planen, realisieren, kontrollieren und, wenn nötig, auch reparieren können. Worum es tatsächlich geht, das sind sehr praktische Ziele, einerseits natürlich Steigerung der Kosteneffizienz und anderseits die Möglichkeit, auch beliebige, individuelle Kundenwünsche kostengünstig zu erfüllen. In der Tat ist das ‚4.0-System' maximal flexibel. Der erwähnte ‚Chip', der das Werkstück durch die Phasen seiner Herstellung steuert, braucht nur entsprechend instruiert zu werden. Auf diese Weise werden Kleinstserien möglich, bis hinunter zur Losgröße 1 (Bojaryn 2013).[24] Schon heute kann beispielsweise eine Büromöbelfirma in Österreich „in 15 Arbeitstagen ... Büromöbel mit 48 Millionen möglichen Varianten herstellen" (Zimmermann 2013): das genaue *Gegenteil* der starren Massenfertigung bei Fließband- oder Roboter-Produktionsanlagen. Und solange es Menschen gibt, werden sie individuelle Wünsche haben und Produkte, die diese erfüllen, präferieren.

Wie ist das 4.0-Projekt, über diese praktische Bedeutung hinaus, einzuschätzen? Zunächst einmal ist klar, dass es ebenfalls ein ‚Big-Projekt' repräsentiert, denn die Größenordnungen heutiger Industrieproduktion sind damit weit überschritten. Die in allem Technischen wirksame *Totalisierungstendenz* (vgl. Kap. 2.6.1 und Kap. 2.8, Ziffer 6) erscheint hier nochmals potenziert, mehr noch: Totalisierung wird hier geradezu zum *expliziten Leitthema* der Technikgestaltung: Alle beteiligten Instanzen und Prozesse, vom Zulieferer bis zum Kundenservice, sollen eingepasst werden in ein kohärentes System, das völlig autark funktioniert. Möglich wird das zum einen durch ein System vollständiger Anweisungen, die den Produktionsgang geeignet steuern – und gegebenenfalls auch korrigieren –, zum anderen durch eine dem passgenau korrespondierende ‚Umgebung', in der die Anweisungen entsprechend umgesetzt und realisiert werden können. Bedingung dafür ist also, dass alles dieses vorweg minutiös geplant und entsprechend konfiguriert ist, d. h. der gesamte Prozess muss bis ins kleinste Detail *antizipiert* und *programmiert* werden, komplettiert durch selbstlernende Instanzen zur au-

---

24 „Als ‚Losgröße' bezeichnet man die Charge identischer Teile, die ohne Umstellung der Fertigung hergestellt werden kann" (Zimmermann 2013).

tomatischen Optimierung, Fehler-Erkennung und -Beseitigung, mit anderen Worten: Die gesamte *Intelligenz*, die heute Menschen für die Durchführung des kompletten Produktionsgangs aufbringen, muss in eine objektivierte Form überführt werden – virtuell als Programm und real als Bereitstellung der erforderlichen Produktionsmittel (im weitesten Sinn). Die *Organismus-Analogie* (vgl. Kap. 2.6.3 und Kap. 2.8, Ziffer 6) drängt sich hier unmittelbar auf. Ähnlich wie im Organismus hat hier Alles, bis ins kleinste Detail, seine genaue ‚Bestimmung'. Nur genuine *Selbsterhaltung* wird man dem System, trotz Fehlertoleranz, nicht zusprechen können; darin unterscheidet sich das 4.0-Projekt dann doch essentiell vom Organismus. Aber dieser wäre jedenfalls die ultimative Form, das *Ideal* der 4.0-Produktion – und übrigens ja auch der Bedeutungs-Ursprung von ‚Organisation'.

Das 4.0-Projekt könnte – was zweifellos nicht das eigentliche Ziel des Unternehmens ist – auch Konsequenzen für das *Selbstverständnis* des Menschen haben. Denn, wie gesagt, menschliche Intelligenz und Ingeniosität müssen hier an Maschinen delegiert und in dieser Weise objektiviert werden. Der Mensch begegnet sich darin also gewissermaßen selbst, jedoch in ganz anderer Weise als in den von ihm bislang hergestellten technischen Objekten. Was sich bei der Konzeption, etwa eines Autos, bisher noch überwiegend in seinem Kopf abspielt, liegt ihm in Gestalt der 4.0-Produktion dann als gleichsam externalisierte Intelligenz vor Augen. In einem gewissen Sinn hat er darin *sich selbst* nachgeschaffen – allerdings ohne die kreative Ingeniosität dieses Schaffens selbst. Der Ingenieur, der ein Auto entwirft und produziert, weiß sich als dessen Schöpfer. Wenn er die gesamte *Logik*, die er darein investiert, im 4.0-Projekt an eine autarke Steuerungselektronik, Robotik und Logistik übertragen kann, wird ihm darin sein subjektiver Schaffensprozess gleichsam in objektiv-materialisierter Form gegenständlich – und damit auch die grundsätzliche Einsicht, dass die Materie diese ganze Logik aufzunehmen und zu prozessieren vermag. Sie erweist sich als ein Sein, das prinzipiell die Möglichkeit der Intelligenz enthält, und der Mensch ist offenbar ein Fallbeispiel dieses allgemeinen Prinzips – ein starkes Motiv, an die *grundsätzliche Möglichkeit* künstlicher Intelligenz zu glauben.

2.9.3 Temperierte ‚Big'-Dialektik

Was dies für unser Selbstbild letztlich bedeutet, kann hier offenbleiben. Im Sinn der Überlegungen zur *Dialektik* des Technischen möchte ich hier nur der Frage nachgehen, inwieweit die beschriebenen ‚Big-Projekte' ihrerseits zu dialektischen

Umschlagsphänomenen führen. Ich gehe die früher dargestellten Formen technikinduzierter Dialektik dazu der Reihe nach durch:[25]

Kann man sagen, dass Big Data und Industrie 4.0 eine *Dialektik technischer Effizienz* entwickeln? Nun, die Flut anfallender Daten stellt sicher eine Herausforderung bezüglich der dafür benötigten Hard- und Software dar, aber eine Selbstbehinderung der Daten, so wie sich etwa massenhaft Autos durch Staubildung selbst behindern, ist nicht zu erkennen. Und auch für das auf Systemtotalisierung hin konzipierte 4.0-Projekt sind zweifellos enorme technische und organisatorische Schwierigkeiten zu überwinden, aber läuft es erst einmal, steht es seiner eigenen Effizienz offenbar nicht selbst im Weg.

Die *Dialektik technischen Fortschritts*, also die der Technik selbst wesenhaft zukommende Unvermeidlichkeit technischen Veraltens, ist natürlich auch für Big-Projekte gegeben. Man wird aus den im Umgang damit gewonnenen Erfahrungen lernen und für große Datenaufkommen effizientere Analysemethoden und für die 4.0-Produktion elegantere Programme entwickeln. Aber das würde sich, denke ich, primär auf der *Software*-Ebene abspielen und somit durch *Updates* bewerkstelligt werden können.

Die *Dialektik technischer Wunscherfüllung* betraf wesentlich das individuelle Konsumverhalten, das im vorliegenden Zusammenhang keine Rolle spielt. Natürlich führt zumindest das 4.0-Projekt dazu, dass der ungelernte Arbeiter in entsprechenden Betrieben praktisch chancenlos und insofern ein Opfer dieser Entwicklung ist. Aber hochqualifizierte Experten werden jedenfalls in großer Zahl benötigt und angesichts des tendenziell zunehmenden Facharbeitermangels sicher händeringend gesucht, mit anderen Worten: Durch die Verschiebung hin zu Big-Projekten verlagern sich offenbar die intellektuellen Anforderungen an die – zweifellos nach wie vor dringend benötigte – menschliche Arbeit.

Die *Dialektik technischer Befreiung* beruht darauf, dass die von der Technik erhoffte Befreiung von Zwängen selbst neue Zwänge produziert. Zumindest Misslichkeiten im Fall von Big Data sind, wie dargelegt, etwa die dafür erforderlichen Serverfarmen mit gigantischem Energieverbrauch, großenteils nur für deren Leerlauf, die oft in ländlichen Gegenden angesiedelt werden und deren verkehrstechnische und politische Infrastruktur von Grund auf verändern. Im Fall der 4.0-Industrie ist die totale Normierung sämtlicher Abläufe durchaus ein ‚Zwangselement', aber praktisch nur prozessintern, nicht für den Anwender, der,

---

[25] Von einer Dialektik, die aus der Technik-Anwendung heraus gegen diese selbst gerichtet ist, zu unterscheiden sind etwa Widerstände in der Bevölkerung gegen Großprojekte wie Braunkohlentagebaue, Windenergieparks, neue Überlandleitungs-Trassen etc. Ausschlaggebend hierfür sind Einwände wie ‚Landschaftszerstörung', ‚Vogelschlag', ‚Strahlungsschäden' usf., die letztlich auf konfligierenden Wertsystemen beruhen (vgl. Kornwachs 2017).

bei bestimmungsgemäßem Ablauf, eigentlich nur den Einschaltknopf betätigen muss. Neu ist wohl der höchst sensible Sicherheitsaspekt, der weitreichende, einengende Vorkehrungen gegen ‚Cyberattacken' erforderlich macht.

Wenig Dramatisches auch hinsichtlich der *Dialektik technischen Konstruierens*. Dass sich das Konstruieren bei Big-Projekten völlig verselbständigt und den Anwender dabei außer Acht lässt, ist gerade hier nicht zu erwarten. Dieser ist als Auftraggeber von vornherein mit involviert. Er hat diese hochkomplexe Technik bestellt und die dafür erforderliche Expertise gleich mit dazu.

Schwach erkennbar sind Strukturen der *Dialektik technischer Künstlichkeit* bezüglich Big-Projekten: im 4.0-Projekt aufgrund der inhärenten Totalisierungstendenz des Systems, die dahin geht, alle systemfremden Elemente zu eliminieren, um Alles mit sich kompatibel zu machen – und deshalb durch menschliche Fehlbarkeit gefährdet ist; oder im Big-Data-Projekt dadurch, dass sich hier nicht natürliche Personen differenziert mitteilen, sondern dem Gesetz der großen Zahl unterworfen werden und so nur noch als Elemente einer abstrakten Menge erscheinen, was etwa zu Missdeutungen globaler Datenbewegungen (z. B. in der Parteienforschung oder im Börsenhandel) führen kann.

Um Big-Projekte, eben wegen ihres 'Big-Charakters', aber keinen Risiken auszusetzen, wird man entsprechende Vorkehrungen treffen, also Fehlererkennung und Reparatur-Routinen in den Normalbetrieb von vornherein mit einplanen. Damit kommt, was früher als ‚Gegenmittel' gegen die Dialektik der Künstlichkeit pointiert worden war (vgl. Kap. 2.6.3 und Kap. 2.8, Ziffer 6), zum Tragen: dass das System mit *Reflexivität* ausgestattet, also tendenziell der Struktur organismischer Selbsterhaltung angenähert wird und dadurch *Resilienz* gewinnt. Die starre technische Künstlichkeit ist so zurückgenommen und jene Dialektik der Künstlichkeit zumindest abgemildert.

Was schließlich die *Dialektik technischer Funktionalität* betrifft, ist eher zuversichtlich stimmend: Gerade in ihrer Totalisierung ist diese Technik so ‚abgehoben', also dem normalen Alltagsgeschehen so weit entrückt, dass kaum anzunehmen ist, dass die zwischenmenschliche Dimension dadurch überhaupt tangiert ist: Die Möglichkeit, durch Daten-Mining eine Grippetendenz zu erkennen, oder die Perfektion einer ‚4.0'-Autoproduktion werden schwerlich zu menschlicher Verarmung und Sinnverlust führen, wie das für die Eindimensionalität der primitiv-technischen Weltsicht diagnostiziert worden war.

Insgesamt: Dialektische Strukturen treten in der Big-Perspektive nicht so scharf konturiert wie in den früher betrachteten Fällen in Erscheinung, sondern *eher temperiert*. Offenbar sind gerade die Big-Projekte nicht in dem Maß von der 'Basal-Dialektik' des Technischen betroffen, wie sie in der Alltagstechnik mit Händen zu greifen ist. Ich denke, dass im Vorigen schon Gründe dafür sichtbar geworden sind. Essentiell für das Auftreten dieser Dialektik war, dass die Technik qua Anwendung in außer-technische Dimensionen hineinwirkt und dort ‚Nebenwirkungen' zeitigt – das Auto etwa, das im Verein mit massenhaft anderen Autos Stau produziert und so durch sich selbst seine eigentliche Bestimmung – nämlich zu fahren – konterkariert: eben weil die *Anwendungsdimension* in der Konzeption dieses Verkehrsmittels nicht berücksichtigt ist. *Wäre* sie berücksichtigt worden, hätte die Entwicklung des Verkehrs vermutlich eine ganz andere Richtung genommen, etwa hin zu mehr Schienenverkehr, der – normalen Betriebsablauf vorausgesetzt – jedenfalls keinen Stau produziert. Die mit dem Auto verknüpfte Dialektik ist im schienengebundenen Verkehr durch ein *über-individuelles, globales* Verkehrskonzept außer Kraft gesetzt. Und bezeichnenderweise handelt es sich hierbei ebenfalls um ein *Big-Projekt* – was die Vermutung bestärkt, die sich hier schon angedeutet hat, dass die *Globalkonzeption* von Big-Projekten ein wesentlicher Grund dafür ist, dass die früher ausführlich thematisierte Basal-Dialektik des Technischen hier *nicht* mehr greift.

3 Ethik des Technischen

3.1 Die Notwendigkeit einer Technikethik

3.1.1 Das Missverständnis technischer ‚Neutralität'

Betrachtet man die hier noch einmal vergegenwärtigten dialektischen Strukturen, so zeigt sich, dass es wesentlich *Einseitigkeiten und Mängel* sind, die sich als Dialektik des Technischen geltend machen. Die dialektischen Umschlagsphänomene sind als Folge einer Einstellung zu verstehen, die dazu neigt, von den realen Bezügen zu abstrahieren, die zur Technik gleichwohl hinzugehören. Sie gehören unvermeidlich zur Technik – und das macht den *dialektischen Charakter* dieser Phänomene aus –, weil es die *Technik selbst* ist, die diese Bezüge produziert; denn sie existiert nicht in einem luftleeren Raum, sondern ist dazu bestimmt, angewendet zu werden, und damit ist sie unmittelbar auch sozio-ökonomischen, politischen, psychischen etc. Bedingungen unterworfen. „Jedes Produkt, das der Ingenieur schafft, ist ... ein *kulturelles* Produkt ... Das Auto wie das Handy wie das Atomkraftwerk ist ein Artefakt, das nur einen Gebrauchswert innerhalb einer Gesellschaft hat, die sich seiner nach Maßgabe ihres *kulturellen* Wissens zu bedienen weiß" (Stetter 1999, 158 f.). Dieser sehr reale kulturelle Bezug gerät in innertechnischer Perspektive aus dem Blick. Es mutet paradox an, aber man muss der Technik, die doch beständig Realitäten erschafft, insoweit auch eine gewisse *Realitätsferne* bescheinigen. Ihr entgeht die durch sie selbst bedingte technikexterne Dimension, und das ist es, was zu einer *Dialektik* des Technischen Anlass gibt – ein auch für die *Technikgestaltung* enorm wichtiger Punkt.

In den Analysen des zweiten Teils sind in diesem Sinn wiederholt auch Aspekte *humaner Technikgestaltung* sichtbar geworden. Human wäre danach eine ‚synthetische' Technik, d. h. eine solche, die die technische Dimension *und* die bislang nur zu oft ignorierte außertechnische Dimension in einen ganzheitlichen Entwurf zu integrieren imstande wäre; die also den Verwendungszusammenhang nicht länger ausblendet, sondern dessen Probleme antizipiert und durch eine tendenziell *ganzheitliche* Technikkonzeption zu überwinden sucht.

Unabdingbar, zu diesem Schluss muss man nach dem Gesagten kommen, ist somit auch, dass Bedingungen und Strukturen der Dialektik des Technischen *durchschaut* sind. Insofern hätte auch die *Technikphilosophie* ihren Anteil an der Entwicklung einer neuen, heute vielleicht noch utopischen Technik: „Philosophy of Technology, in the future, can become an integral part of technology itself. But to do so, it cannot stand outside, as mere methodological reflection; it must become an organic part of technology proper" (Gorokhov 2001, 37). Ähnlich früher schon (und kaustischer) Günther Anders in dem der ‚Antiquiertheit des Menschen' vorangestellten Motto: „Es genügt nicht, die Welt zu verändern. Das tun wir ohnehin. Und weitgehend geschieht das sogar ohne unser Zutun. Wir haben diese Veränderung auch zu *interpretieren*. Und zwar, um diese zu verändern. Damit sich die Welt nicht weiter ohne uns verändere. Und nicht schließlich in eine Welt ohne uns" (Anders 1981, II 5, Hvh. D.W.). Auch in diesem Punkt, scheint mir, hat Heidegger etwas Richtiges gesehen: dass es darauf ankomme, sich dem *Wesen* der Technik zu öffnen, das, obwohl selbst nichts Technisches, für einen menschlicheren Umgang mit Technik wesentlich sei (Heidegger 1962, 27 ff., 5, 46).

Dazu würde zunächst und vor Allem gehören, die verbreitete Vorstellung einer per se *ethisch neutralen* Technik zu verabschieden; die Vorstellung also, man sei frei, guten oder schlechten Gebrauch von der Technik zu machen.[26] Als ein Beispiel für viele hier das von erschreckender Harmlosigkeit zeugende Urteil von Karl Jaspers: Weil Technik als ein Mittel „selbst keine Ziele steckt, steht sie jenseits oder vor allem Gut und Böse. Sie kann dem Heil und dem Unheil dienen. Sie ist beidem gegenüber an sich neutral. Eben darum bedarf sie der Führung" (Jaspers 1955, 117, vgl. auch 113, 122 f.). Als Kronzeuge wird oft das schon erwähnte Messer bemüht, das in der Hand des Chirurgen segensreich, in der Hand des Mörders aber eine tödliche Waffe sei. Das ist suggestiv, aber schrecklich einfach. Technik ist ja nicht mit einem schlichten Werkzeug, wie es das Messer ist, zu vergleichen, das man in die Hand nimmt oder auch nicht. Die moderne Technik dringt, *unabhängig davon, ob man das wünscht oder nicht*, weltumspannend in alle Lebensbereiche ein und entfaltet dort, wie die entwickelten Überlegungen gezeigt haben, keineswegs nur positive Wirkungen. Im Gegenteil. Die dargelegten dialektischen Strukturen des Technischen haben zutiefst *ambivalente* Phänomene sichtbar gemacht.[27] Und vor allem: Wir sind nicht frei, diese zu akzeptieren oder nicht.[28] Wie sich gezeigt hat, sind mit der Technik, wie sie real existiert, reale

---

26 Vgl. hierzu auch Kap. 1.4.4 sowie die ausführliche Behandlung dieser Frage in den Beiträgen zu Kroes/Verbeek (ed. 2014).
27 Eine Folge davon ist auch – ist dies einmal zum Bewusstsein gekommen –, dass die Gesellschaft nun nicht mehr einfach „in Technologiebefürworter und Technologiekritiker" zerfällt, „sondern diese Trennung geht nun ... durch die Individuen selbst" (Zimmerli 1997, 106).
28 Gernot Böhme betont die durch und durch technologische Grundverfassung der Gesellschaft: „Wir müssen feststellen, dass sich unsere Gesellschaft nicht der Technik im Sinne von einzelnen Mitteln zur Erreichung bestimmter Zwecke bedient, sondern dass sie selbst eine technische Infrastruktur hat ... Das macht verständlich, warum in unseren Gesellschaften Technologieentwicklung einen besonderen Sektor der Politik ausmacht und warum es gesellschaftliche Kontroversen um die Entwicklung und Einführung bestimmter Technologien gibt. Es handelt sich dabei eben um Strukturelemente unserer Gesellschaften selbst" (Böhme 1984, 14). Gänzlich verkannt ist dies bei Joachim Schmidt-Tiedemann, wenn er rhetorisch fragt: „Wer sagen würde ‚An

Konsequenzen schon *mitgesetzt*. Sie können nicht von ihr abgetrennt werden, das ist entscheidend. „Aufgrund der Tatsache, dass wir in einer Welt leben, die in jedem ihrer einzelnen Teilbereiche technisch organisiert ist, ist die Technik nicht mehr ein Objekt unserer Wahl, sondern sie ist unser Lebensraum, in dem Ziele und Mittel, Zwecke und Vorstellungen, Verhaltensweisen, Handlungen und Leidenschaften, sogar Träume und Wünsche technisch gegliedert sind und ihrerseits Technik brauchen, um zum Ausdruck zu kommen" (Galimberti 2002, 12).

Technik kann also schwerlich ‚ethisch neutral' genannt werden. Man muss Technik deswegen freilich noch nicht, wie Herbert Marcuse will, zu einer Form „*politischer* Rationalität" stilisieren, die als solche Ausdruck „der totalitären Züge dieser Gesellschaft" sei (Marcuse 1970, 19, 18, Hvh. D.W.). Aber sie ist in jedem Fall eine Form folgenreichen gesellschaftlichen Handelns, an das als solches immer die Frage gestellt werden kann und gestellt werden muss, ob es ethisch vertretbar sei. Dieser Frage kann es sich nicht durch den Hinweis auf eine vorgebliche Neutralität der Technik entziehen.

Ist die Technik aber *nicht neutral*, dann steht sie, entgegen Jaspers' Meinung, nicht ‚jenseits von Gut und Böse'. Dann stellt sich aber auch die *ethische* Frage nach dem richtigen Umgang mit Technik, die hier schon mehrfach angeklungen ist. In der Tat habe die *Ethik*, so Hans Jonas, auch in Sachen Technik etwas zu sagen. Dies folge „aus der einfachen Tatsache, dass die Technik eine Ausübung menschlicher *Macht* ist, d.h. eine Form des Handelns, und alles menschliche Handeln moralischer Prüfung ausgesetzt ist" (Jonas 1993, 81). Dass die gegenwärtige Technik alles gesellschaftliche Handeln durchdringt, es von Grund auf prägt und bestimmt, ist heute in der Tat weithin erkannt und anerkannt und damit auch ihre *ethische Dimension* – wobei zwischen gesellschaftlicher Akzeptanz und ethischer Akzeptierbarkeit präzise zu unterscheiden ist (Van de Poel 2016).

Dementsprechend sind die so genannten ‚Anwendungsethiken' heute überwiegend denjenigen ethischen Fragen gewidmet, die sich im engeren und weiteren Sinn aus dem Umgang mit Technik ergeben. Paradigmatisch dafür sind *ökoethische* Probleme sowie die aus den phantastisch anmutenden Möglichkeiten

---

meiner Trunkenheit ist die Brauereiindustrie schuld' macht sich zu Recht lächerlich – aber liegt nicht die scheinbar plausible Behauptung ‚Die Vergiftung der Umwelt hat die chemische Industrie zu verantworten' auf einer ähnlichen Ebene?" (Schmidt-Tiedemann 1996, 40). Mit der Entwicklung einer Technik, so Vittorio Hösle, ist vielmehr immer eine „Festlegung" verbunden, „die jene Theorie von der angeblichen Neutralität der Technik naiverweise übersieht. Es ist eben nicht so, dass etwa das Fernsehen je nachdem, was gesendet wird, gut oder schlecht wäre; das Fernsehen als Medium der Kommunikation muss als solches bewertet werden, weil es ganz unabhängig von den Inhalten Bewusstseinsstrukturen alteriert" (Hösle 1997, 178).

der *Gentechnik* erwachsenden ethischen Probleme. Diese und verwandte Fragehinsichten werden heute, man kann fast sagen, gesamtgesellschaftlich diskutiert. Die Philosophie, der die Ethik ja zugehört, sieht sich dadurch in ganz neuer Weise gefordert.

3.1.2 Fünf Gründe für eine Technikethik (Hans Jonas)

Hans Jonas hat fünf Gründe für die neue, besondere ethische Relevanz der Technik benannt (Jonas 1993, 81–91), die die Situation, scheint mir, treffend beschreiben. Im Vorhergehenden schon thematisierte zentrale Phänomene des Technischen werden, Jonas folgend, hier nochmals ins Auge gefasst und hinsichtlich ihrer ethischen Bedeutung beleuchtet.

(1) Die *Ambivalenz der Wirkungen* (Jonas 1993, 81) betrifft die Dialektik technischer Nebenfolgen. Entscheidend ist dabei die Einsicht, dass keineswegs nur eine ‚böswillig' verwendete Technik eine bedrohliche Seite hat, sondern „selbst wenn sie gutwillig für ihre eigentlichen und höchst legitimen Zwecke eingesetzt wird", wobei allerdings dieses Bedrohliche „langfristig *das letzte Wort haben könnte*. Und Langfristigkeit ist irgendwie ins technische Tun eingebaut. Durch ihre innere Dynamik, die sie so vorantreibt, wird der Technik der Freiraum ethischer Neutralität versagt ... Das Risiko des ‚Zuviel' ist immer gegenwärtig in dem Umstand, dass der angeborene Keim des ‚Schlechten', d.h. Schädlichen, gerade durch das Vorantreiben des ‚Guten', d.h. Nützlichen, mitgenährt und zur Reife gebracht wird. Die Gefahr liegt mehr im Erfolg als im Versagen – und doch ist der Erfolg nötig unter dem Druck der menschlichen Bedürfnisse" (82). Entscheidend ist der von Jonas pointierte Umstand, dass das Gute immer auch den Keim des Schlechten in sich trägt – ein hier im zweiten Teil unter dem Titel ‚Dialektik des Technischen' diskutiertes grundsätzliches Problem.

(2) Charakteristisch für die moderne Technik, so Jonas, sei ferner die *Zwangsläufigkeit der Anwendung*. Normalerweise können Fähigkeiten, über die man verfügt, angewendet werden oder auch nicht: „Der Sprachbegabte braucht nicht unaufhörlich zu sprechen". Im Fall der Technik sieht dies anders aus: „Da gleicht die Sache eher dem Verhältnis des Atmenkönnens und Atmenmüssens" (Jonas 1993, 83). Technik erzeugt immer neue Technik und wird so zu einem sich selbst verstärkenden Bedürfnis, das beständig befriedigt werden muss, ohne je befriedigt werden zu können. Technik kann nicht vorhanden sein, ohne in Funktion gesetzt zu werden. Sie existiert überhaupt nur in der Form möglicher Funktion, und zugleich erzeugt sie im Funktionieren das Bedürfnis nach mehr Funktion. In dieser Situation steht es nicht mehr frei, Technik auf sich beruhen zu lassen, auf ihre Anwendung zu verzichten. Diese immanente Dynamik des

Technischen, dass die Alternative, zu handeln oder nicht zu handeln, nicht mehr offen ist, definiert eine völlig neuartige ethische Situation.

(3) Die charakterisierte Dynamik macht, Jonas zufolge, die Tendenz der Technik, *globale Ausmaße in Raum und Zeit anzunehmen*, verständlich. Die sich daraus ergebenden ethischen Konsequenzen sollen im Folgenden ausführlich diskutiert werden und führen schließlich zur Formulierung eines ‚Globalisierungsprinzips', das gewissermaßen eine ‚post-klassisch'-ethische Einstellung fordert: *Verantwortlich* handeln heißt danach, auch die räumlich-zeitliche Dimension global mitzubedenken in dem Sinn, dass zukünftiges Leben nicht mit Hypotheken belastet wird „für gegenwärtige kurzfristige Vorteile und Bedürfnisse – und was das betrifft, für meist selbst erzeugte Bedürfnisse" (Jonas 1993, 84).

(4) Aus der durch Technik ungeheuer erweiterten Macht[29] des Menschen ergibt sich für Jonas ferner die ethische Forderung nach *Durchbrechung der Anthropozentrik*. „Jetzt beansprucht die gesamte Biosphäre des Planeten mit all ihrer Fülle von Arten, in ihrer neu enthüllten Verletzlichkeit gegenüber den exzessiven Eingriffen des Menschen ihren Anteil an der Achtung, die allem gebührt, das seinen Zweck in sich selbst trägt – d. h. allem Lebendigen" (Jonas 1993, 85). Jonas argumentiert also mit dem Selbstzweckcharakter des Lebens. Für Kant war es der Selbstzweckcharakter der Vernunft, der – in der zweiten Formel des kategorischen Imperativs – absolute ethische Relevanz beanspruchen konnte (vgl. z. B. Kant GM, 429). Weder der Natur noch dem Leben hat er in seinem philosophischen Rahmen ethische Dignität zugesprochen. Insofern kann Kants Ethik anthropozentrisch genannt werden. Dem stellt Jonas eine „transzendente Pflicht des Menschen" entgegen, nämlich „die am wenigsten wiederherstellbare, unersetzbarste aller ‚Ressourcen' zu schützen – den unglaublich reichen Genpool, der von Äonen der Evolution hinterlegt worden ist" (Jonas 1993, 86).

(5) Angesichts des „apokalyptischen Potentials der Technik" sieht Jonas schließlich die *metaphysische Frage* aufgeworfen, „nämlich, ob und warum es eine Menschheit geben soll", womit die Ethik vor einer Frage stehe, mit der sie noch „nie zuvor konfrontiert" war (Jonas 1993, 87).[30] Wesentlich sei, dass gerade

---

29 Hans Poser sieht darin geradezu eine säkularisierte Form der Leibnizschen Fassung der Theodizee – er nennt sie *Technodizee:* die globale *Macht* der Technik in Analogie zur göttlichen Macht, die das *Übel* gleichwohl nicht verhindern, sondern nur, entsprechend dem *Prinzip des Besten*, mindern kann (Poser 2016, Kap. 14).

30 Ähnlich Jonas bezüglich der – inzwischen realisierten – Entschlüsselung (wenn auch bei weitem noch nicht ‚Interpretation') des Humangenoms: „Angenommen, der genetische Mechanismus sei völlig analysiert und seine Schrift endgültig entziffert, so können wir uns daranmachen, den Text umzuschreiben ... In jedem Fall ist die Idee, die menschliche Konstitution zu überarbeiten, oder ‚unsere Nachkommen zu entwerfen', nicht mehr phantastisch; noch ist sie

die Segnungen der Technik, „je mehr wir auf sie angewiesen sind", verbunden mit der ihnen inhärenten „Maßlosigkeit" sich in einen Fluch verwandeln könnten. Dabei sei die immer mehr wachsende Menschheit nicht mehr frei, „zu einer früheren Phase zurückzukehren. Sie kann nur noch vorwärtsgehen und muss aus der Technik selbst, mit einer Dosis mäßigender Moral, die Heilmittel für ihre Krankheit gewinnen. Dies ist der Angelpunkt einer Ethik der Technik" (89).

Im Ganzen gesehen ist damit vor allem eine *Aufgabe* formuliert: gleichsam die „Neuerfindung des Menschen durch sich selbst" (Benedikter 2002, 130), eine Aufgabe, deren schließliche Lösung nicht einmal in Umrissen erkennbar ist. Was bedeutet das für das Handeln, das ja nicht aufgeschoben werden kann? Wie kann man mit dieser Situation umgehen? Wie sind Präferenzen begründbar, wie sie für das Handeln nun einmal benötigt werden? Die objektive Dringlichkeit der Thematik hat zu einer Unzahl von Publikationen geführt mit der Folge, dass Technikethik inzwischen ein weites, kaum noch zu überblickendes Feld ist.

In diesem Zusammenhang ist Vollständigkeit also noch weniger erreichbar als in den vorhergehenden Kapiteln und auch nicht intendiert. Ich möchte mich im Folgenden vielmehr auf einige – wie ich denke – wesentliche Themen beschränken, die das erwähnte ‚weite Feld' schlaglichtartig erhellen können: Technokratie und Massentechnik (3.2), technische Machbarkeit in der Perspektive klassischer Ethik (3.3), ‚post-klassische' Aspekte einer Technikethik (3.4), Aspekte einer neuen Pflichtenlehre (3.5) und das Problem der Technikbewertung (3.6).

3.2 Technokratie und Massentechnik[31]

3.2.1 Habermas' Technokratiekritik

Habermas' Schrift „Technik und Wissenschaft als ‚Ideologie'" „enthält eine Auseinandersetzung mit der von Herbert Marcuse entwickelten These: ‚Die be-

---

untersagt durch ein unverletzliches Tabu. Sollte es zu dieser Revolution kommen, sollte technologische Macht wirklich an den elementaren Tasten zu basteln beginnen, auf denen das Leben für Generationen seine Melodie wird spielen müssen – vielleicht die einzige solche Melodie im All: Dann wird eine Besinnung auf das menschlich Wünschenswerte und darauf, was die Wahl bestimmen soll – kurz, eine Besinnung auf das ‚Bild des Menschen' – gebieterischer und dringlicher als jede Besinnung, die je der Vernunft sterblicher Menschen zugemutet wurde. Die Philosophie, gestehen wir es, ist bedauerlich unvorbereitet auf diese – ihre erste kosmische – Aufgabe" (1987, 39f.).
31 Vgl. hierzu auch Julian Youngs Analysen zu Habermas' Technokratiekritik vor dem Hintergrund der Heideggerschen Technikdeutung (Young 2019).

freiende Kraft der Technologie – die Instrumentalisierung der Dinge – verkehrt sich in eine Fessel der Befreiung, sie wird zur Instrumentalisierung des Menschen'" (Habermas 1968, 7). Dieser Tatbestand ist im Vorhergehenden schon zur Sprache gekommen. Was aber Marcuse und, diesem folgend, auch Habermas vordringlich interessiert, ist das paradox anmutende Phänomen, dass „diese Repression aus dem Bewusstsein der Bevölkerung verschwinden [kann], weil die Legitimation der Herrschaft einen neuen Charakter angenommen hat: nämlich den Hinweis [sic] auf ‚die stetig wachsende Produktivität und Naturbeherrschung, die auch die Individuen immer komfortabler am Leben erhält'" (Marcuse zitiert „...' nach Habermas, 51). Das ist allerdings nur eine Seite dieses Bewusstseins. Worauf Habermas besonderes Gewicht legt, ist die politische Konsequenz, dass sich so „die bestehenden Produktionsverhältnisse als die *technisch notwendige* Organisationsform einer rationalisierten Gesellschaft *präsentieren*. ‚Rationalität' im Sinne Max Webers zeigt hier ihr doppeltes Gesicht": Sie hat nicht mehr nur *kritische*, sondern zugleich *apologetische* Funktion im Sinn der Rechtfertigung der bestehenden gesellschaftlichen Organisationsformen (51): Technische ‚Sachzwänge' werden der technisch verfassten Gesellschaft als Legitimation des Bestehenden präsentiert und von ihr auch akzeptiert. Dies aber, so Habermas, sei mit einer gravierenden Einengung der Perspektiven politischen Handelns verbunden.

Die entscheidende Frage in diesem Zusammenhang ist für Habermas die der *Legitimationsgrundlage von Herrschaft*. Instruktiv ist die entwicklungsgeschichtliche Perspektive, die er skizziert:

(I) *Traditionale – hochkulturelle – Gesellschaften*, so Habermas (1968, 65 ff.), unterscheiden sich von primitiveren Gesellschaftsformen durch (1) zentrale, staatliche Organisation (nicht nur Stammesorganisation aufgrund von Verwandtschaftsbeziehungen), (2) Spaltung der Gesellschaft in sozio-ökonomische Klassen (Bauern, Handwerker etc.), (3) zentrales Weltbild zum Zweck der Herrschaftslegitimation (Mythos, Hochreligion). Diese Kulturstufe ist durch arbeitsteilige Organisation charakterisiert, die ein über die Befriedigung unmittelbarer Bedürfnisse hinausgehendes *Mehrprodukt* erzeugt. Das Problem seiner Verteilung löst sich durch die Form der Herrschaftslegitimation: Diese gestattet eine ungleiche, aber dennoch als legitim geltende *Verteilung* (Sklavenwirtschaft in der Antike, christlich basierte Feudalherrschaft ‚von Gottes Gnaden'). Dem entspricht eine vor-kapitalistische Produktionsweise, gekennzeichnet durch ein stabiles Verhältnis von institutionellem Rahmen und – wie Habermas sich ausdrückt – den ‚Sub-Systemen zweckrationalen Handelns'. Ein Beispiel hierfür ist das Handwerk, das in institutionalisierte Zunftorganisationen eingebettet ist, die ihrerseits einen wohlbestimmten Ort im städtischen oder feudalen Herrschaftsrahmen einnehmen, mit anderen Worten: Die vorhandenen zweckrationalen Sub-

Systeme haben rein dienenden, nicht herrschaftslegitimierenden Charakter. „,Traditionale' Gesellschaften existieren solange, als sich die Entwicklung der Sub-Systeme zweckrationalen Handelns *innerhalb der Grenzen der legitimierenden Wirksamkeit* von kulturellen Überlieferungen hält ... Diese Unangreifbarkeit [des institutionellen Rahmens] ist ein sinnvolles Kriterium für die Abgrenzung traditionaler Gesellschaften von solchen, die die Schwelle zur Modernisierung überschritten haben" (67).

(II) Mit dem Aufkommen kapitalistischer Produktionsweisen ändert sich das Verhältnis von institutionellem Rahmen und zweckrationalen Sub-Systemen entscheidend: Die immanente Tendenz zur Steigerung der Produktivkräfte hat die permanente Ausbreitung jener Sub-Systeme zur Folge. Dies ist also nicht als eine Art singulärer Schub zu denken, sondern geradezu als die Institutionalisierung technischer Neuerung als solcher. Die Konsequenz ist die Verselbstständigung der technisch-zweckrationalen Sub-Systeme und, damit einhergehend, so Habermas, das Fraglichwerden der Überlegenheit des traditionalen institutionellen Rahmens und der durch ihn gesicherten Herrschaftslegitimation. Es entsteht das Problem neuer Legitimationsformen, dessen Lösung der Kapitalismus ebenfalls bietet: eine Herrschaftslegitimation, „die nicht mehr vom Himmel kultureller Überlieferung herabgeholt, sondern von der Basis der gesellschaftlichen Arbeit heraufgeholt werden kann. Die Institution des Marktes ... verspricht die Gerechtigkeit der Äquivalenz von Tauschbeziehungen", also eine ökonomische Legitimation (Habermas 1968, 69).

Durch Konkurrenz und technische Innovation gerät die Gesellschaft unter Modernisierungszwang, der nach und nach alle Lebensbereiche ergreift. Dies führt zu fortschreitender Ausdehnung der zweckrationalen Sub-Systeme mit der Möglichkeit ungehemmten Wachstums und in der Folge dann auch zu wirtschaftlichen Krisen, die wiederum technisch-ökonomisch gemeistert werden müssen. Alles wird so zunehmend den Bedingungen technisch-instrumenteller Rationalität unterworfen, und das Gerechtigkeitsideal des Warentausches, also des Marktes, wird schließlich zur alleinigen Legitimationsbasis (Habermas 1968, 69 ff.). Es ist die *bürgerliche Welt* des ‚Manchester-Liberalismus', der völlige Freiheit der wirtschaftlichen Entwicklung und der tariflichen Gestaltung der Arbeitsverhältnisse fordert.

Den wesentlich *ideologischen Charakter* dieser bürgerlich-kapitalistischen Sichtweise habe, so Habermas, Marx enthüllt: Verschleiert werde in dieser Gesellschaft die *Ausbeutung* derer, die ohne Kapitalbesitz sind, d. h. der Lohnabhängigen. Da diese über nichts Anderes als über ihre Arbeitskraft verfügen, sind sie auf Lohnarbeit angewiesen und damit den Bedingungen der Kapitalseigner ausgeliefert. In Wirtschaftskrisen führt dies zu Lohndumping und Verelendung der Massen. Zugleich sind diese zyklisch wiederkehrenden Krisen unvermeidlich aufgrund unkontrollierten, ungebremsten Wirtschaftswachstums.

(III) Eine dritte Phase der Entwicklung, die sich im ausgehenden 19. Jahrhundert ankündigt, sieht Habermas im *Spätkapitalismus* erreicht. Um die Krisenfestigkeit des Wirtschaftssystems zu sichern, werde der *Staat* zunehmend *interventionistisch* tätig. Gleichzeitig sei eine wachsende *Verwissenschaftlichung* der Technik zu beobachten, wodurch nicht mehr die Arbeitskraft der Lohnarbeiter die erste Produktivkraft sei, sondern diese Rolle nun an die Wissenschaften übergehe. „Beide Tendenzen", so Habermas, „zerstören jene Konstellation von institutionellem Rahmen und Sub-Systemen zweckrationalen Handelns, durch die der liberal entfaltete Kapitalismus sich ausgezeichnet hatte." Marcuse folgend macht Habermas geltend, dass „Technik und Wissenschaft nun auch die Funktion von Herrschaftslegitimationen übernehmen" (Habermas 1968, 74):

Der Staat ist jetzt nicht mehr nur ‚Überbauphänomen' einer autarken Wirtschaftssphäre, die sich aus dem Tauschprinzip legitimiert. Durch das Auftreten wiederkehrender Wirtschaftskrisen hatte sich diese „Basisideologie des gerechten Tausches" (Habermas 1968, 75) selbst ad absurdum geführt und machte nun eine staatliche Regulierung des Wirtschaftsprozesses notwendig. Damit tritt ein neues Legitimationsproblem auf. Die Rückkehr zu den traditionalen Formen verbietet sich aufgrund der inzwischen fortgeschrittenen Säkularisierung des gesellschaftlichen Bewusstseins und seines kulturellen Horizonts. Es entsteht die Ersatzprogrammatik der ‚sozialen Marktwirtschaft', also eines durch die Sozialbindung des Eigentums eingeschränkten Kapitalismus. Diese Einschränkung „verpflichtet das Herrschaftssystem darauf, die Stabilitätsbedingungen eines soziale Sicherheit und Chancen persönlichen Aufstiegs gewährenden Gesamtsystems zu erhalten und Wachstumsrisiken vorzubeugen". Die Politik nimmt damit „einen eigentümlich *negativen Charakter* an: sie ist an der Beseitigung von Dysfunktionalitäten und an der Vermeidung von system-gefährdenden Risiken, also nicht an der *Verwirklichung praktischer Ziele*, sondern an der *Lösung technischer Fragen* orientiert" (77). Es geht politisch nur noch um „das Funktionieren eines gesteuerten Systems". „Die praktischen Gehalte werden eliminiert". Denn „die Lösung technischer Aufgaben ist auf öffentliche Diskussion nicht angewiesen". Die Folge ist „eine *Entpolitisierung* der Masse der Bevölkerung" (78).

Gleichwohl: „Die herrschaftslegitimierende Ersatzprogrammatik lässt ein entscheidendes Legitimationsbedürfnis offen: wie wird die Entpolitisierung der Massen diesen selbst plausibel gemacht" (Habermas 1968, 79)? Hier wird nun die andere der beiden genannten Entwicklungstendenzen im Spätkapitalismus wesentlich: nämlich die *Verwissenschaftlichung* der Technik.

„So ergibt sich eine Perspektive, in der die Entwicklung des gesellschaftlichen Systems durch die Logik des wissenschaftlich-technischen Fortschritts bestimmt zu sein *scheint*. Die immanente Gesetzlichkeit dieses Fortschritts scheint Sachzwänge zu produzieren, denen eine funktionalen Bedürfnissen gehorchende Politik folgen muss", sodass „ein demokratischer Willensbildungsprozess über praktische Fragen seine Funktionen verlieren und durch plebiszitäre Entscheidungen über alternative Führungsgarnituren des *Verwaltungspersonals* ersetzt werden ‚muss'." Diese ‚technokratische' Auffassung konnte „als Hintergrundideologie auch in das Bewusstsein der entpolitisierten Masse der Bevölkerung eindringen und legitimierende Kraft entfalten" (Habermas 1968, 81).

3.2.2 Der anti-demokratische Charakter der Massentechnik

Die Technokratie-These besagt also: Die Staatstätigkeit scheint ausschließlich durch *technisch-wissenschaftliche Sachzwänge* bestimmt zu sein und liefert in diesem Sinn eine Rechtfertigung der Entpolitisierung der Bevölkerung. Die Differenz von strategischer Planung und praktisch-politischer Entscheidung verschwindet dadurch aus dem allgemeinen Bewusstsein. Das technokratische Verständnis, Politik sei eine bloße Funktion technologischer Sachzwänge, stellt in dieser Weise eine hocheffiziente Ideologie dar.

Gleichwohl kann die technokratische Einstellung ihren ideologischen Charakter erfolgreich verbergen, weil sie sich nicht mehr auf eine per Konvention geltende gesellschaftliche Norm (wie das auch noch für das Prinzip des gerechten Tauschs zutrifft), sondern auf die Verbindlichkeit und Neutralität der Wissenschaft beruft. Sie ist weniger angreifbar, da sie nicht mehr *ausschließlich* ideologisch, sondern mit dem Glorienschein wissenschaftlich-neutraler Objektivität dekoriert scheint. Das bedeutet zugleich, dass sie nicht mehr klassenspezifisch bestimmt ist; sie betrifft nicht mehr nur das Herrschaftsinteresse *einer* Klasse. Dadurch, so Habermas, ist die technokratische Ideologie weitreichender und unwiderstehlicher als Ideologien alten Typs.

Dies hat zur Folge, dass Mängel und Dysfunktionalitäten der Technokratie nicht dieser selbst angelastet werden, sondern ihrer noch mangelhaften Form. Als Konsequenz daraus drängt sich somit nicht Aufhebung der Technokratie auf, sondern vielmehr deren *Ausweitung* (noch mehr Straßen, Verfahrensregeln, Technisierung). Charakteristisch für diese Situation ist also nicht nur die Eliminierung des Unterschieds von Technik und Politik, sondern ein krebsartiges Weiterwuchern technischer Problemlösungen, der Technisierung aller Lebensbereiche und massenhaften Technikkonsums, verbunden mit dem Schein einer quasi unabwendbaren und dabei zugleich objektiv vernünftigen Entwicklung – mit Adorno geredet: ein ‚*Verblendungszusammenhang*', fundamentaler und totalitärer als die von Marx entlarvte bürgerliche Ideologie.

Habermas' Analyse macht somit eine höchst bedenkliche Konsequenz der technokratischen Einstellung deutlich und entlarvt sie als ideologisch. Die vorgeblichen *Sachzwänge*, die der Politik eine unabänderliche Richtung vorzuschreiben scheinen, mögen ein beschränktes Recht haben, aber als ein unabwendbares Schicksal können sie nicht gelten. Sie erweisen sich vielmehr als „Ausdruck hypothetischer Imperative, die angeben, wie zu verfahren ist, *falls* bestimmte Wert- und Zielvorstellungen verwirklicht werden sollen" (Rapp 1978, 196). Die kritische Reflexion entzieht der technokratischen Entpolitisierung so den Boden und öffnet neue Räume politischen Handelns.

Freilich: Es steht heute keinem Staat frei, die Herrschaft der Technik einfach außer Kraft zu setzen. Er kann die vielen Autos nicht wegzaubern oder das Fahren mit ihnen verbieten. Also muss er weiterhin für Straßen sorgen, Ölraffinerieen und Zulieferindustrien akzeptieren, die das Auto volkswirtschaftlich in der Folge noch unverzichtbarer machen. Insofern gibt es unleugbar Sachzwänge. Doch nach dem Obsoletwerden der technokratischen Ideologie (zu Formen ihres Fortwirkens vgl. Hilger 1996) vertrauen wir nicht mehr uneingeschränkt auf die objektive Vernünftigkeit der Technikentwicklung. Es gilt vielmehr, den *imperialistischen* Geist der Massentechnik zu erkennen und zu sehen, dass dieser im Grund ein *antidemokratisches* Element enthält. Denn es hat keine öffentliche Verständigung darüber stattgefunden, ob man die Herrschaft der Technik wünscht oder nicht. „Die einzelnen Objekte oder Projekte der Technik", so Wolfgang Kuhlmann, werden zwar „nach wie vor von den Urhebern gewollt, geplant, gemacht und kontrolliert. Ein zunehmend wichtiger Teil der Konsequenzen aus diesen Projekten ... aber *ergibt sich nur*, wird gerade nicht mehr eigens gemacht, sondern kann nur hingenommen werden als unplanbares Resultat des nicht kontrollierten Zusammenspiels vieler Projekte" (Kuhlmann 1997, 337, Hvh. D.W). Die Massentechnisierung hat die Gesellschaft quasi wie eine Naturgewalt getroffen, die ihren Ursprung gleichwohl in der Gesellschaft selbst hat. Dieser Umstand, „dass Technik und Gesellschaft zugleich identisch und wie durch einen Abgrund voneinander geschieden sind, bezeugt", so Adorno, „einen in letzter Instanz selbst irrationalen, planlosen und anarchischen gesellschaftlichen Zustand" (Adorno 1993, 26): ein immanent *a-soziales Moment* der Technikentwicklung – was, so Vittorio Hösle, exemplarisch deutlich wird im Blick auf die „vielen Verkehrstoten, zu denen keineswegs nur diejenigen gehören, die selber Auto fahren und sich freiwillig diesem Risiko unterwerfen ... Die Zunahme der individuellen Mobilität wiegt den Tod so vieler Menschen nicht auf. Die weit reichenden Folgen der Hinnahme des Individualverkehrs auf die Sittlichkeit einer Gesellschaft sollten nicht unterschätzt werden" (Hösle 1997, 876).

Diese ethisch fragwürdige Seite der Technik ist erst in der Gegenwart, im Zug der Massentechnisierung, zutage getreten und hat zu dem latenten Unbehagen an der Technik zweifellos beigetragen.

3.3 Technische Machbarkeit in der Perspektive klassischer Ethik

Die innige Verschränkung von Technik, Wissenschaft und Wirtschaft, so haben wir gesehen, hat deren wechselseitige, synergistische Verstärkung zur Folge gehabt. Dadurch hat der Prozess der Technisierung eine enorme Dynamik gewonnen und die Möglichkeiten technischer Machbarkeit ungeheuer gesteigert – und so zugleich zu einem immensen ‚Ethikbedarf' geführt. Ich möchte im Folgenden darlegen, inwiefern es sich dabei um *völlig neuartige ethische Probleme* handelt.

Thema ist hier zunächst das *Applikationsproblem*, also das Problem der Ethikanwendung im Rahmen der *klassischen Ethik* angesichts der völlig neuen Möglichkeiten technischer Machbarkeit. Man denke an die schon mehrfach erwähnten Entwicklungen der Nukleartechnik oder der Gentechnologie. Hier werden völlig neuartige Tatbestände sichtbar, die früher undenkbar waren. Damit stellt sich die Frage ihrer ethischen Bewertung, insbesondere die, ob die *klassischen* ethischen Normen hier noch anwendbar sind: ein *Applikationsproblem* also. Bevor man nach neuen Normen ruft, wäre ja zu klären, ob die alten wirklich unzureichend sind.

Mit der Anwendung ethischer Normen auf einen Tatbestand wird dieser einer *Bewertung* unterzogen. Die Frage ist also, wie die neuen Möglichkeiten des technisch Machbaren zu bewerten sind und insbesondere, ob sie möglicherweise eine *Wertverletzung* einschließen.

Das hört sich einfach an, kann im konkreten Fall aber erhebliche Schwierigkeiten bereiten, wie das folgende Beispiel zeigt: Die Medizintechnik ist heute prinzipiell in der Lage, sogenannte *Retortenbabys* ‚herzustellen' – wobei schon diese Redeweise bedenklich, da der Würde der so ‚erzeugten' Menschen unangemessen erscheint. Sicher: Die Möglichkeit, auf diese Weise den sonst nicht realisierbaren Kinderwunsch eines Paares zu erfüllen, ist positiv zu bewerten. Auf der anderen Seite sind damit auch höchst fragwürdige Optionen gegeben. Die kommerzielle Nutzung in Form eines florierenden Babyhandels wäre z. B. eine nahe liegende Konsequenz. Das würde bedeuten, dass der Mensch zur Handelsware würde, die als solche einen *Preis* hat, eine rein quantitative Bestimmung also, die ihn auf eine Stufe mit *Waren* stellen würde. Er wäre damit zu einer *Sache* gemacht und so der *Würde* beraubt, die – Kant zufolge – der *Person*, d.h. dem (potentiell) vernünftigen Wesen zukommt, also in der Vernunft begründet ist, für die es *kein Äquivalent*, also keinen Preis geben kann und die darum von unvergleichlichem Wert ist (GM, 428 f., 434 f.). Die Kommerzialisierung solcher Hightech-Entwicklungen wäre eine Verletzung der Menschenwürde und damit eines der höchstrangigen Werte des klassischen Wertekanons.

Das Beispiel lässt sich weiter ausgestalten. Man könnte sich etwa vorstellen, dass die kommerzielle Babyindustrie in Katalogen Ausführungen in verschiedenen Genqualitäten und Preislagen anbietet, je nachdem, ob der Samenspender Boxer, Pilot oder Nobelpreisträger ist. So ist das Geschäftsleben, und doch sträubt sich das moralische Empfinden dagegen wegen der damit verbundenen Verdinglichung menschlicher Qualitäten zu Handelswaren.

Auf der anderen Seite mögen gentechnische Experimente auch ethisch positiv zu bewertende Ziele verfolgen, etwa die Bekämpfung von Erbkrankheiten oder die Entwicklung neuer Medikamente. Damit sind *Wertkonflikte* programmiert, d. h. indem ein Wert realisiert wird, z. B. ein anders gar nicht erzielbarer medizinischer Fortschritt, ist zugleich womöglich die Menschenwürde verletzt.

In dieser Situation hätte die Ethik zu klären, welches der *höhere* Wert ist. Ihre Aufgabe angesichts der neuen Möglichkeiten technischer Machbarkeit wäre die Klärung der damit implizierten Wertkonflikte im Sinn der geltenden Wertehierarchie. Das damit involvierte Problem ist das der *Applikation der klassischen Normen* in einer veränderten, technischen Welt.

Im Sinn des *Applikationsproblems* ist also eine ‚neue' Ethik gefordert, die zu klären hätte, ob und wie die *klassischen* ethischen Normen auf neue, technikerzeugte, aber ethisch eben noch nicht bewertete Tatbestände angewendet werden können, oder in umgekehrter Blickrichtung: Diese Tatbestände müssen überhaupt erst ethisch evaluiert und wertmäßig subsumiert werden. Das Neue einer solchen Ethik besteht hier also nicht in neuen Normen oder Werten (dazu im Folgenden), sondern in der Klärung, wie die neuartigen Tatbestände im Rahmen der klassischen Ethik zu verorten sind. Die Industriegesellschaft entwickelt in dieser Hinsicht, wie gesagt, einen immensen und ständig wachsenden ‚Ethikbedarf', was unter anderem dazu geführt hat, dass Großkliniken, Konzerne und staatliche Organisationen *Ethikkommissionen* einsetzen oder sogar eigene *Ethikabteilungen* unterhalten. Ähnlich verdanken Beratungs- und Fortbildungsinstitute für Politik und Wirtschaft ihre Existenz in mancher Hinsicht ebenfalls der neuen Applikationsthematik. Nebenbei bemerkt hat sich damit auch eine ganz neue Berufsperspektive für Philosophen aufgetan.[32]

---

32 Ein Projekt, das möglichen Problemen im Zusammenhang mit der Einführung der ‚Abtreibungspille' RU 486 der Herstellerfirma HOECHST gewidmet war, ist ein Beispiel dafür: Den beteiligten Philosophen fiel die Aufgabe zu, circa ein Dutzend Fachgutachten von Medizinern,

3.4 ‚Post-klassische' Aspekte einer Technikethik

Als ‚*post-klassisch*' sind Probleme einer Technikethik anzusprechen, die in einem grundsätzlicheren Sinn neuartig sind, die also den Rahmen der klassischen Ethik überhaupt sprengen und ganz andere, sie überschreitende ethische Prinzipien und Ethikbegründungen fordern. Konkret betreffen diese Überlegungen vor allem die Auswirkungen der Technikentwicklung auf die natürliche Umwelt des Menschen, also ökologische Zusammenhänge; sie sind damit der noch jungen Disziplin der ‚*Ökoethik*' zuzurechnen. Um das zu verdeutlichen, muss ich etwas weiter ausholen:

Wesentlich ist zunächst einmal, dass Ökosysteme durch empfindliche Gleichgewichte bestimmt sind. Jeder technische Eingriff in dieses System enthält deshalb die *Gefahr unbeabsichtigter, indirekter Nebenwirkungen*. Zur Veranschaulichung nochmals das oben verwendete Beispiel: Man öffnet die Haustür, und im Schlafzimmer – also ganz woanders – fällt eine Vase um, weil das Fenster dort nur angelehnt ist und beim Öffnen der Tür ein Zug entsteht, sodass der Fensterflügel gegen die Vase schlägt – ein mit der Aktion verbundener, aber zunächst verdeckter Kausalzusammenhang, eine ‚Nebenwirkung' der Aktion. Analog sind Ökoschäden als unbeabsichtigte ‚Nebenwirkungen' technischer Eingriffe in den Naturzusammenhang zu verstehen.

Entscheidend für die *ethische* Beurteilung der ökologischen Schäden ist nun, dass diese nicht durch gelegentliche Eingriffe *Einzelner* in den Naturzusammenhang entstehen, sondern eine Folge der *Massentechnisierung* sind. Erst durch den massenhaften Technikkonsum als Folge der modernen Technikentwicklung kommt es zu Verschiebungen der vernetzten Naturgleichgewichte und damit zu unbeabsichtigten, indirekten Auswirkungen irgendwo und irgendwann im Ökoystem der Natur.

Hier zeigt sich: Ökologische Technikfolgen sind keineswegs an den Ort und Zeitpunkt des technischen Eingriffs in den Naturzusammenhang gebunden. Charakteristisch ist vielmehr die *Indirektheit* der Folgen, und zwar in zweierlei Hinsicht: (1) Sie können indirekt in *räumlicher* und *zeitlicher* Hinsicht sein. Unökologisches Handeln wirkt sich aufgrund der ökologischen Vernetzung der Natur dann an anderen Orten und möglicherweise erst weit in der Zukunft nachteilig aus. (2) Indirektheit von Ökofolgen ist auch in *personeller* Hinsicht gegeben, in-

---

Pharmakologen, Juristen etc. zu evaluieren und eine Art ‚Metagutachten' zu erstellen. Darin sollten die in den Fachgutachten implizit enthaltenen Prämissen und Wertannahmen expliziert und anschließend Vorschläge zur Vermeidung von Wertverletzungen entwickelt werden. Das Projekt wurde erfolgreich durchgeführt, auf die Markteinführung der Abtreibungspille aber zunächst (1990) verzichtet.

dem das unökologische Handeln Einzelner erst im Verein mit ähnlichem Handeln Anderer zu Ökoschäden führt. Diese beruhen also auf Kumulationseffekten und sind genau deshalb erst im Zuge der Massentechnisierung aufgetreten.

Diese mehrfache Indirektheit ökologischer Technikfolgen in räumlicher, zeitlicher und personeller Hinsicht stellt uns vor ein neues, noch kaum handhabbares ethisches Problem. Die *klassische Verantwortungsethik* fordert die Berücksichtigung der *Folgen* einer Handlung. Damit sind *die* Handlungsfolgen gemeint, die dem einzelnen Handelnden selbst zurechenbar sind. Wenn ich ein Haus anzünde, bin ich schuld an dem damit verursachten Schaden. Demgegenüber sind die vom *Einzelnen* verschuldeten ökologischen Schäden (z. B. durch Energieverschwendung, Umweltverschmutzung usw.) für sich genommen derart geringfügig, dass sie eigentlich kaum auszumachen sind und so gesehen als ethisch vernachlässigbar erscheinen könnten. Erst in der Summe, vielleicht auch ganz woanders und möglicherweise erst weit in der Zukunft ergeben sich die verheerenden Effekte, die menschheitsbedrohende Ausmaße annehmen können.

Eben diese *hochgradige Indirektheit* ist ein technikerzeugtes, völlig neuartiges Phänomen, dessen ethische Bedeutung für die klassische Verantwortungsethik gar nicht greifbar ist, weil es hier nicht mehr um das Handeln des Einzelnen und die von ihm hier und jetzt zu verantwortenden Handlungsfolgen geht. Dem entspricht, dass das *ökologische Unrechtsbewusstsein* des Einzelnen allenfalls rudimentär entwickelt ist. Spritverschwendung durch sinnloses Autofahren, ‚Festbeleuchtung' als Regelfall, Müllorgien etc.: Dass das durchaus *verwerfliche* Handlungen sind, dafür ist breite gesellschaftliche Einsichtsfähigkeit und Akzeptanz kaum vorhanden.

Kein Zweifel: Die klassische Ethik muss in einer wesentlichen Hinsicht erweitert und ergänzt werden. In diesem Zusammenhang möchte ich drei grundsätzliche Fragen diskutieren: Welche *Prinzipien* kommen für eine solche ‚postklassische' Ethik in Frage, und worin unterscheiden sie sich von den Prinzipien der klassischen Ethik? (3.4.1) Wie lassen sich die prätendierten neuen Prinzipien *begründen?* (3.4.2) Welche Konsequenzen ergeben sich für das *Mensch-Natur-Verhältnis?* (3.4.3)

3.4.1 Das Globalisierungsprinzip

Das Grundprinzip der klassischen Verantwortungsethik besagt, dass jeder für die ihm zurechenbaren Folgen seines Handelns verantwortlich ist. Im Fall technikbedingter Ökofolgen freilich greift dieses Prinzip, wie sich zeigte, wegen der hochgradigen Indirektheit der Effekte zu kurz. Die ethisch relevanten Folgen unökologischen Verhaltens ergeben sich erst in der Summe vieler Einzelhandlungen und im Allgemeinen zudem nicht im räumlichen und zeitlichen Umfeld dieser Handlungen selbst. Dies führt zu der Forderung, das individuelle Handeln gleichsam *hochzurechnen*, weil nur so die ökologisch relevanten Technikfolgen *sichtbar* werden können. Ich muss von *meinem* Handeln extrapolieren auf die Auswirkungen *kollektiven* Handelns. Ich als Einzelner muss gewissermaßen die globalen Folgen meines Handelns antizipieren, um so, wie durch ein Vergrößerungsglas, meine Pflichten als Einzelner zu erkennen. Diese Forderung, im Umgang mit Technik *globale* Maßstäbe anzulegen, wäre so als ein Grundprinzip einer quasi ‚*post-klassischen*', ökologischen Ethik zu verstehen; ich möchte es kurz als *Globalisierungsprinzip* bezeichnen.

Es könnte scheinen, als sei dieses Postulat durchaus schon von der klassischen Ethik, nämlich in der praktischen Philosophie Kants, formuliert worden. Auch das Kantische ‚Sittengesetz', der kategorische Imperativ, fordert ja den Übergang von der individuellen zur *universellen* Perspektive: „Handle so, dass die Maxime deines Willens jederzeit zugleich als Prinzip einer allgemeinen Gesetzgebung gelten könne" (Kant PV, 30). Gefordert ist also die Universalisierung der individuellen Handlungsintentionen. Ist mit diesem *Universalisierungsprinzip* nicht auch schon eine ‚Hochrechnung' in räumlicher, zeitlicher und personeller Hinsicht gefordert?

Sicher nicht: Erstens geht es Kant ausdrücklich nicht um die *realen* Handlungsfolgen, sondern allein um den ‚guten Willen', wie er sich ausdrückt, also um die dem Handeln zugrunde liegende moralische *Gesinnung*. Kants Ethik ist eine reine *Gesinnungsethik*, keine *Verantwortungsethik*, für die gerade die *realen Folgen* des Handelns ethisch relevant sind. Für Kant wäre das abwegig, und zwar deshalb, weil die Folgen *empirische* Tatbestände betreffen, die als solche nicht Gegenstand ‚*reiner* praktischer Vernunft' sind. Aufgrund ihres empirischen Charakters, so argumentiert Kant, sind sie von zahllosen, zufälligen Bedingungen abhängig, für die die reine, empirie-unabhängige Vernunft nicht einzustehen hat. Allein der vernünftige Wille liegt nach Kants Überzeugung in der Verfügbarkeit reiner praktischer Vernunft, nicht die Empirie.

Damit ist auch deutlich, dass Kants Universalisierungsprinzip *rein logisch* gemeint ist. Die Forderung, dass sich die Maximen meines Handelns zur Grundlage einer allgemeinen Gesetzgebung eignen sollen, ist so im Grunde das Postulat einer *logisch widerspruchsfreien Verallgemeinerbarkeit* meiner Handlungsmaximen – wie das Paradebeispiel für den kategorischen Imperativ, die *Lüge*, zeigt, auf das auch Kant wiederholt zurückgreift: Würde die Lüge zum Prinzip allgemeinen Umgangs miteinander erhoben, so würde Kommunikation unmöglich, denn keiner Aussage wäre zu trauen. (Dies darf also nicht in dem Sinn verstanden werden, dass wahre Aussagen einfach in negierter Form mitgeteilt würden. Man brauchte sie dann nur nochmals zu negieren, um die Wahrheit zu kennen. Die Lüge zum

Prinzip erheben würde vielmehr *unberechenbare Täuschung* bedeuten.) Andererseits setzt die Lüge aber – als verdeckte – die Möglichkeit von Kommunikation *voraus*, denn als Lüge funktioniert sie nur dadurch, dass sie für wahr genommen wird, mit anderen Worten: Die Lüge als allgemeines Prinzip macht Kommunikation unmöglich, die sie ihrerseits voraussetzt. Die Universalisierung der Lüge wäre somit *logisch inkonsistent*, und das ist für Kant der Beweis, dass dies kein moralisch akzeptables Handlungsprinzip sein kann.

Kants Universalisierungsprinzip und das öko-ethische Globalisierungsprinzip sind also fundamental verschieden. In krassem Gegensatz zur gesinnungsethischen Auffassung Kants betrifft die Globalisierung die *empirischen Handlungsfolgen*. Und was unter Globalisierungsaspekt sichtbar wird, ist nicht, dass unökologisches Handeln zu einem *logischen Widerspruch* führt, sondern vielmehr im Widerspruch zu *empirischen Werten* steht – z. B. ‚Gesundheit', ‚Lebensqualität' usw. –, was zudem nur unter Heranziehung einschlägigen *empirischen Wissens* erkennbar ist. Das Globalisierungsprinzip fordert keine logische, sondern eine *empirische Universalisierung*, wobei die Existenz empirischer Werte unterstellt ist und die Frage der Wertverletzung zunehmend nur noch empirisch-wissenschaftlich zu klären ist (wie etwa im Fall des sogenannten Treibhauseffekts aufgrund von CO_2-Emissionen).

Durch die Forderung einer *empirischen* Universalisierung geht das Globalisierungsprinzip also über die kantische Gesinnungsethik hinaus. Es geht aber auch über die *klassische* Verantwortungsethik hinaus, der die *globale* Perspektive – in räumlicher, zeitlicher und personeller Hinsicht – ja fehlt. In ökoethischer Perspektive gewinnt das ‚*Prinzip Verantwortung*' (Jonas 1982) einen mundialen, weltumspannenden Sinn. Das Globalisierungsprinzip verbindet in dieser Weise kantische und verantwortungsethische Momente. Es bewahrt Wesentliches beider Auffassungen und geht zugleich über beide entscheidend hinaus.

Natürlich hebt es *deren* Geltung dadurch nicht auf. Nach wie vor gilt, dass die Lüge, zum allgemeinen Prinzip erhoben, die Möglichkeit von Kommunikation vernichten würde, die sie als Lüge andererseits voraussetzt. Diese *logische* Inkonsistenz ist für menschliches Zusammenleben inakzeptabel; daran hat sich nichts geändert. Da wir ferner als reale Menschen in einer realen Welt leben, betrifft unser Handeln auch andere Menschen, ist daher ethisch relevant hinsichtlich seiner *empirischen Folgen*, soweit sie uns unmittelbar zurechenbar sind: Auch dieses klassisch-verantwortungsethische Prinzip hat seine Geltung heute nicht verloren. Doch im Blick auf den grenzüberschreitenden Charakter ökologischer Systeme, der uns *globale Verantwortung* abfordert, ist es nicht mehr zureichend: Auch ein für sich betrachtet belanglos erscheinendes Handeln muss global, als Beitrag zu einem *kumulativen* Geschehen, gesehen und bewertet werden. Das *Globalisierungsprinzip* mutet uns zu, den Blick über den Tellerrand hinaus auf die Weltsituation zu richten und in dieser Perspektive globale Umsicht, Voraussicht und, da dies nur eingeschränkt möglich ist, vor allem auch *Vorsicht* walten zu lassen. Und indem es über die beiden klassisch-ethischen Prinzipien hinausgeht, kann es zu Recht als ein *post-klassisches* Ethikprinzip bezeichnet werden.

3.4.2 Begründungsfragen

Allerdings ist die *Geltung* des Globalisierungsprinzips hier zunächst *vorausgesetzt* worden. Es stellt sich somit die Frage, ob sich dafür eine *philosophische Begründung* geben lässt. Oder bleibt nur die Möglichkeit, dass an die Stelle einer normativen Ethik letztlich „die individuelle moralische Intuition" tritt (Benedikter 2002, 135, 133 ff)? Hierzu einige grundsätzliche Überlegungen:

Das Globalisierungsprinzip fordert, den Übergang von der individuellen zur globalen Perspektive in räumlicher, zeitlicher und personeller Hinsicht zu vollziehen. Welche Schwierigkeiten sich diesbezüglich in *begründungstheoretischer* Hinsicht ergeben, sei etwa für die Forderung *zeitlicher* Globalisierung näher verdeutlicht. Man denke – um ein Beispiel zu haben – wiederum an das kollektive Autofahren, dessen Auswirkungen mutmaßlich erst in der Zukunft zu einem gravierenden ‚Treibhauseffekt' führen, dadurch vielleicht Überschwemmungen ganzer Länder, Massenmigrationen und Verteilungskriege mit modernen Massenvernichtungswaffen zur Folge haben. Die Handlungsfolgen betreffen in diesem Fall also Werte bezüglich Personen, die noch gar nicht existieren. Kann man aber Werte verletzen, die *nicht-existente* Personen betreffen? Im Globalisierungsprinzip ist die Möglichkeit einer solchen Wertverletzung unterstellt, während die klassische Ethik nur das *unmittelbar zwischenmenschliche* Handeln, also Personen *in einer gemeinsamen Gegenwart* betrifft. Das verdeutlicht einmal mehr den post-klassischen Charakter des Globalisierungsprinzips, und die philosophische Frage, die sich hier stellt, ist, ob sich etwas Derartiges *begründen* lässt.

Das Problem wird in dem Werk ‚Das Prinzip Verantwortung' von Hans Jonas (1982) mit großer Eindringlichkeit diskutiert. Jonas argumentiert etwa so: Eine *Zukunftsethik* betrifft Menschen, die heute noch nicht existieren und womöglich, so könnte man hinzufügen, gerade aufgrund unseres unökologischen Handelns in der Gegenwart, zukünftig vielleicht niemals existieren werden. Die für eine Zukunftsethik unterstellten *Werte* können mithin nicht an real existierende Menschen gebunden werden, und so bleibt nur die Möglichkeit, stattdessen die *Idee des Menschseins* als Wert auszuzeichnen. ‚Idee des Menschseins' ist aber eine Kategorie, mit der so etwas wie ein ideelles, *zeitenthobenes Sein* ins Auge gefasst ist, also eine *ontologische* Kategorie. In diesem Sinn sucht Jonas eine Zukunftsethik *ontologisch* zu begründen.

Er setzt hierzu beim Begriff der *Natur* an. Er macht geltend, dass der auf Descartes zurückgehende Naturbegriff *reduktionistisch* sei, indem er Natur als pure, rein quantitativ bestimmte materielle Ausdehnung fasst. ‚Zwecke' und ‚Werte' haben darin keinen Ort und werden als lediglich *anthropomorphe Deutungsweisen* des Naturseins interpretiert. Dieses reduktionistische Naturverständnis hat, wie früher ausführlich dargelegt (Kap. 1.4.4), die gesamte Neuzeit bis in die Gegenwart bestimmt und ist daher auch für die Schwierigkeiten mit verantwortlich, die wir heute mit der Natur haben. Der cartesianisch-reduktionistische Naturbegriff müsse daher, so Jonas, verabschiedet und durch einen adäquateren ersetzt werden.

Entscheidend sei, dass der Natur selbst *Zwecktätigkeit* zugeschrieben werden müsse. Diese ziele auf die Realisierung von etwas ab, das dadurch eben auch als realisierens-*wert* bestimmt sei: Mit der Zwecktätigkeit der Natur seien immer schon *Werte* vorausgesetzt. In diesem Sinn sei die Natur „alles andere als wertfrei". Jonas fügt allerdings gleich hinzu: Mit der Einsicht in die Werthaftigkeit der Natur sei freilich noch nicht entschieden, „ob es in unser Belieben gestellt oder unsere Pflicht ist, ihrer ‚Wertentscheidung' beizupflichten ... Diese Frage kann nicht mehr die Zwecklehre, die jenen Nachweis führte, sondern muss die Wertlehre beantworten". Doch werde „sich herausstellen", dass mit der Einsicht in die Zwecktätigkeit der Natur auch für die Ethiktheorie „schon die entscheidende Schlacht gewonnen" sei (Jonas 1982, 150). Jonas diskutiert in diesem Zusammenhang das *Paradigma des Neugeborenen*, „dessen bloßes Atmen unwidersprechlich ein Soll an die Umwelt richtet, nämlich: sich seiner anzunehmen. Sieh hin und du weißt" (235, auch 85 ff., 234 ff., 240 ff.). Jonas spricht geradezu von einem „‚ontologischen' Sollen" (234), und er meint damit: Das *Sollen* folge hier unmittelbar aus dem *Sein* des Neugeborenen.

Nun ist es ein bekannter Satz der Ethik, dass von einem Sein nicht auf ein Sollen geschlossen werden könne. Wer das versucht, mache sich des – schon erwähnten (Kap. 1.2.5) – *naturalistischen Fehlschlusses* schuldig, der auf einer Verwechslung von Sein und Sollen beruhe. Ohne mindestens *eine* normative Prämisse lasse sich grundsätzlich keine Sollensvorschrift herleiten. Kann es dann überhaupt eine *ontologische* Sollensbegründung geben, wenn ‚Ontologie' doch ‚Seinslehre' bedeutet? Kann das Sollen in einer Seinslehre einen Ort haben? Die Antwort darauf ist schon angedeutet worden: Es muss offenbar auch so etwas wie ein *Sein von Werten* angenommen werden, und der Wertcharakter hat *normativen* Sinn: Ein Wert repräsentiert ja eine vor Anderem *ausgezeichnete* Möglichkeit, die somit Anderem vorzuziehen ist und in diesem Sinn ein *Sollen* darstellt. Das Sein von Werten wäre folglich als der *Sonderfall* eines Seins zu verstehen, das ein Sollen einschließt und damit *nicht* zu einem naturalistischen Fehlschluss führt.

Eine philosophische Ethikbegründung, wie sie Jonas vorschwebt, erforderte also eine *ontologische Werttheorie*. Der bloße Hinweis auf das physische Sein des Neugeborenen ist dafür sicher unzureichend. Die geforderte Werttheorie kann wohl nur im Rahmen einer umfassenden Ontologie gelingen, die auch in der Lage wäre, ihre eigenen Prinzipien zu begründen, um der Gefahr dogmatischer Beliebigkeit zu entgehen, und in der dann auch die Ethik ihren Ort und ihre Begründung hätte. Eine solche Theorie liegt bislang nicht in ausgearbeiteter Form vor, doch sind Ansätze dazu immerhin erkennbar. Aussichtsreichster Kandidat für einen derartigen Denkentwurf ist m. E. eine philosophische Theorie vom Typ eines *objektiven Idealismus*, also einer Philosophie Platonisch-Hegelscher Prägung.[33] Ich möchte hier nur auf einige Konsequenzen eines solchen Denkansatzes für das Begründungsproblem der Ökoethik hinweisen:

Im Unterschied zum cartesianisch-reduktionistischen Konzept ist der objektiv-idealistische Naturbegriff *ganzheitlich* und ermöglicht damit auch einen Zugang zum Verständnis ökologischer Zusammenhänge. Natur und Geist sind hier wesensmäßig aufeinander bezogen. Und die Natur selbst ist nach dieser Auffassung, als Manifestation eines ihr zugrunde liegenden Ideellen, ein *werthaftes* Sein, indem sie, wie Vittorio Hösle argumentiert, „an den idealen Strukturen partizipiert – sie verwirklicht Werte, und diese Werte dürfen nicht ohne Not zerstört werden". Auch die Natur sei damit „Objekt sittlicher Pflichten" (Hösle 1991, 72f.).

Im Übrigen ist die Ökoethik so nicht mehr nur *anthropozentrisch*, d. h. allein an menschlichen Bedürfnissen orientiert. Der Natur kommt danach ein *Eigenrecht* zu, das zu respektieren und heilig zu halten ist. So wird es möglich, *Prinzipien der Naturbewahrung* zu begründen, die auf Formen der Achtung gegenüber der Natur verpflichten, und zwar *unabhängig* von Motiven menschlichen Nutzens oder Schadens. Natur ist danach – in einem noch näher zu bestimmenden Sinn – als ein *schutzwürdiges Gut* zu verstehen – ein auch und gerade für den Umgang mit Technik und technischer Machbarkeit entscheidendes Novum. Jürgen Mittelstraß' Formulierung, „dass das neuzeitliche Ideal einer *Herrschaft über* die Natur dem älteren Ideal eines *Lebens mit* der Natur wieder weichen" müsse, ist dafür eine treffende Formel (Mittelstraß 1992, 151).

---

[33] Zu Begründungsfragen des objektiven Idealismus sei auf die detaillierte, überzeugende Argumentation in Hösle 1987 verwiesen.

3.4.3 Jenseits des Anthropozentrismus

Der Anthropozentrismus, der das menschliche Selbstinteresse in den Mittelpunkt stellt, ist im Sinn des objektiv-idealistischen Naturbegriffs also nicht das letzte Wort. Sicher: Das anthropozentrische Argument, dass auch der Mensch eine Naturseite habe und Naturzerstörung für ihn deshalb Selbstzerstörung bedeuten würde, ist keineswegs falsch. So hat Lothar Schäfer argumentiert und dafür plädiert, den *kosmologischen* Naturbegriff durch einen *physiologischen* Naturbegriff zu ergänzen (Schäfer 1993, 6. Kap.). Aber das würde eine totale Funktionalisierung und Technisierung der Natur nicht grundsätzlich ausschließen. Im Extrem könnte dies auf eine völlig artifizielle Umwelt hinauslaufen, in der nichts mehr ‚von Natur', sondern alles technisch im Sinn der Sicherung physischer Subsistenzbedingungen des Menschen arrangiert wäre. Flüsse etwa würden als Kloaken genutzt, das Trinkwasser würde chemisch gereinigt, und Fische würden im Aquarium gehalten. Artenschutz oder allgemeiner: die Erhaltung einer *intakten Natur* wäre so jedenfalls nicht zu begründen.

Intuitiv hat eine *intakte, lebendige, leuchtende Natur* etwas mit ‚Lebensqualität' zu tun. Wir suchen immer wieder unserer durchgeplanten Welt zu entfliehen, um ‚am Busen der Natur' neue Kraft zu gewinnen. Diese elementare Erfahrung bietet sicher ein intuitives Argument für die Naturbewahrung. Für die Ökologiedebatte wäre indes wichtig zu klären, ob und wie sich dies möglicherweise *rational rekonstruieren* ließe, um dem Vorwurf „idyllisierender Betonung von Harmonie und Gleichgewicht in der Natur" zu entgehen (Bayertz 1987, 169).

Von einem *objektiv-idealistischen Naturbegriff* her scheint dies möglich zu sein: In dieser Perspektive ist die Natur gewissermaßen als eine *Manifestation* des ihr zugrunde liegenden *ideellen Prinzips*, als ein „Bild der göttlichen Vernunft" zu deuten, wie Hegel sagt (Hegel WW, 20.455), mit anderen Worten: In Gestalt einer sich selbst erhaltenden, sich beständig neu gebärenden *natura naturans*, und nur so, hätte der Mensch gleichnishaft die *unmittelbare Anschauung* eines ewig aus sich Existierenden, Absoluten. Der hoch emotionale, quasi metaphysische Charakter des *Naturerlebnisses* wird von daher grundsätzlich verständlich und damit auch die *Legitimität* des Interesses an der Bewahrung einer lebendigen, selbsterhaltenden, ewigen Natur, die als solche in der Tat etwas Erhebendes und zugleich Bergendes und Tröstliches hat. Das Gefühl der Ungeborgenheit und Trostlosigkeit ‚autogerechter' Städte, die nicht einmal mehr die Ahnung einer solchen Natur zulassen, ist auf der anderen Seite mit Händen zu greifen.

Mir scheint, dass die Forderung, die Natur als intakte Natur zu bewahren, objektiv-idealistisch in der Tat *begründbar* ist: In dieser Perspektive sieht sich der menschliche Geist auf ein *logisch-ontologisches Grundprinzip* verwiesen, das als solches Verbindlichkeit für sein Dasein und alles Dasein hat. Eine *unmittelbare*

Anschauung aber jenes Verbindlichen gewährt ihm die *Natur* als lebendige natura naturans. Das Naturerlebnis, das Gefühl des Gehalten- und Umgriffenseins von der All-Einheit der Natur, bietet ihm gleichsam die Möglichkeit unmittelbarer Teilhabe daran, und in diesem Sinn muss der Anspruch auf eine ‚heile' Natur geradezu als ein *Grundrecht des Geistes* verstanden und respektiert werden, mit anderen Worten: Auf der Basis eines objektiv-idealistischen Naturbegriffs – und wohl nur so – ist die Forderung, die Natur als ‚heile' Natur *heilig* zu halten und zu bewahren, *philosophisch legitimierbar*. Demgegenüber bleibt das intuitive Postulat einer *sakralen* Natur, etwa in der von Albert Schweitzer oder auch der von Klaus Michael Meyer-Abich (1984) vertretenen Form, philosophisch unbefriedigend. Seine Unausgewiesenheit und z.T. absurden Konsequenzen sind von Kurt Bayertz zu Recht kritisiert worden (Bayertz 1987, 171 ff.).

Sicher wird dem Leser hier eine gewisse Paradoxie der Argumentation nicht entgangen sein: Die Natur soll *von uns* bewahrt werden als ‚intakte', d. h. als *sich selbst* bewahrende Natur – das wird doch im Grund gefordert. Doch diese Schwierigkeit lässt sich leicht auflösen: Manifestation jenes Grundprinzips ist in idealistischer Perspektive die *Natur im Ganzen*. Demgegenüber haben wir es vor den Toren unserer Städte oder in den Touristikzentren immer nur mit einem ‚Stück Natur' zu tun. Als Fragmente können solche Naturstücke denaturiert und in ihrer Selbsterhaltung paralysiert werden. Diese unsere Naturumgebung bedarf daher unserer bewahrenden Fürsorge, die sie in Stand setzt, sich selbst zu bewahren und so ihrerseits *im Kleinen* ein Bild der allumfassenden, ewigen Natur zu sein. Dies lässt sich mit der Fürsorge, die wir unserem Leib angedeihen lassen, vergleichen, den wir ebenfalls erhalten, damit er sich selbst erhalten kann.

Man mag die skizzierte Naturdeutung *romantisch* nennen. In der Tat ist die Reflexion auf die Natur als Folge eines bedrohten Naturverhältnisses ein Charakteristikum der Romantik. Mir scheint aber, dass damit auch ein Aspekt des Ökologieproblems sichtbar geworden ist, der bisher im Grund nicht angemessen berücksichtigt wurde, und zwar deshalb, weil er nicht auf der *naturhaften* Ebene selbst erscheint, sondern im *Geistigen:* der Anspruch auf eine ‚heile' Natur als ein Grundrecht des Geistes (s. o.). Eben dies, dass das Ökoproblem wesentlich auch eine geistige Dimension hat, ist m. E. nur auf der Grundlage eines objektiv-idealistischen Naturbegriffs ausweisbar und begreiflich.

Gleichwohl: Ist hier nicht doch wieder ein *menschliches Interesse* zur Grundlage des Naturerhaltungspostulats gemacht worden? Läuft der reklamierte Anspruch auf eine ‚heile' Natur, im Gegensatz zu dem vorher Gesagten, nicht doch wieder auf eine *anthropozentrische* Begründung hinaus? Dazu ist zu sagen, dass Naturerhaltung hier zwar um des Geistes, und das heißt um des Menschen willen gefordert wird, aber: Das, *worum* es dem Menschen dabei geht, ist ja etwas, das *über ihn hinausweist*. Was ihm so aufgeht, ist gerade, dass *er selbst kein letzter*

Grund ist. Er sieht sich vielmehr verwiesen auf ein logisch-ontologisches Prinzip, das ihm und der Natur *gleichermaßen zugrunde liegt*. Beide, Geist und Natur, haben dadurch eine Affinität, die auch in ethischer Hinsicht Konsequenzen hat: eben im Sinn einer grundsätzlichen Achtung der Natur gegenüber, insofern diese, als ‚heile' Natur, ihm gleichnishaft eine Anschauung seines eigenen Wesensgrundes vermittelt. Der auch in diesem Sinn ‚post-klassische' Charakter einer solchen Ethik ist unübersehbar.

Insgesamt: Eine *neue Ethik* ist gefordert: erstens im Sinn einer Klärung, inwieweit neue, technikerzeugte Sachverhalte im Rahmen der *klassischen* Normen ethisch zu verorten sind (Applikationsproblem!); zweitens im Sinn einer *postklassischen Zukunftsethik* (Globalisierungsprinzip!) auf der Grundlage einer *ontologischen Ethik- bzw. Wertbegründung*, die auch ein verändertes – nicht mehr nur anthropozentrisches – Mensch-Natur-Verhältnis impliziert.

3.5 Aspekte einer neuen Pflichtenlehre

Was lässt sich aus den durchgeführten Überlegungen für das konkrete Handeln entnehmen? In Verbindung mit empirischen Werten wie ‚Lebensqualität', ‚Gesundheit' usf. sind aus dem Globalisierungprinzip offenbar *Pflichten*, also Gebote und Verbote, herleitbar. Zu diesem Zweck ist zu prüfen, ob bestimmte Verhaltensweisen unter dem Globalisierungsaspekt eine *Wertverletzung* zur Folge haben. Sinnloses Autofahren etwa muss als verwerflich gelten, weil es, in *globaler* Perspektive, zu Gesundheitsschädigungen, ‚Treibhauseffekt' usw. führt. Dass derartige Zusammenhänge, wie schon bemerkt, in räumlicher, zeitlicher und personeller Hinsicht hochgradig indirekt sind und zudem einschlägiges empirisches Wissen erforderlich machen, bedeutet, dass die Ethik insoweit schwerer geworden ist als in älteren, vormodernen Zeiten. Dass damit auch erhebliche Akzeptanzschwierigkeiten verbunden sind, liegt auf der Hand, zumal das benötigte empirische Wissen im Allgemeinen nicht verfügbar oder nur über aufwändige empirische Forschungen zu gewinnen ist. Dadurch und durch die Extrapolation in die Globalperspektive ist es überdies mit erheblichen *Unsicherheiten* behaftet, hinter denen sich das Handeln leicht verschanzen kann – wir alle kennen das: ‚Ob es überhaupt einen anthropogenen Treibhauseffekt gibt und wenn ja, ob er sich katastrophal auswirken wird, ist noch nicht schlüssig erwiesen'. Außerdem kann man der Meinung sein, dass man für Autofahren, Energieverbrauch usw. ja auch *bezahlt* und mögliche Spätschäden damit schon *abgegolten* seien. Wie wir wissen, ist das nicht der Fall; dazu wäre zumindest eine striktere Anwendung des Verursacherprinzips notwendig.

Lassen sich Pflichten konkret benennen? Aus dem Globalisierungsprinzip, so ist deutlich, folgt zunächst und vor allem, dass das Handeln in einer hoch technisierten Welt das zukünftige Schicksal der *Menschheit insgesamt* mitzubedenken hat. Im Sinn einer solchen *Zukunftsethik* muss die erste Sorge darauf gerichtet sein, dass der Bestand der Menschheit durch die Technikentwicklung um keinen Preis gefährdet werden darf. „Zukunftsverträglichkeit" wird so gleichsam „zur ethischen ‚ultima ratio'" (Zimmerli 1997, 131).

Jonas plädiert in diesem Zusammenhang für eine ‚*Heuristik der Furcht*', wonach Risiken grundsätzlich höher zu gewichten seien als die möglichen Vorteile technischen Fortschritts, und zwar umso stärker, je mehr sie zentrale Menschheitsinteressen betreffen (Jonas 1982, 63 f., 70 f.). Nur so sei der notorischen *Unsicherheit* Rechnung zu tragen, die allem empirischen Wissen, also auch dem für die Globalisierung benötigten, anhaftet. Furcht, in der mehrtausendjährigen Tradition praktischer Philosophie stets als Untugend bewertet, sieht sich so überraschend in den Rang einer Tugend erhoben, eine Umwertung, der Walther Zimmerli in dem paradoxen Diktum eines „*Muts zur Furcht*" Ausdruck verleiht (Zimmerli 1997, 68).

Politische Konsequenzen des Globalisierungsprinzips werden von Vittorio Hösle benannt (Hösle 1991, Kap. III-V): Im Sinn globaler Verteilungsgerechtigkeit tadelt er die Verschwendungssucht der Industriestaaten und hält deshalb eine Rückbesinnung auf *asketische Ideale* für dringlich. „Vielleicht ist die Wiederbelebung stoischer Ideale die letzte Chance, die die Menschheit noch hat" (80). Die Globalisierung schließe im Übrigen, zunächst für den Einzelnen, die Pflicht ein, sich um *ökologisch relevantes Wissen* zu bemühen. An Sachproblemen orientierte Ethik sei, so auch Zimmerli, „nicht mehr allein Sache des guten Willens und des guten Gewissens, sondern ebenso sehr Sache des guten Wissens" (Zimmerli 1997, 119).[34] Da dieses aber zunehmend nur noch wissenschaftlich zu gewinnen ist, ergibt sich daraus weiter, so Hösle, die Forderung an die Politik, die *ökologische Forschung* zureichend zu fördern. Auch die Technik*entwicklung* wäre – grundsätzlich – als eine politische Aufgabe zu verstehen, und zwar nicht nur unter dem Aspekt der *Folgenabschätzung* der je *schon vorhandenen Technik* – dann wäre es

---

34 Von wesentlicher Bedeutung sei dabei insbesondere, wie Zimmerli an späterer Stelle ergänzt, das Wissen des Nichtwissens, bezüglich dessen er vier Formen unterscheidet: (1) Wissen eines grundsätzlich Unwissbaren; wenn eine Technik Derartiges impliziert, sei von ihr abzuraten; (2) Wissen, dass bestimmte Technikfolgen noch nicht bekannt sind, was eine „moralische Pflicht zur Technikfolgenforschung" impliziere; (3) Wissen, dass ein schon vorhandenes Wissen noch nicht in Anwendungen überprüft wurde, was zu der Forderung führe, dieses zu tun; (4) Wissen, dass schon vorhandenes Anwendungswissen in individuellen Fällen nicht verfügbar ist und darum aufzuarbeiten sei (1997, 154 f.).

vielleicht schon zu spät! –, sondern im Sinn *vorauseilender Technikplanung* (Kap. 3.6), und zwar mit betont sozial-ökologischer Ausrichtung.

Wissenschaftspolitisch wäre, dem Geist des Globalisierungsprinzips entsprechend, die Forderung zu stellen, dass die Wissenschaft, bei aller notwendigen Spezialisierung, niemals den *ganzheitlichen* Aspekt aus dem Blick verlieren darf. Eine hoch spezialisierte Forschung ist zwar wichtig, weil wissenschaftliche Fortschritte anders nicht mehr zu erzielen sind. Aber diese müssen dann auch hinsichtlich ihrer gesamtgesellschaftlichen Bedeutung und Berechtigung reflektiert werden. Dazu müssen sie der Öffentlichkeit vermittelt, bezüglich ihrer globalen Auswirkungen erläutert und zu den Resultaten anderer Wissenschaften in Bezug gesetzt werden. Aufgrund der Spezialisierung in Wissenschaft und Technik stößt diese Forderung, wie Ludwig Jäger zu Recht bemerkt, schon auf semantische Schwierigkeiten: „Das Wissen wächst, aber die mögliche Teilnahme am Wissen nimmt ab ... Wo wir uns verstehen, wird nichts Wichtiges mehr verhandelt, wo Wichtiges verhandelt wird, verstehen wir nur noch wenig" (Jäger 1996, 54). In diesem Sinn ist eine engagierte, umsichtige *Interdisziplinarität* der Wissenschaften zu fordern und zu fördern. Insbesondere muss die Kommunikation zwischen Natur- und Geisteswissenschaften intensiviert werden. Denn wenn es zutrifft, dass die Letzteren für die Belange des ‚Geistes', und das heißt ja des Menschlichen im umfassenden Sinn, zuständig sind, so ist es an ihnen, diese Belange auch im Hinblick auf Forschungs- und Technikentwicklungen zu verdeutlichen; so wie umgekehrt den Natur- und Technikwissenschaften aufgegeben ist, ihre Projekte im gesamtgesellschaftlichen Dialog verständlich zu vermitteln.

Konkrete Überlegungen bezüglich der *Umsetzung* ökopolitischer Forderungen finden sich wiederum bei Hösle (1991). So sei etwa der *Eigentumsbegriff* – also ein Grundelement westlicher Marktwirtschaft – zu überdenken im Hinblick auf sozial und ökologisch relevante Güter wie die Luft, die Meere, den tropischen Regenwald etc. Es leuchtet ein, dass darüber nicht privat verfügt werden sollte, sondern dass solche Güter in öffentliches Eigentum zu überführen wären.[35] Zugleich aber sei am Prinzip der Marktwirtschaft grundsätzlich festzuhalten, weil – wie die Menschen nun einmal sind – nur so eine effiziente Wirtschaft und damit auch Umweltpolitik machbar sei. Diese hätte *ordnungspolitische Rahmenbedingungen* vorzugeben, etwa die konsequente Anwendung des *Verursacherprinzips* nach dem Motto: ‚Die Preise müssen die Wahrheit sagen'. Darüber hinaus wäre an sehr fühlbare *Umweltsteuern* zu denken, die, worauf Ernst Ulrich von Weizsäcker nachdrücklich hinweist (1989), ökologisch wirksamere Instrumente sind als die Festsetzung von *Grenzwerten:* Denn das fördere die Motivation, die Grenzwerte nicht nur zu er-

---

35 Vgl. hierzu die detaillierteren Überlegungen in Hösle 1997, 223 ff.

reichen, sondern auch zu unterschreiten. Hösle empfiehlt ferner, das *Umweltministerium* aufzuwerten und in Zukunft als gleichrangig etwa mit dem Außen-, Wirtschafts- und Finanzministerium zu behandeln (Hösle 1991, 129 f.). Er macht weiter geltend, dass Ökopolitik – wegen der wirtschaftlichen, industriellen und ökologischen Verflechtungen der Einzelstaaten – *grenzüberschreitend* sein müsse. Das Prinzip einzelstaatlicher Souveränität werde zunehmend fragwürdiger (141), und über kurz oder lang habe an dessen Stelle die *Idee des Universalstaates* zu treten (135). Nur in einem solchen Rahmen sei auch eine Lösung des *Dritte-Welt-Problems*, eines der bedrohlichsten Menschheitsprobleme (in wirtschaftlicher, sozialer, ökologischer, militärischer und kultureller Hinsicht), zu erhoffen.

Damit sind nur einige der ethischen und politischen Konsequenzen des Globalisierungsprinzips angesprochen. Zusammen mit empirischen Werten und empirischen Rahmenbedingungen ergeben sich aus diesem also sehr konkrete Forderungen für das Handeln in der technisierten veränderten Welt.

3.6 Das Problem der Technikbewertung

Technik erzeugt immer neue Technik. Der Versuch, eine Einstellung zur Technik zu finden, die das Problem des Technikumgangs sozusagen ein für allemal löst, wird gerade deshalb scheitern müssen. Das unaufhaltsame Fortschreiten der Technik – das haben etwa die jüngsten Entwicklungen der Gentechnik in aller Deutlichkeit gezeigt – konfrontiert das Handeln unvermeidlich mit immer neuen materialen ethischen Problemen (hierzu z. B. Birnbacher 2002; zu biologisch-technischen Aspekten der Gentechnik s. Beier 1997): Und dies keineswegs nur hinsichtlich neuer, technikerzeugter Sachverhalte, sondern, wie Umberto Galimberti argumentiert, auch im Sinn eines sozusagen *systematischen Zuspätkommens* der Ethik. Dem wäre entgegenzuhalten, dass technisches Handeln im Sinn des Globalisierungsprinzips und jener von Jonas geforderten ‚Heuristik der Furcht' unabdingbar immer auf seine Zukunftstauglichkeit zu überprüfen wäre – was sicher nicht leicht ist angesichts einer Technik, deren Wesen – mit Galimbertis Formulierung – darin besteht, „das Szenario jener *fundamentalen Unvorhersehbarkeit* zu eröffnen, das nicht, wie in der Antike, einem Mangel an Erkenntnis zuzuschreiben ist, sondern einer unendlichen *Fähigkeit zu tun*, die gegenüber der *Fähigkeit, vorauszuschauen*, überentwickelt ist" (Galimberti 2002, 19).

Um diesem Problem zu begegnen, sind von technologischer wie von ethischer Seite her Forschungsansätze entwickelt worden, die Lösungen bezüglich der *Technikfolgenabschätzung*, *Technikbewertung* und *Technikgestaltung* erarbeiten sollen.

Diese Fragen scheinen in erster Linie in die Kompetenz der Techniker selbst zu fallen. Wer, wenn nicht sie, wäre in der Lage, den technischen ‚Impact' einer Technologie einzuschätzen? In Rechnung zu stellen ist dabei freilich das zur Dialektik des Technischen Gesagte (Kap. 2): So ist es beispielsweise für den Konstrukteur einer Technik selbst nicht leicht, die Einseitigkeit der Konstrukteursperspektive zu überwinden und die Anwenderperspektive einzubeziehen. Weiterreichendere und gewichtigere Probleme ergeben sich bei der Planung großtechnischer Anlagen und innovativer Technologien, bei denen stets auch mit Risiken zu rechnen ist, die nicht nur technisch, sondern auch hinsichtlich ihrer ökonomischen, politischen und sozialen Konsequenzen zu beurteilen sind. Damit sind *Experten* aus den verschiedensten Bereichen auf den Plan gerufen, was unmittelbar ein neues Problem gebiert, das man als ‚*Gutachtendilemma*' umschreiben könnte (Wandschneider 1991): Dass wissenschaftliche Gutachten einander widersprechen, ist die Regel, da sie – selbst wenn sie ehrlich um Objektivität bemüht sind – meistens *von ganz verschiedenen Standpunkten her* urteilen. „So kann ein Risikoexperte für nukleare Stromerzeugungstechnologien als Experte nicht den Anspruch erheben, auch nur die Machbarkeit, geschweige denn die Akzeptabilität alternativer Energiestrategien, die auf Kernenergie verzichten, wissenschaftlich zu beurteilen ... Bislang werden überwiegend kontroverse Antworten auf fehlende gemeinsame Fragen gegeben" (Ueberhorst 1996, 180 f.) – was nebenbei bemerkt verständlich macht, dass sich zunehmend Misstrauen bezüglich der Möglichkeiten rationaler Problemlösung überhaupt ausbreitet.

Im Übrigen sind last but not least von möglichen Technikfolgen *alle* betroffen, und *insofern* – nämlich bezüglich der *Wünschbarkeit* solcher Folgen – sind *alle* Experten, die deshalb ebenfalls gehört werden sollten. In diesem Sinn wird von Friedrich Rapp betont, dass eine normative Technikfolgenbewertung „den mündigen Bürgern nicht durch die Experten abgenommen werden" könne: „Das Risiko der künftigen Entwicklung müssen alle gemeinsam tragen" (Rapp 1993, 46). Auf keinen Fall, so viel ist deutlich, kann das Problem den Technikern allein überlassen werden. Sehr dezidiert äußert sich auch Wolfgang Kuhlmann: „Das Hauptproblem des Ganzen scheint mir in der Kontrolle dieses Prozesses zu liegen. Zentral dabei ist: Es kann nicht angehen, dass ein paar Experten, die unter ganz anderen Gesichtspunkten ausgewählt wurden und sich qualifiziert haben, nun plötzlich allein zuständig sein sollen für Dinge von der Art: biologische und/oder kulturell-zivilisatorische Evolution des Menschen und dass sie diese Dinge im Wesentlichen als Techniker bearbeiten, die ja zunächst, das ist ihr Beruf, nur für die Vorderseite der Technik zuständig sind. Es müssen sehr viel mehr Menschen an solchen Entscheidungen beteiligt werden" (Kuhlmann 1997, 338). Ähnlich Wiebe Bijker: „Ich behaupte nicht, dass ein durchschnittlicher Bürger fähig ist, einen Kernreaktor zu konstruieren ... Aber ich behaupte sehr wohl, dass die

Entwicklung großer Projekte, wie im Bereich der Kernenergie ..., mehr beinhaltet als das, was in den Handbüchern der Ingenieure beschrieben wird. Und für diese weiteren Aspekte sind Andere die Experten und müssen mit einbezogen werden. Und sie müssen so früh wie möglich *in den gesamten Planungsprozess* mit einbezogen werden" (Bijker 1996, 154).

Ein grundsätzliches Problem der Technikfolgenabschätzung ergibt sich aus der Unmöglichkeit, heute schon *sämtliche zukünftige* Folgen und Nebenfolgen einer technischen Entwicklung vorauszusehen. Weder Techniker noch Soziologen, Ökonomen, Politiker oder auch Philosophen sind dazu in der Lage. Das von David Collingridge (1980) als ‚*Kontrolldilemma*' charakterisierte Problem besteht darin, dass am Anfang einer Entwicklung, wenn Veränderungen noch machbar sind, kaum sicheres Wissen über mögliche Folgen verfügbar ist. Ist dieses aber verfügbar, so ist die Entwicklung bereits fortgeschritten, sodass Veränderungen dann kaum noch möglich sind (Hennen 1996, 237). In dieser Situation bleibt nur die Möglichkeit, hypothetische Szenarien zu entwerfen und durchzuspielen (Simon/ Hartmann 1999, 112 ff.).

Angesichts dieser prinzipiellen Schwierigkeiten, mit denen jede *Technikgestaltung* konfrontiert ist, empfiehlt sich, Hans Jonas folgend, in der Tat eine Grundeinstellung im Sinn einer *Heuristik der Furcht*, d. h. einer defensiv abwägenden und fundamentale Menschheitsinteressen beachtenden Moral. Nur so besteht wohl, in der Situation endlichen Wissens, die Chance, Technikgestaltung in annähernd *natur- und human-verträglichen* Formen zu realisieren.

Voraussetzung solcher zukunftsverträglichen Technikgestaltung ist eine vorausgehende *Bewertung* dessen, was gestaltet werden soll. Insofern läuft letztlich alles auf die Frage der *Technikbewertung* und damit auf eine direkte *ethische* Frage hinaus: Wie sollte eine zu entwickelnde Technik, wie sollten die mit ihr verknüpften Folgen beschaffen sein, um als natur- und humanverträglich gelten zu können? Gerade zu diesen Bewertungsfragen hat sich in jüngster Zeit eine weit verzweigte Diskussion im Rahmen der Anwendungsethik entwickelt. Um einen Eindruck von den damit auch sichtbar gewordenen ethischen Problemen zu vermitteln, möchte ich im Folgenden einige der dazu vertretenen Positionen wiedergeben:

Auf der technologischen Seite hat z. B. der Verein Deutscher Ingenieure (VDI) acht Grundwerte zur Technikbewertung formuliert (VDI-Richtlinie 3780; wiedergegeben und erläutert in Lenk/ Ropohl (ed. 1993, 334 ff.): Funktionsfähigkeit, Wirtschaftlichkeit (einzelwirtschaftlich), Wohlstand (gesamtwirtschaftlich), Sicherheit, Gesundheit, Umweltqualität, Persönlichkeitsentfaltung und Gesellschaftsqualität. Christoph Hubig stellt hierzu fest, dass die bloße Annahme von Grundwerten nicht zureiche: Für die unvermeidlich auftretenden Wertkonflikte seien darüber hinaus Abwägungskriterien erforderlich (Hubig 1993, 304). Unter diesem Aspekt sei etwa zu klären, wie weit Optimierungen vorangetrieben, Handlungsoptionen durch technische Lösungen eingeschränkt, bestimmte Technologien weiter ausgebaut und technikorientierte Selbstbilder akzeptiert werden sollen (1993, 301 ff.). Ein Beispiel: „Keimbahntherapie verhindert bestimmte Formen von Leid, mindert aber zugleich unsere Fähigkeit zur Auseinandersetzung mit diesem" (304). Das sind Fragen, die evidentermaßen schon eine ausgearbeitete, argumentativ abgesicherte, im Idealfall ‚letztbegründete' Ethik voraussetzen. Eine solche ist gegenwärtig nicht verfügbar.

In späteren Arbeiten argumentiert Hubig pragmatisch: Solange keine letztbegründete Ethik in Sicht sei, müsse eine ‚provisorische Moral' (Descartes) angestrebt werden (Hubig 2000a, 30). In der Diskussion zum Problem der Technikbewertung seien vier zentrale Punkte auszumachen (2000b, 213 ff.): (1) Möglichkeiten der Erweiterung des Wertekanons, (2) iteratives Bewertungsverfahren, (3) Einführung höherstufiger Bewertungsverfahren, (4) Fragen bezüglich der Transparenz der Bewertungsverfahren. Am wichtigsten sei Punkt (2). Hierbei handelt es sich um das Verfahren, die Bewertung von Technikfolgen so lange zu *iterieren*, bis schließlich eine *akzeptable* Bewertung erreicht ist, die ihrerseits – unter veränderten Bedingungen – für Modifikationen offen sei. Das gestatte insbesondere die nachträgliche Berücksichtigung höherstufiger Werte im Sinn von (3) [und wohl auch (1)], d. h. (2) und (3) [und wohl auch (1)] gehören sachlich zusammen.

Das Iterationsverfahren knüpft ausdrücklich an diesbezügliche Positionen John Rawls' und Nelson Goodmans an. Entscheidend ist danach die Bereitschaft, inakzeptabel erscheinende Konsequenzen einer Wertannahme zu verwerfen und durch eine modifizierte Bewertung zu ersetzen, bis schließlich ein – wenn auch stets vorläufiges – Gleichgewicht von Bewertung und Akzeptanz erreicht ist: An die Stelle einer apriorischen „Top-Down-Bewertung" soll ein aposteriorisch erzieltes „Überlegungsgleichgewicht" treten (Hubig 2000b, 214).

Dass dieses sich als pragmatischer Vorschlag zur Güte empfehlende Verfahren philosophisch problematisch ist, liegt auf der Hand. Denn wenn die allgemeine Akzeptanz zum Bewertungskriterium gemacht wird, dann heißt das, dass *deren* Wertsetzung als vorweg gültig betrachtet wird. Eine von solchen unausgewiesenen Wertintuitionen unabhängige Wertbegründung ist so nicht zu leisten. Im Grund ist dies nicht mehr und nicht weniger als die aristotelische Empfehlung, sich für die Ethikbegründung an das zu halten, „was alle glauben" (Nikomachische Ethik 1173a), und das sind für Aristoteles faktisch die geachteten Athener (die beispielsweise, wie Aristoteles selbst auch, von der Rechtmäßigkeit der Sklaverei überzeugt sind). Allerdings fährt Aristoteles fort, dass es ja *keine vernunftlosen* Wesen seien, auf deren Meinung er sich hier berufe, d. h. er setzt letztlich – wenn auch unausdrücklich und insofern philosophisch unbefriedigend – auf die

Richterinstanz der Vernunft, hier im Sinn pragmatischer Weltklugheit (phronesis).

Hubig, auch darin Rawls und Goodman folgend, sieht den Sachverhalt offenbar ähnlich (Hubig 2000b, 217 f.; ähnlich Honnefelder 1996, 252). Er anerkennt, dass der Vorschlag nicht unproblematisch sei, setzt aber darauf, dass – eben durch *iterierte* Bewertungsreflexion – die ethische Diskussion für neue Argumente offen gehalten werde und dadurch, so wird man dies gut aristotelisch deuten dürfen, immer wieder *Vernunft* die Chance erhält, korrigierend einzugreifen. In der Tat besteht Hoffnung, dass so die Beliebigkeit und Irrationalität dessen, was hier und heute akzeptiert ist, in einem *pragmatischen* Sinn überwunden werden kann. Bleibt, so fragt man sich, überhaupt eine andere Möglichkeit, solange keine letztbegründete Ethik verfügbar ist?

Kurt Bayertz spricht in diesem Zusammenhang von „normenbildender Anwendung" (Bayertz 1991, 20, 36). Daran anknüpfend wird von Johannes Rohbeck argumentiert: „Es handelt sich ... nur scheinbar um ein reines Anwendungsproblem, weil die Applizierung zugleich die Prinzipienfrage berührt. Anstatt Prinzipien ‚bloß anzuwenden', soll sich die Beurteilung konkreter Handlungsmöglichkeiten nun auf die Formulierung allgemeiner Maßstäbe rückbeziehen" (Rohbeck 1993, 271). „Faktisch liegen derartige Reflexionsverhältnisse den referierten Ethiken schon längst zugrunde ... Der Bedrohung der Natur entspricht ein normativ aufgeladener Naturbegriff" (273). In diesem Sinn nötige die jeweilige Situation auch zu einer beständigen Reflexion darauf, was als ethisch angemessen gelten kann. Ein gestörtes Naturgleichgewicht etwa könne heute nur technisch wieder ins Lot gebracht werden, was somit normativ zu fordern sei. „Das heißt, auch das Ziel dessen, was als ‚dritte Natur' erstrebenswert ist, hängt vom jeweiligen Stand der Technik ab" (274). Gemeint ist offenbar, dass die Erreichung von ‚Oberzwecken' heute immer auch die Realisierung von ‚Unterzwecken', also den Einsatz technischer Mittel erfordert, die ihrerseits wieder vom *Stand der Technik* abhängig sind, anders gesagt: „Die strikte Trennung zwischen der moralisch gerechtfertigten Zielbestimmung und der pragmatisch-taktischen Durchsetzung ist ... nicht mehr haltbar" (284; ähnlich Hubig 1993, 301).

Das Problem der Technikbewertung führt unmittelbar auf die weitere Frage, wer die *Verantwortung* für eine Bewertungsentscheidung hat. Ropohl demonstriert dies am Beispiel eines Großprojekts, für dessen Scheitern unterschiedlichste Verantwortungsinstanzen denkbar sind: Industriearchitekten, Bauingenieure, Unternehmens- und Verwaltungsdirektoren, Gewerkschaften oder auch staatliche Aufsichtsinstanzen (Ropohl 1993, 155). Die Mitwirkung zahlreicher Instanzen macht das Verantwortungsproblem im Fall technischer Großprojekte also außerordentlich komplex. Zimmerli meint, dass dies noch nicht zureichend begriffen und der Verantwortungsbegriff „weitgehend noch an den Verantwortungskonzepten der spätmittelalterlich-zünftischen Handwerkskultur orientiert" sei (Zimmerli 1993, 100). Dem entspricht, so Hans Lenk, dass der Mensch heute „aufgrund seiner ins Ungeheuerliche gewachsenen, aber nicht immer ganz im Voraus abschätzbaren oder kontrollierbaren technischen Eingriffs- und Verfügungsmacht ... sozusagen für mehr verantwortlich [sei], als er voraussehen und somit eigentlich (bewusst) verantworten kann" (Lenk 1993, 130). Ropohl vertritt die Auffassung, dass der Einzelne in der Tat überfordert sei, dass Institutionen anderseits zu schwerfällig reagierten. Die der neuen Situation angemessenste Form der Technikbewertung sieht er daher im Zusammenwirken von individuellen und institutionellen Entscheidungsträgern und charakterisiert dies als ‚*konzertierte Technikbewertung*' (Ropohl 1993, 170). Earl R. MacCormac schlägt „die Einrichtung eines Systems von Wissenschafts- und Technikgerichtshöfen ... [vor], die, getrennt von unserem normalen Gerichtssystem der Verwaltungs-, Militäroder Finanzgerichte", über die Bewertung technischer Großprojekte zu befinden hätten (MacCormac 1993, 238).

Ein weites Feld! Die Diskussion zur Ethik des Technischen ist – gesamtgesellschaftlich – in vollem Gang, quälend unabgeschlossen und weithin aporetisch. Die Philosophie ist in dieser Situation in besonderem Maß gefordert. Von ihr erwartet man Klärung und Orientierung. Doch mit dem *Grundsätzlichen* ist sie seit zweieinhalb Jahrtausenden beschäftigt, ohne zu einem definitiven Abschluss gelangt zu sein, und um wie viel schwieriger ist die verbindliche ethische Beurteilung eines *konkreten Tatbestands*, in dem sich die verschiedensten Hinsichten kreuzen. Gleichwohl: Eine der wichtigsten Aufgaben der Philosophie war und ist, *Probleme bewusst* zu machen. Nur so können sie dann auch angegangen werden, nur so kann gesamtgesellschaftlich darauf reagiert, nur so kann weiteres Fragen, Nachdenken und verantwortungsbereites Handeln motiviert werden. In diesem Sinn leistet auch die Technikphilosophie ihren bescheidenen, aber nicht unbedeutenden Beitrag. Die Reflexion darauf, was Technik ist, wie sie heute in unser Leben eingreift und uns mit neuartigen Problemen konfrontiert, ist bereits eine wichtige Klärungs- und Orientierungsleistung für den konkreten Umgang mit Technik. Nur wer sich dem *Wesen* der Technik öffnet, so hatte Heidegger gesagt, entgeht der Gefahr, dass er sich an der Technik *versieht*, also Alles und sich selbst nur noch technisch zu sehen vermag. Und ethisch wird er – mit Hans Jonas – die *Furcht* vor der Zerstörung menschlicher *Ebenbildlichkeit* mit dem Göttlichen als „erste, präliminare Pflicht" verstehen (Jonas 1982, 392), die das Projekt einer Ethik des Technischen im Ganzen zu leiten hätte.

Literatur

Adorno, Theodor W. (1993) Über Technik und Humanismus, in: Lenk/ Ropohl (ed. 1993), 22–30.
Albrecht, Helmuth (1993) Technik – Gesellschaft – Zukunft, in: Albrecht/ Schönbeck (ed. 1993), 449–474.
Albrecht, Helmuth/ Schönbeck, Charlotte (ed. 1993) Technik und Gesellschaft. Düsseldorf.
Anders, Günther (^{2}1981) Die Antiquiertheit des Menschen. Bd. I: Über die Seele im Zeitalter der zweiten industriellen Revolution. Bd. II: Über die Zerstörung des Lebens im Zeitalter der dritten industriellen Revolution. München.
Anderson, Alan Ross (ed. 1964) Minds and Machines. Englewood Cliffs (New Jersey).
Bacon, Francis (1620/1974) Neues Organ der Wissenschaften. Übersetzt und herausgegeben von A. T. Brück. Darmstadt.
Bayertz, Kurt (1987) Naturphilosophie als Ethik, in: philosophia naturalis, 24, 157–185.
Bayertz, Kurt (1991) Praktische Philosophie als angewandte Ethik, in: Bayertz (ed. 1991), 7–47.
Bayertz, Kurt (ed. 1991) Praktische Philosophie. Grundorientierungen angewandter Ethik. Reinbek bei Hamburg.
Beck, Ulrich (1986) Risikogesellschaft. Auf dem Weg in eine andere Moderne. Frankfurt a. M.
Beier, Henning M. (1997) Zur Vision vom vervielfältigten Menschen: Sinn und Unsinn des Klonierens menschlicher Embryonen, in: Kerner (ed. 1997), 229–243.
Benedikter, Roland (2002) Die Wiedergeburt des Menschlichen aus dem Geist der Technik? Selbstexpansion der Technik und Aufstieg der individuellen moralischen Intuition, in: Benedikter (ed. 2002), 123–151.
Benedikter, Roland (ed. 2002) Italienische Technikphilosophie für das 21. Jahrhundert. Stuttgart.
Benjamin, Walter (1963) Das Kunstwerk im Zeitalter seiner technischen Reproduzierbarkeit. Drei Studien zur Kunstsoziologie. Frankfurt a. M.
Bentzen, Martin Mose (2017) The Limits of Logic-Based Inherent Safety of Social Robots, in: Michelfelder/Newberry/Zhu (ed. 2017), 229–240.
Bertalanffy, Ludwig von (1948) Zu einer allgemeinen Systemlehre, in: Biologia Generalis, 19 (1948), 114–129.
Bertalanffy, Ludwig von (1949) Das biologische Weltbild. Bern.
Bertalanffy, Ludwig von (1970) Gesetz oder Zufall: Systemtheorie und Selektion, in: Koestler/ Smythies (ed. 1970), 71–95.
Bijker, Wiebe E. (1996) Demokratisierung der Technik – Wer sind die Experten?, in: Kerner (ed. 1996), 133–155.
Birnbacher, Dieter (2002) Der künstliche Mensch – ein Angriff auf die menschliche Würde?, in: Kegler/ Kerner (ed. 2002), 165–189.
Bloch, Ernst (1973) Das Prinzip Hoffnung. Frankfurt a. M.
Blumenberg, Hans (1974) Säkularisierung und Selbstbehauptung. Frankfurt a. M.
Böhme, Gernot (1984) Die Gesellschaftlichkeit von Technik und Natur, in: Moser/ Ohler (ed.1984), 10–26.
Böhme, Gernot/ Van den Daele, Wolfgang/ Krohn, Wolfgang (1974) Die Finalisierung der Wissenschaft, in: Diederich (ed. 1974), 276–311.
Bojaryn, Jan (2013) Alle müssen lernen, in: Frankfurter Allgemeine Zeitung (20.11.2013).
Bollier, David (2010) The Promise and Peril of Big Data. Washington, DC (Aspen Institute).

Cassirer, Ernst (1906/ 1974) Das Erkenntnisproblem, Bd. I (1906). Darmstadt.
Collingridge, David (1980) The Social Control of Technology. New York.
Descartes, René (1641) Meditationen über die Grundlagen der Philosophie. Hamburg ²1977.
Diederich, Werner (ed. 1974) Theorien der Wissenschaftsgeschichte. Beiträge zur diachronischen Wissenschaftstheorie. Frankfurt a. M.
Eigen, Manfred (1977) Wie entsteht Information? Prinzipien der Selbstorganisation in der Biologie, in: Berichte der Bunsen-Gesellschaft für Physikalische Chemie, 80, 1059–1081.
Fienbork, Matthias (2013) Englisch reicht völlig aus. Was ist, wenn die Welt wirklich ein globales Dorf wird? Dann hören wir nur noch Klatsch, in: Frankfurter Allgemeine Zeitung (27.11.2013).
Foster, Kenneth R. (2017) 3-Dimensional Printing in Medicine: Hype, Hope, and the Challenge of Personalized Medicine, in: Michelfelder/Newberry/Zhu (ed. 2017), 211–228.
Franssen, Maarten/ Vermaas, Pieter E./ Kroes, Peter/ Meijers, Anthonie W.M. (ed. 2016) Philosophy of Technology after the Empirical Turn: Springer International Publishing Switzerland.
Galilei, Galileo: Il Saggiatore, in: Le opere (edizione nazionale, Firenze 1896), VI.
Galimberti, Umberto (2002) Die Technik und das Wesen des Menschen im 21. Jahrhundert, in: Benedikter (ed. 2002), 11–32.
Gehlen, Arnold (1957) Die Seele im technischen Zeitalter. Hamburg.
Gehlen, Arnold (1961) Anthropologische Forschung. Hamburg.
Gehlen, Arnold (1962) Der Mensch. Seine Natur und seine Stellung in der Welt. Frankfurt a. M.
Glanz, James (2012a) Power, Pollution and the Internet, in: New York Times (23.09.2012) (http://www.nytimes.com/2012/09/22/technology/data-centers-waste-vast-amounts-of-energy-belying-industry-image.html?pagewanted=print).
Glanz, James (2012b) Data Barns in a Farm Town, Gobbling Power and Flexing Muscle, in: New York Times (23.09.2012) (http://www.nytimes.com/2012/09/24/technology/data-centers-in-rural-washington-state-gobble-power.html?pagewanted=print&_r=0).
Glanz, James (2013) Landlords Double as Energy Brokers, in: New York Times (13.05.2013) (http://www.nytimes.com/2013/05/14/technology/north-jersey-data-center-industry-blurs-utility-real-estate-boundaries.html?_r=0&pagewanted=print).
Gödel, Kurt (1931) Über formal unentscheidbare Sätze der Principia Mathematica und verwandter Systeme I, in: Monatshefte für Mathematik und Physik, XXXVIII, 173–198.
Gorokhov, Vitali (2001) A New Interpretation of Technological Progress, in: Lenk/ Maring (ed. 2001), 31–38.
Habermas, Jürgen (1968) Technik und Wissenschaft als ‚Ideologie'. Frankfurt a. M.
Hansson, Sven Ove (ed. 2015) The Role of Technology in Science: Philosophical Perspectives. Dordrecht.
Hegel, Georg Wilhelm Friedrich (WW) Werke Bd. 1–20, ed. E. Moldenhauer/ K. M. Michel, Frankfurt a. M. 1969 ff.
Heidegger, Martin (1960) Der Ursprung des Kunstwerkes. Stuttgart.
Heidegger, Martin (²1962) Die Technik und die Kehre. Pfullingen.
Heidegger, Martin (1977) Holzwege. Frankfurt a. M.
Hilger, Norbert (1996) Expertentum in der Demokratie oder die Hartnäckigkeit der Technokratie, in: Kerner (ed. 1996), 91–112.
Hintikka, Jaakko (ed. 1969) The Philosphy of Mathematics. Oxford University Press.
Hofstadter, Douglas R. (1985) Gödel, Escher, Bach. Stuttgart.

Holthusen, Hans Egon (1958) Rainer Maria Rilke in Selbstzeugnissen und Dokumenten. Reinbek bei Hamburg.
Honnefelder, Ludger (1996) Expertenurteil und gesellschaftlicher Konsens – Zum Problem der Konsensfindung in der biomedizinischen Ethik im Zusammenhang mit dem Entwurf einer Bioethik-Konvention des Europarates, in: Kerner (ed. 1996), 251–267.
Hörning, Karl H. (1997) Entlastung und Verunsicherung durch Alltagstechnik, in: Kerner (ed. 1997), 217–228.
Hösle, Vittorio (1987) Begründungsfragen des objektiven Idealismus, in: Köhler/ Kuhlmann/ Rohs (ed. 1987), 212–267.
Hösle, Vittorio (1990) Einleitung zu Vico. Hamburg.
Hösle, Vittorio (1991) Philosophie der ökologischen Krise. Moskauer Vorträge. München.
Hösle, Vittorio (1997) Moral und Politik. Grundlagen einer Politischen Ethik für das 21. Jahrhundert. München.
Hösle, Vittorio/ Koslowski, Peter/ Schenk, Richard (ed. 1999), Jahrbuch für Philosophie des Forschungsinstituts für Philosophie Hannover, 10. Wien.
Horkheimer, Max (1974) Zur Kritik der instrumentellen Vernunft. Aus den Vorträgen und Aufzeichnungen seit Kriegsende. (ed. Alfred Schmidt). Frankfurt a. M.
Hubig, Christoph (1993) Technikbewertung auf der Basis einer Institutionenethik, in: Lenk/ Ropohl (ed. 1993), 282–307.
Hubig, Christoph (2000a) Werte und Wertkonflikte, in: Rapp (ed. 2000), 23–37.
Hubig, Christoph (2000b) Von der Top-Down-Bewertung zum Überlegungsgleichgewicht: Ein Paradigmenwechsel in der Technikbewertung?, in: Rapp (ed. 2000), 213–220.
Husserl, Edmund (1977) Die Krisis der europäischen Wissenschaften und die transzendentale Phänomenologie. Eine Einführung in die phänomenologische Philosophie. Hamburg.
Illich, Ivan (1975) Selbstbegrenzung. Eine politische Kritik der Technik. Reinbek.
Jäger, Ludwig (1996) Expertenkultur und Sprachkultur: ‚Innersprachliche Mehrsprachigkeit' und das Problem der Transparenz des Expertenwissens, in: Kerner (ed. 1996), 45–60.
Jaspers, Karl (1955) Vom Ursprung und Ziel der Geschichte. Frankfurt a. M./ Hamburg.
Jonas, Hans (^{3}1982) Das Prinzip Verantwortung. Versuch einer Ethik für die technologische Zivilisation. Frankfurt a. M.
Jonas, Hans (1987) Technik, Medizin und Ethik. Zur Praxis des Prinzips Verantwortung. Frankfurt a. M.
Jonas, Hans (1993) Warum die Technik ein Gegenstand für die Ethik ist: Fünf Gründe, in: Lenk/ Ropohl (ed. 1993), 81–91.
Kant, Immanuel (GM) Grundlegung zur Metaphysik der Sitten. Akademie-Ausgabe, Bd. IV.
Kant, Immanuel (PV) Kritik der praktischen Vernunft. Akademie-Ausgabe, Bd. IV.
Kant, Immanuel (ID) Idee zu einer allgemeinen Geschichte in weltbürgerlicher Absicht. Akademie-Ausgabe, Bd. VIII.
Kant, Immanuel (KU) Kritik der Urteilskraft. Hamburg 1959.
Kegler, Karl R./ Kerner, Max (ed. 2002) Der künstliche Mensch. Körper und Intelligenz im Zeitalter ihrer technischen Reproduzierbarkeit. Köln/ Weimar/ Wien.
Kerner, Max (ed. 1996) Aufstand der Laien. Expertentum und Demokratie in der technisierten Welt. Aachen/ Leipzig/ Paris.
Kerner, Max (ed. ^{2}1997) Technik und Angst. Zur Zukunft der industriellen Zivilisation. Aachen/ Leipzig/ Paris.

Kerner, Max/ Kegler, Karl (ed. 1999) Der vernetzte Mensch. Sprache, Arbeit und Kultur in der Informationsgesellschaft. Aachen.
Kirkwood, Jeffrey West/ Weatherby, Leif (ed. 2018) Ernst Kapps Elements of a Philosophy of Technology. On the Evolutionary History of Culture. Minneapolis, London.
Koestler, Arthur/ Smythies, John R. (ed. 1970) Das neue Menschenbild. Die Revolutionierung der Wissenschaften vom Leben. Wien/ München/ Zürich.
Köhler, Wolfgang R./ Kuhlmann, Wolfgang/ Rohs, Peter (Forum für Philosophie Bad Homburg) (ed. 1987) Philosophie und Begründung. Frankfurt/M.
Kornwachs, Klaus (1993) Information und Kommunikation. Zur menschengerechten Technikgestaltung. Berlin.
Kornwachs, Klaus (2017) Is Technology a Science? Recent Developments in German Philosophy of Technology and Engineering, in: Michelfelder/Newberry/Zhu (ed. 2017), 61–72.
Kroes, Peter/ Verbeek, Peter-Paul (ed. 2014) – The Moral Status of Technical Artefacts. Dordrecht.
Krüger, Lorenz (ed. 1970) Erkenntnisprobleme der Naturwissenschaften. Texte zur Einführung in die Philosophie der Wissenschaft. Köln.
Kugeler, Kurt (1997) Kernenergie – ist eine katastrophenfreie Technik möglich?, in: Kerner (ed. 1997), 121–138.
Kuhlmann, Wolfgang/ Rohs, Peter (ed. 1987) (Forum für Philosophie Bad Homburg) Philosophie und Begründung. Frankfurt a. M.
Kuhlmann, Wolfgang (1997) Angst und Technik, in: Kerner (ed. 1997), 325–338.
Kutschera, Franz von (1964) Die Antinomien der Logik. Semantische Untersuchungen. Freiburg/ München.
Lenk, Hans (1993) Über Verantwortungsbegriffe und das Verantwortungsproblem in der Technik, in: Lenk/ Ropohl (ed. 1993), 112–148.
Lenk, Hans (2001) Advances in the Philosophy of Technology: New Structural Characteristics of Technologies, in: Lenk/ Maring (ed. 2001), 93–106.
Lenk, Hans (ed. 1991) Wissenschaft und Ethik. Stuttgart.
Lenk, Hans/ Ropohl, Günter (ed. ²1993) Technik und Ethik. Stuttgart.
Lenk, Hans/ Maring, Matthias (ed. 2001) Advances and Problems in the Philosophy of Technology. Münster.
Lucas, John R. (1964) Minds, Machines and Gödel, in: Anderson (ed. 1964), 43–59.
Lyotard, Jean-François (1979) La Condition Postmoderne. Paris.
MacCormac, Earl R. (1993) Das Dilemma der Ingenieurethik, in: Lenk/ Ropohl (ed. 1993), 222–244.
Marcuse, Herbert (1970) Der eindimensionale Mensch. Studien zur Ideologie der fortgeschrittenen Industriegesellschaft. Neuwied/ Berlin.
Meadows, Dennis/ Meadows, Donella/ Zahn, Erich/ Milling, Peter (1973) Die Grenzen des Wachstums. Bericht des Club of Rome zur Lage der Menschheit. Reinbek bei Hamburg.
Meyer-Abich, Klaus Michael (1984) Wege zum Frieden mit der Natur. Praktische Naturphilosophie für die Umweltpolitik. München.
Michelfelder, Diane P. / Newberry, Byron/ Zhu, Qin (ed. 2017) Philosophy and Engineering. Exploring Boundaries, Expanding Connections. Cham, Switzerland 2017.
Mittelstraß, Jürgen (1992) Leonardo-Welt. Über Wissenschaft, Forschung und Verantwortung. Frankfurt a. M.

Moser, Franz/ Ohler, Fritz (ed. 1984) Fachübergreifende Lehre an technischen Universitäten, Zeitschrift für Hochschuldidaktik, 8, Sonderheft 9.
Müller, Sabine (2004) Programm für eine neue Wissenschaftstheorie. Würzburg.
Nagel, Ernest/ Newman, James R. (1964) Der Gödelsche Beweis. Wien/ München.
Natoli, Salvatore (2002) Technik und Apokalypse, in: Benedikter (ed. 2002), 55–82.
Ortega y Gasset, José (1949) Betrachtungen über die Technik. Stuttgart.
Penrose, Roger (1991) Computerdenken. Des Kaisers neue Kleider oder die Debatte um Künstliche Intelligenz, Bewusstsein und die Gesetze der Physik. Heidelberg.
Plessner, Helmut (^{3}1975) Die Stufen des Organischen und der Mensch. Einleitung in die philosophische Anthropologie (1928). Berlin/ New York.
Popper, Karl R. (^{5}1973) Logik der Forschung. Tübingen.
Poser, Hans (2016) Homo Creator. Technik als philosophische Herausforderung. Wiesbaden.
Putnam, Hilary (1979) Die Bedeutung von ‚Bedeutung'. Frankfurt a. M.
Rapp, Friedrich (1978) Analytische Technikphilosophie. Freiburg/ München.
Rapp, Friedrich (1993) Die normativen Determinanten des technischen Wandels, in: Lenk/ Ropohl (ed. 1993), 31–48.
Rapp, Friedrich (ed. 2000) Normative Technikbewertung. Wertprobleme der Technik und die Erfahrungen mit der VDI-Richtlinie 3780. Berlin.
Reuter, Norbert/ Zinn, Karl Georg (1999) Die ökonomischen Folgen der Technik: Technologischer Wandel im Spannungsfeld von Wohlstandswachstum, Strukturwandel und Arbeitslosigkeit, in: Kerner/ Kegler (ed. 1999), 235–259.
Riedl, Rupert (1978/79) Über die Biologie des Ursachen-Denkens – ein systemtheoretischer Versuch, in: Mannheimer Forum 1978/79 (ed. Boehringer Mannheim GmbH).
Riedl, Rupert (1980) Biologie der Erkenntnis. Die stammesgeschichtlichen Grundlagen der Vernunft. Berlin/ Hamburg.
Roche, Mark William (2002) Die Moral der Kunst. Über Literatur und Ethik. München.
Rohbeck, Johannes (1993) Technologische Urteilskraft. Zu einer Ethik technischen Handelns. Frankfurt a. M.
Ropohl, Günter (1993) Neue Wege, die Technik zu verantworten, in: Lenk/ Ropohl (ed. 1993), 149–176.
Schäfer, Lothar (1993) Das Bacon-Projekt. Von der Erkenntnis, Nutzung und Schonung der Natur. Frankfurt a. M.
Scheibe, Erhard (1970) Ursache und Erklärung, in: Krüger (ed. 1970), 253–275.
Schmidt-Tiedemann, Karl J. (1996) Experten und Bürger – Über die Teilung der Verantwortung für Technikfolgen, in Kerner (ed. 1996), 27–43.
Searle, John R. (1986) Geist, Hirn und Wissenschaft. Frankfurt a. M.
Seubold, Günter (1986) Heideggers Analyse der neuzeitlichen Technik. Freiburg/ München.
Simon, Arne/ Hartmann, Ernst (1999) Die ethische Kategorie der Möglichkeit bei der Technikgestaltung, in: Kerner/ Kegler (ed. 1999), 103–117.
Smullyan, R.M. (1969) Languages in which Self-Reference is Possible, in: Hintikka (ed. 1969), 64–77.
Sommer, Sarah (2013), Es fehlt der Mut zu Experimenten, in: Frankfurter Allgemeine Zeitung (31.10.2013).
Stegmüller, Wolfgang (1969) Probleme und Resultate der Wissenschaftstheorie und Analytischen Philosophie. Band I: Wissenschaftliche Erklärung und Begründung. Berlin/ Heidelberg/ New York.

Stegmüller, Wolfgang (1975) Hauptströmungen der Gegenwartsphilosophie, Bd. 2. Stuttgart.
Stetter, Christian (1999) Schreiben und Programm. Zum Gebrauchswert der Geisteswissenschaften, in: Kerner/ Kegler (ed. 1999), 157–180.
Ueberhorst, Reinhard (1996) Zur Reform der Politikformen in der Demokratie einer pluralisierungsstarken Wissenschaftsgesellschaft, in: Kerner (ed. 1996), 157–191.
Van de Poel, Ibo (2016) A Coherentist View on the Relation Between Social Acceptance and Moral Acceptability of Technology, in: Franssen/ Vermaas/ Kroes/ Meijers (ed. 2016), 177–193.
Vico, Giambattista (1990) Prinzipien einer neuen Wissenschaft über die gemeinsame Natur der Völker (1725), übersetzt von Vittorio Hösle und Christoph Jermann. Hamburg.
Wandschneider, Dieter (1982) Raum, Zeit, Relativität. Grundbestimmungen der Physik in der Perspektive der Hegelschen Naturphilosophie. Frankfurt a. M.
Wandschneider, Dieter (1985) Die Absolutheit des Logischen und das Sein der Natur. Systematische Überlegungen zum absolut-idealistischen Ansatz Hegels, in: Zeitschrift für philosophische Forschung, 39, 331–351.
Wandschneider, Dieter (1988) Kants Problem der Realisierungsbedingungen organischer Zweckmäßigkeit und seine systemtheoretische Auflösung, in: Zeitschrift für allgemeine Wissenschaftstheorie, XIX, 86–102.
Wandschneider, Dieter (1990) Das Problem der Entäußerung der Idee zur Natur bei Hegel, in: Hegel-Jahrbuch 1990, 25–33.
Wandschneider, Dieter (1991) Das Gutachtendilemma – Über das Unethische partikularer Wahrheit, in: Lenk (ed. 1991), 248–267.
Wandschneider, Dieter (1995/2013) Grundzüge einer Theorie der Dialektik. Rekonstruktion und Revision dialektischer Kategorienentwicklung in Hegels ‚Wissenschaft der Logik'. Stuttgart. Nachdruck Würzburg 2013.
Wandschneider, Dieter (1999) Das Problem der Emergenz von Psychischem – im Anschluss an Hegels Theorie der Empfindung, in: Hösle/ Koslowski/ Schenk (ed. 1999), 69–95.
Wandschneider, Dieter (2001) Hegels naturontologischer Entwurf – heute, in: Hegel-Studien, 36, 147–169.
Wandschneider, Dieter (2018) Abschied von Chalmers' Zombie. Das ‚Prinzip Selbsterhaltung' als Basis von ‚Sinn', in: Zeitschrift für philosophische Forschung, 72, 246–262.
Webb, Judson C. (1980) Mechanism, Mentalism, and Metamathematics. Dordrecht (Holland).
Weiss, Paul A. (1970) Das lebende System: Ein Beispiel für den Schichtendeterminismus + Diskussion, in: Koestler/ Smythies (ed. 1970), 13–69.
Weizsäcker, Carl Friedrich von (1971) Die Einheit der Natur. München.
Weizsäcker, Ernst Ulrich von (1989) Erdpolitik. Ökologische Realpolitik an der Schwelle zum Jahrhundert der Umwelt. Darmstadt.
Wendland, Aaron James/ Merwin, Christopher/ Hadjioannou, Christos (2019) Heidegger's Thinking Through Technology. Introduction to: Wendland/ Merwin/ Hadjioannou (ed. 2019), 1–12.
Wendland, Aaron James/ Merwin, Christopher/ Hadjioannou, Christos (ed. 2019) Heidegger on Technology. New York.
Wiener, Norbert (1968) Kybernetik. Regelung und Nachrichtenübertragung in Lebewesen und Maschine. Düsseldorf/ Wien.
Wiseman, Raymond (2013) Im Kampf gegen den einarmigen Banditen, in: Frankfurter Allgemeine Zeitung (31.10.2013).

Wittgenstein, Ludwig (1921) Tractatus logico-philosophicus. Logisch-philosophische Abhandlung (1921). Frankfurt a. M.
Young, Julian (2019) Heidegger, Habermas, Freedom, and Technology, in: Wendland, Aaron James/ Merwin, Christopher/ Hadjioannou, Christos (ed. 2019), 194–208.
Zimmerli, Walther Ch. (1993) Wandelt sich die Verantwortung mit technischem Wandel?, in: Lenk/ Ropohl (ed. 1993), 92–111.
Zimmerli, Walther Ch. (1997) Technologie als ‚Kultur'. Braunschweiger Texte. Hildesheim.
Zimmermann, Alexander (2013) Massenhaft einzigartig, in: Frankfurter Allgemeine Zeitung (20.11.2013).

Namensregister

Adorno, Theodor, W.   113 f.
Albrecht, Helmuth   57
Anders, Günther   63, 68–72, 79 f., 84, 105
Aristoteles   37, 46, 49, 132

Bach, Johann Sebastian   83
Bacon, Francis   5, 38–41, 43, 47
Bayertz, Kurt   124 f., 133
Beck, Ulrich   55
Beier, Henning M.   129
Benedikter, Roland   109, 121
Benjamin, Walter   85
Bentzen, Martin Mose   35
Bertalanffy, Ludwig von   45, 48
Bijker, Wiebe E.   130 f.
Birnbacher, Dieter   5, 75, 129
Bloch, Ernst   15
Blumenberg, Hans   44
Böhme, Gernot   2, 45, 105
Bojaryn, Jan   98 f.
Bollier, David   96 f.

Cassirer, Ernst   42 f.
Collingridge, David   131

Descartes, René   5, 39, 44, 46 f., 122, 132

Eigen, Manfred   48

Fienbork, Matthias   95
Foster, Kenneth R.   6

Galilei, Galileo   5, 39, 41–43, 47
Galimberti, Umberto   58 f., 66, 106, 129
Gehlen, Arnold   5, 7, 9
Glanz, James   95
Gödel, Kurt   27–31, 34
Gorokhov, Vitali   104

Habermas, Jürgen   109–114
Hadjioannou, Christos   13
Hansson, Sven Ove   1
Hartmann, Ernst   131

Hegel, Georg Wilhelm Friedrich   5, 19 f., 47, 71, 124
Heidegger, Martin   10–13, 77–80, 83–86, 92 f., 105, 134
Hilger, Norbert   114
Hofstadter, Douglas R.   35
Hölderlin, Friedrich   11, 84, 86
Holthusen, Hans Egon   65
Honnefelder, Ludger   133
Horkheimer, Max   66
Hörning, Karl H.   79
Hösle, Vittorio   5, 7, 10, 40, 44, 46 f., 55, 106, 114, 123, 127–129
Hubig, Christoph   131–133
Husserl, Edmund   43

Illich, Ivan   10

Jäger, Ludwig   128
Jaspers, Karl   105 f.
Jonas, Hans   2, 64, 67, 106–108, 120–123, 127, 129, 131, 134

Kant, Immanuel   8, 62, 84, 108, 115, 119 f.
Kapp, Ernst   7
Kepler, Johannes   39
Kerner, Max   3
Kirkwood, Jeffrey West   7
Kopernikus, Nikolaus   39
Kornwachs, Klaus   57, 101
Kroes, Peter   105
Krohn, Wolfgang   2, 45
Kugeler, Kurt   55
Kuhlmann, Wolfgang   3, 114, 130
Kutschera, Franz von   31

Leibniz, Gottfried Wilhelm   47
Lenk, Hans   77, 131, 134
Leonardo da Vinci   39
Lucas, John R.   27–29, 33 f.
Lyotard, Jean Francois   29

MacCormac, Earl R.   134

Marcuse, Herbert   69, 83, 106, 109 f., 112
Meadows, Dennis   10
Merwin, Christopher   13
Meyer-Abich, Klaus Michael   125
Mittelstraß, Jürgen   39, 123
Müller, Sabine   48

Nagel, Ernest   31
Natoli, Salvatore   59
Newman, James R.   31

Ortega y Gasset, José   88

Penrose, Penrose   33 f.
Picasso, Pablo   83
Pirrotta, Serena   5
Plessner, Helmut   6
Popper, Karl R.   15
Poser, Hans   108
Putnam, Hilary   25

Rapp, Friedrich   114, 130
Reuter, Norbert   63
Riedl, Rupert   49
Rilke, Rainer Maria   65, 90
Roche, Mark Willam   85
Rodin, Auguste   83
Rohbeck, Johannes   55 f., 77, 87, 133
Ropohl, Günter   131, 133 f.

Schäfer, Lothar   38–40, 124
Scheibe, Erhard   42
Schelling, Friedrich Wilhelm Joseph   47
Schmidt-Tiedemann, Karl J.   105 f.
Searle, John R.   35

Seubold, Günter   11
Simon, Arne   131
Smullyan, R.M.   31
Sommer, Sarah   96
Spinoza, Baruch de   47
Stegmüller, Wolfgang   42, 48
Stein, Gertrude   16, 48, 79
Stekeler-Weithofer, Pirmin   5
Stetter, Christian   104

Tetens, Holm   6

Ueberhorst, Reinhard   130

Van de Poel, Ibo   106
Verbeek, Peter-Paul   105
Vico, Giambattista   7

Wandschneider, Dieter   17, 23, 52, 77, 130
Weatherby, Leif   7
Webb, Judson C.   34 f.
Weiss, Paul A.   48
Weizsäcker, Carl Friedrich von   17
Weizsäcker, Ernst Ulrich von   128
Wendland, Aaron James   13
Wiener, Norbert   25
Wiseman, Raymond   96
Wittgenstein, Ludwig   14

Young, Julian   109

Zimmerli, Walther Ch.   57, 105, 127, 133 f.
Zimmermann, Alexander   99
Zinn, Karl Georg   63

www.ingramcontent.com/pod-product-compliance
Lightning Source LLC
Chambersburg PA
CBHW031403230426
43670CB00006B/626